Peter Dietze
Helmut Schröer

Konversion in Trier 1990 – 2020

Chancen für die Stadtentwicklung

Peter Dietze
Helmut Schröer

Konversion in Trier 1990 – 2020

Chancen für die Stadtentwicklung

paulinus

Impressum

Bibliografische Information der Deutschen Nationalbibliothek
Die Deutsche Nationalbibliothek verzeichnet diese Publikation in der Deutschen Nationalbibliografie; detaillierte bibliografische Daten sind im Internet unter http://dnb.d-nb.de abrufbar.

1. Auflage 2024

Abbildungen Umschlagvorderseite: links oben: EGP GmbH / albrecht haag | fotografie,
links unten: Roland Morgen, andere: Entwicklungsgesellschaft Petrisberg EGP
Umschlagrückseite: Stadtarchiv Trier
Gesamtherstellung: Paulinus Verlag, Trier
ISBN 978-3-7902-1777-3
www.paulinus-verlag.de

Inhaltsverzeichnis

IX. Leitprojekte 95

Abb. 1: Kasernen auf dem Petrisberg

Abb. 2: Der Petrisberg im Jahre 2007

Vorwort

Trier war über Jahrhunderte ein Spiegel der Zeit: Militär, Kasernen bestimmten das Leben in der Stadt – immer wieder bis in die 90er-Jahre des 20. Jahrhunderts. Das Jahr 1989 veränderte die Welt. Krieg als Mittel der Politik schien Teil einer vergangenen Zeit zu sein. Deutschland reduzierte seine eigenen Streitkräfte erheblich. Aber auch die Verbündeten verringerten ihre stationierten Truppen oder zogen sie ab. Die Konversion bestimmte weltweit die politische Diskussion, insbesondere in Deutschland. Eine entscheidende Frage war: Was geschieht mit den bisher militärisch genutzten Flächen?

Die Konversion wurde in Trier über Jahrzehnte zu dem wichtigsten Thema der Kommunalpolitik. Das konnte nicht überraschen, denn nach einer Studie der Europäischen Kommission war die Region Trier eine der am härtesten betroffenen Gebiete in der Bundesrepublik. Allein in der Stadt Trier wurden weit über 500 Hektar des Stadtgebietes vom französischen Militär und für ein amerikanisches Wohngebiet genutzt. Hinzu kamen ab 1959 noch Liegenschaften für die Bundeswehr.

Die Umwandlung einer privaten Liegenschaft in eine andere private Nutzung, die private Konversion, war in der Stadt schon sehr oft vollzogen worden. Die militärische Konversion, die Umwandlung einer militärisch genutzten Fläche in eine private Nutzung, war bis auf Ausnahmen neu. Vor allem war es die Größenordnung, die als neue Aufgabe zu lösen war. Für die Kommunalpolitik war das Thema Konversion deshalb von besonderer Bedeutung, weil bis 1990 die bisher militärisch genutzten Flächen nicht in die Stadtentwicklung einbezogen werden konnten. Die städtische Planungspolitik endete an den Toren der militärischen Liegenschaften. Für die Kommunalpolitik stand eine große Aufgabe bevor.

Die Haltung der Triererinnen und Trierer war in der Frage des bevorstehenden Abzugs der Franzosen zunächst nicht eindeutig. Sie verfolgten die Entwicklung mit gemischten Gefühlen. Ist die militärische Konversion eine Last oder eine Chance? Weit über 500 Hektar bisher militärisch genutzte Fläche im Stadtgebiet, die in eine neue Nutzung überführt werden musste, war natürlich zunächst ein quantitatives Problem, aber auch eine qualitative Herausforderung für die Stadtentwicklung.

Für die ängstlichen Fragen der Bürgerinnen und Bürger konnte man sicher Verständnis haben. Erst recht, wenn man bedachte, dass die Kommunen mit der militärischen Konversion weitestgehend eine neue Aufgabe zu bewältigen hatten. Zwischen der ersten Diskussion Anfang der 90er-Jahre und der endgültigen Rückgabe aller bislang militärisch genutzten Flächen lagen nur wenige Jahre. Es fehlten zu dieser Zeit noch

Handlungskonzepte für die betroffenen Kommunen. Ein Regiebuch, das den richtigen Weg aufzeigte, war zunächst nicht vorhanden. Eine vertiefende Konversionsforschung setzte erst Ende der 90er-Jahre ein. Dabei waren dann die Erfahrungen, welche die Kommunen insbesondere mit der ersten Konversionswelle gemacht hatten, für die Wissenschaft wichtiges Basismaterial.

Last oder Chance? Das Ergebnis ist bekannt. Die Konversion war für die Stadt Trier eine große Chance, die genutzt wurde. Es konnten durch die zusätzlichen Gebäude und Flächen, über die Stadt verteilt, wichtige Entwicklungen eingeleitet, Probleme gelöst werden. Die Stadt hat sich verändert. Die Konversion wurde genutzt, um die Zukunft der Stadt, ihre Wettbewerbsfähigkeit zu verbessern. Das Trierer Rathaus, Stadtrat und Verwaltung, waren über viele Jahre gefordert. Dabei war eine positive Entwicklung nicht selbstverständlich. Die sich bietende Chance erforderte Zielklarheit, die strategische Zusammenarbeit mit zahlreichen Akteuren, insbesondere mit dem Land Rheinland-Pfalz.

Wichtige Fragen waren am Beginn zu beantworten:

Welche Bedeutung hatte die Stadtmarketing-Diskussion, welche die Schwerpunkte der zukünftigen Entwicklung der Stadt behandelte, für die Bewältigung der Aufgabe?

Wie wurde die Zusammenarbeit mit dem Stadtrat, seine Einbindung, und die Arbeit im Rathaus organisiert?

Welche neuen Wege der Stadtentwicklung, der Stadtplanung und des Städtebaus mussten beschritten werden?

Welche Planungsinstrumente und Modelle der Umsetzung sollten die Arbeit bestimmen?

Sollten Private als Akteure bei der Lösung der Konversionsaufgabe hinzugezogen werden?

Wie hat die Stadt Trier die finanziellen Herausforderungen, die zusätzlich den städtischen Haushalt belasteten, bewältigt?

Welche Leitprojekte waren die Schwerpunkte der Konversionsarbeit in Trier?

Die Konversion ist in Trier seit Beginn der 90er-Jahre des vorigen Jahrhunderts die dominierende kommunalpolitische Aufgabe. Die Herausforderung war zu Beginn einmalig. Dieses Buch versucht, den Trierer Weg, der für die Stadt zu guten Ergebnissen führte, aufzuzeigen.

I. Militär und Trier

Im Spiegel der Geschichte[1]

Trier und das Militär – das ist eine lange Geschichte. Schon als römische Stadt hatte Trier eine herausragende militärische Bedeutung. Das stellte um 390 n. Chr. der Dichter Ausonius in seinem Gedicht „Ordo urbium nobilium" fest. Trier wird dort in der Rangfolge der wichtigsten Städte des Römischen Reiches bereits an sechster Stelle genannt. Besonders hatte die Stadt nach Ausonius Bedeutung als Korn-, Kleider- und Waffenkammer:

„Längst will Gallien schon, das so waffengewaltige, gerühmt sein,
Und die Trevererstadt, die nahe der Grenze am Rheinstrom,
Und doch mitten im Schoße des Friedens in Sicherheit ruhet,
Weil sie die Truppen des Reiches ernährt und bekleidet und waffnet."[2]

Trier diente über eine lange Zeit als Aufmarschgebiet. Immer war es die geopolitische Lage, die regelmäßig die Aufmerksamkeit auf die Stadt lenkte. Von Trier aus zog man in den Krieg, oder Eroberer waren die neuen Herren der Stadt. Krieg war über Jahrhunderte die Regel, der Frieden die Ausnahme. Die Wunden und Narben der Kriege waren deutlich. In seinem Werk „Campagne in Frankreich 1792" erwähnt auch Johann Wolfgang von Goethe die jahrhundertelange Kriegsbedrohung Triers: „Freilich wer in den Annalen der Stadt zurücksieht, findet wiederholte Nachricht von Kriegsunheil, das die Gegend betroffen, da das Moseltal, ja der Fluss selbst dergleichen Züge begünstigt."[3]

Trier ist ein offenes Geschichtsbuch auf engstem Raum. Hier ist die Vergangenheit gegenwärtig. Die Stadt ist übersät mit Erinnerungen. Germanen, Römer, Spanier, Franzosen, Preußen – sie alle haben über viele Jahrhunderte ihre Spuren hinterlassen. Die Grenzlage der Stadt bestimmte das Leben und die Entwicklung Triers. Starke Zerstörungen, die Narben vieler Kriege zeigten ein trauriges Bild. „Wer um das Jahr 1700 nach Trier kam, erlebte eine Stadt, die, im Vergleich zu ihrer damaligen Größe, einen Zerstörungsgrad hatte, der dem von 1944/1945 kaum nachstand."[4] Zu Beginn des 18. Jahrhunderts hatte Trier wenig mehr als 3.000 Einwohner. Das war eine ernüchternde Zahl. War die Stadt doch zur Römerzeit Kaiserresidenz des weströmischen Reiches, von Kaiser Augustus als „Augusta Treverorum" gegründet. Zu Beginn des 4. Jahrhunderts lebten bis zu 80.000 Einwohner in der „Roma secunda". Davon war am Ende des 18. Jahrhunderts nichts zu spüren.

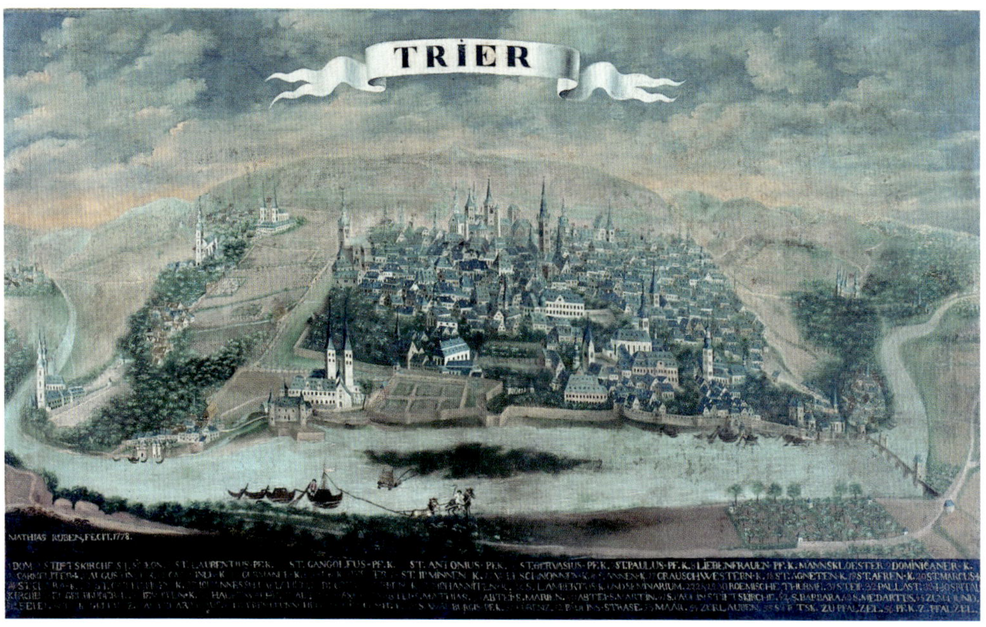

Abb. 1: Ruben, Trier 1778

Eine neue Epoche: Franzosen in Trier

Als Goethe 1792 in Trier war, hatte die Stadt nur rund 6.500 Einwohner. Warum war Goethe in Trier? Er zog mit Herzog Karl August in den Krieg gegen das revolutionäre Frankreich. Auch damals diente Trier wieder als Aufmarschgebiet. Von hier aus zog man damals schon gegen den „Erbfeind". Auf dem Weg in die Campagne machte er Station in Trier und schrieb am 25. August 1792 an Christiane Vulpius, seine spätere Frau: „Wo das Trier in der Welt liegt, kannst Du weder wissen, noch Dir vorstellen. Es geht mir ganz gut. Ich bin hier ohngefähr noch eine Tagesreise von der Armee, in einem alten Pfaffennest, das in einer angenehmen Gegend liegt."[5] Das Reisemotiv für die Campagne in Frankreich war nicht Freiwilligkeit. Wer weiß, ob Goethe jemals an die Mosel und nach Trier gekommen wäre, wenn er nicht als Reisebegleiter des Herzogs an dem Feldzug teilgenommen hätte. In Valmy[6] kam es am 20. September 1792 zur berühmt gewordenen Kanonade, nach der sich die Alliierten, ohne die geplanten Operationsziele weiter zu verfolgen, nach Deutschland zurückzogen.

Die Revolutionäre verlegten den Krieg nach Deutschland. 1794 wurde Trier von den dann nachrückenden französischen Revolutionstruppen erobert. Trier erlebte das ganze Elend einer Etappenstadt. Die Einquartierung der Soldaten bereitete große Schwierigkeiten. Dieses Problem war für die Menschen in Trier nicht neu. Bereits im Herbst 1734 lagen zur Zeit des polnischen Erbfolgekrieges „12.000 französische Soldaten und 800 Offiziere in der Stadt. Während die Offiziere durchweg in Privatquartieren untergebracht waren, kampierten die Soldaten teils in den Höfen der Klöster und Abteien, teils in Zelten auf der Pauliner Flur, auf dem Petrisberg und in Heiligkreuz."[7] Im ersten Halbjahr 1796, die Alliierten hatten sich nach der Schlacht in der Campagne zurückgezogen und die Franzosen waren nachgerückt, lagen nicht weniger als 5.000 französische Soldaten im Winterquar-

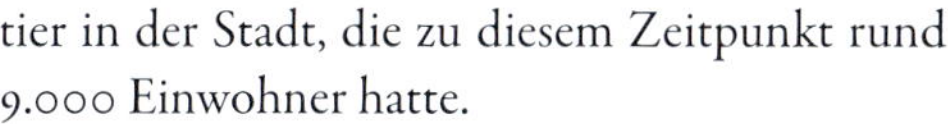

Abb. 2: Landschaft mit Freiheitsbaum, J.W. Goethe (1792)

Abb. 3: Simon Meister: Napoleon zu Pferde (1832)

tier in der Stadt, die zu diesem Zeitpunkt rund 9.000 Einwohner hatte.

Am 9. April 1794 hatte der damalige Oberbürgermeister Ludwig Carl Gottbill (1731 – 1799), von Ratsmitgliedern begleitet, einem französischen General auf dem Trierer Hauptmarkt feierlich die Stadtschlüssel überreicht. Trier wurde französisch. Es begann eine neue Epoche der Stadtgeschichte, eine neue Ordnung. Für Trier bedeutete dies ein großer Bedeutungsverlust. Die Stadt war nicht länger Hauptstadt eines souveränen Staates und Regierungssitz eines der mächtigsten Kirchenfürsten des Heiligen Römischen Reiches Deutscher Nation. An der Spitze stand jetzt eine französische Militärregierung. Die Errungenschaften der französischen Revolution wurden nun auch in Trier bestimmend. Der Anschluss der linksrheinischen Teile von Kurtrier an die Französische Republik wurde nach und nach vollzogen. Endgültig bedeutete der Frieden von Lunéville im Jahre 1801 das Ende für den Trierer Kurstaat. Trier wurde Hauptstadt des neu eingerichteten Saardepartements. Napoleon war 1804 in Trier. Der damals vorherrschende Napoleon-Kult feierte auch in Trier Triumphe. Wieder bestimmten französische Soldaten das Stadtbild.

1815 – 1918: Preußische und Soldaten des Deutschen Reiches – Sicherung der Grenzen

Nach dem Wiener Kongress (1815) begann in Trier die preußische Zeit. Trier gehörte innerhalb Preußens zur Rheinprovinz. Auch in dieser Zeit spielte das Militär wieder eine große Rolle. „1815 lagen in Trier zwei Regimentsstäbe, ein Kavallerieregiment, vier Bataillone Infanterie und ein Bataillon Artillerie, insgesamt ca. 2.500 Offiziere und Mannschaften. Das war mehr, als Kurtrier und Frankreich je an Soldaten in Trier stationiert hatten, ...“.[8]

Trier als königlich-preußische Garnisonsstadt – das war die wichtigste Aufgabe der Stadt; dies wurde mehr und mehr eine normale Situation.

Abb. 4: „Alte" Hornkaserne (Trier-West-Pallien) – 1892

Für Preußen waren Trier und die Region Trier Grenzland. Soldaten in dieser Region hatten vor allem die Aufgabe, die deutsche Grenze zu sichern. „Seit dem Sieg über Frankreich und der Gründung des Kaiserreiches 1871 waren in Trier die Soldaten des Deutschen Reiches in Garnisonen stationiert."[9] 1900 belief sich die Zahl der dauernd stationierten Truppen auf rund 6.000 Soldaten. Das waren über 13 Prozent der Einwohner Triers in dieser Zeit. Die „Heeresvermehrung" im Jahre 1913 führte zu einer beachtlichen Steigerung der Zahl der Soldaten in Trier. Die Stadt war die zweitgrößte Garnison in der Rheinprovinz. Mehrere Waffengattungen waren in Trier untergebracht: Infanterie, Kavallerie, Artillerie, Pioniere und Luftschiffer (Flieger).

Wo waren diese Truppen untergebracht? Ab 1891/92 stand in Trier West die Hornkaserne zur Verfügung. Sie ergänzte die schon vorher genutzte Palastkaserne (Kurfürstliches Palais), die Agnetenkaserne[10] und die Maximinkaserne (Benediktinerkloster St. Maximin). Im Jahre 1899 wurde die „Städtische Kaserne" in der Gneisenaustraße erbaut. Weitere Neubauten waren für die Truppen nötig, weil das Heer in Trier erweitert wurde. Das galt insbesondere für zwei Kavallerieregimenter. Am Stadtrand von Trier an der Ruwerer Straße (heute Herzogenbuscher Straße) wurde im Jahre 1913 eine Kaserne für das Kavallerie-Regiment „Jäger zu Pferde Nr. 7" errichtet (später Quartier Castelforte[11]). An der Eurener Straße wurden die „Jäger zu Pferde Nr. 8" in einer neuen großen Kaserne untergebracht. Im Jahre 1907 wurde mit dem Bau der Goeben-Kaserne in Trier-Nord begonnen. Sie lag zwischen der heutigen Franz-Georg-Straße und der Thyrsusstraße. 1912 wurde sie fertiggestellt. Dort waren das III. Bataillon und ein Infanterie-Regiment stationiert. Im Laufe des Ersten Weltkrieges wurden dort zusätzlich mehrere Lazarette eingerichtet. Auf der Eurener Flur, die auch als Flugplatz diente, wurden Unterkünfte für die Luftschiffer und Flieger eine

Abb. 5: Gneisenau-Kaserne (Städtische Kaserne) Erbaut Ende des 19. Jahrhunderts; aufgegeben 1930

Flugzeughalle und 1914 eine Halle für Flugschiffe erbaut. Diese militärischen Bauten lagen am Eingang der Stadt. Die Stadt Trier wuchs aber weiter, auch durch Eingemeindungen. Die Kasernen rückten mehr und mehr vom Rande der Stadt in die Mitte. Militärisch genutzt wurden auch Teile des Mattheiser Waldes. Dort wurden bereits 1887 Schießstände angelegt.

Die neuen Kasernen führten für die Trierer Bevölkerung zu einer Verringerung der Einquartierungslast. „Am 15.9.1900 stellte die TL (Trierische Landeszeitung) fest, dass z. Zt. in Trier 282 Offiziere und 1.984 ‚Gemeine' bei Bürgern in Quartier lägen, und 1903 stellte das gleiche Blatt fest, dass die Einquartierungslast pro Einwohner des Regierungsbezirks Trier mit 29,63 Mark pro Einwohner die höchste in der Rheinprovinz sei. Erst mit dem Bau der neuen Kasernen in Trier kam die Einquartierungslast zum Erliegen."[12]

Abb. 6: Goebenkaserne in Trier Nord ab 1912

Abb. 7: Palastkaserne um 1900

1918 – 1930: Besatzungszeit nach dem Ersten Weltkrieg

Nach dem Ersten Weltkrieg besetzten zunächst die Amerikaner das Moseltal. Trier wurde ab dem 1. Dezember 1918 Garnisonsstadt und Hauptquartier der amerikanischen Armee. In Trier wurde über den Waffenstillstand zwischen Vertretern der Alliierten und einer deutschen Delegation unter der Leitung des Staatssekretärs Matthias Erzberger vom Dezember 1918 bis Mitte Februar 1919 verhandelt. Ab Dezember 1918 fanden in Versailles die Friedensverhandlungen statt. Ein Ergebnis war die Besetzung des linksrheinischen Rheinlandes durch die Franzosen. Der Einmarsch der Franzosen und die Übernahme der Besatzungsmacht von den Amerikanern erfolgten am 11. August 1919.
Wieder war die Einquartierung zunächst das zentrale Problem. Für die französischen Offiziere und ihre Familien wurden Wohnungen verlangt, während die Soldaten in den früheren deutschen Kasernen Unterkunft fanden. „Der wohl berühmteste in Trier stationierte Soldat war der spätere General und Staatspräsident Charles de Gaulle."[13]

1936 – 1945: Zeit des Nationalsozialismus

Die Besetzung Triers durch die Franzosen endete am 30. März 1930. Erstmals seit vielen Jahren war Trier für eine kurze Zeit nicht mehr Garnisonsstadt. In der Folgezeit diskutierte man in der Stadt, welche Verwendung die Trierer Kasernen in der Zukunft haben sollten. „Nicht nur die Bauten, sondern mehr noch das darum liegende Gelände bot sich für die Ansiedlung von gewerblichen Betrieben an. Leider kam hier vom Reich wie vom Lande Preußen keinerlei Hilfe; auch bewertete man den Preis für die Kasernen

Abb. 8: Einmarsch der Franzosen im August 1919

Abb. 9: Quartier Verdun (vorher Maximinkaserne) ab 1920

zu hoch und machte dadurch jede Chance von vorneherein zunichte.“[14] Sehr umstritten war der Umbau einzelner Kasernen in Wohnungen. Die in Trier damals herrschende Wohnungsnot beeinflusste die Diskussion erheblich: Die Hornkaserne und die Städtische Kaserne im Westen der Stadt und teilweise die Goeben-Kaserne wurden in Wohnungen umgebaut.

Die weitere Diskussion wurde in Trier beeinflusst durch die Politik Adolf Hitlers, der am 30. Januar 1933 die Macht übernommen hatte. Er verkündete am 16. März 1935 die allgemeine Wehrpflicht, und bereits im März 1936 rückten die ersten Bataillone in das an sich entmilitarisierte Rheinland ein. Dies war ein eindeutiger Bruch des Versailler Vertrages, in dem die Entmilitarisierung des Rheinlandes festgelegt worden war. Sie wurde im Vertrag von Locarno (1925) bestätigt. Auf die Aggression Hitlers wurde von den Alliierten nicht mit Entschlossenheit reagiert. Trier war wieder Garnisonsstadt. Deutsche Soldaten gehörten wie selbstverständlich zum Straßenbild. Und wieder war die Unterbringung der Soldaten ein großes Problem. „Nachdem feststand, dass die deutschen Truppen in Trier bleiben würden, musste man für ihre Unterkunft sorgen. Die alten Kasernen aus der Zeit vor dem Ersten Weltkrieg waren aber entweder durch Landjäger und Polizei besetzt oder sie waren zu Wohnungen umgebaut worden. Mit Recht schrieb das NB (Trierer Nationalblatt) am 9. März 1936: ‚Am empfindlichsten trifft der Umstand, dass kein Quartier zur Aufnahme der Truppe bereitstand.‘“[15]

Man plante sehr schnell neue Kasernen, die in kurzen Bauzeiten errichtet wurden. Bereits Anfang Juli 1938 wurde die „Neue Hornkaserne“[16] in unmittelbarer Nähe des Nells-Park fertiggestellt. Neu war auch die Kaserne in Feyen, die im Februar 1939 bezogen wurde.

Bereits im Oktober 1937 hatte ein Artillerie-Regiment einen Standort in der neuen Kaserne auf dem Petrisberg gefunden. Sie wurde in Erinnerung an eine Schlacht im Ersten Weltkrieg „Kemmelkaserne“ genannt. Während des Zweiten Weltkrieges lag unmittelbar neben der Kemmelkaserne das Kriegsgefangenenlager Stalag XII D. Berühmtester Insasse war der französische Philosoph und Schriftsteller Jean-Paul Sartre.

Abb. 10: Kaserne Feyen ab 1939

Die Stadt Trier war auch im Zweiten Weltkrieg wieder militärisch interessant. Von hier aus zogen die Trierer Regimenter in den Krieg. Ab 1944 wurden die deutschen Truppen an der Westfront mehr und mehr zurückgedrängt. Luftangriffe bestimmten in dieser Zeit zunehmend das Leben in der Stadt. Am Ende des Krieges waren über 40 Prozent des gesamten Gebäudebestandes der Stadt Trier zerstört. Noch am 28. Februar 1945 riefen die Nationalsozialisten in einem Flugblatt einen „Führerbefehl" zur Verteidigung der Stadt „mit allen Mitteln" auf: „Dieser Befehl ist eindeutig und klar. Das Wort hat nur noch die Panzerfaust. Zu reden haben jetzt nur noch die Waffen in unseren Fäusten ... so sperren wir das Tor zur Mosel."[17]

1945 – 1999: Franzosen wieder in Trier und ab 1959 Standort der Bundeswehr

Bereits am 2. März 1945 marschierten die Amerikaner in die fast menschenleere Stadt ein und besetzten Trier. Im Juli 1945 übergaben die Amerikaner Teile der von ihnen im Verlauf des Krieges besetzten Gebiete an die Franzosen, denn am 5. Juni 1945 teilten die Alliierten Deutschland in Besatzungszonen und hatten die Hoheitsrechte übernommen. Die Aufteilung Deutschlands in Besatzungszonen war bereits im September 1944 im „Londoner Protokoll" festgelegt worden. Trier gehörte zur französischen Besatzungszone. Französische Soldaten zogen in die zahlreichen bisher von deutschen Soldaten genutzten Kasernen ein. Für die französischen Offiziere und ihre Familien mussten Wohnungen zur Verfügung gestellt werden. Außerdem wurden zahlreiche Gebäude in der Stadt Trier für Casinos und für die französische Verwaltung beansprucht. Im Bewusstsein der Trierer hatte das Casino am Kornmarkt eine herausragende Bedeutung. Es wurde 1824/25 gebaut und diente dem 1817 gegründeten „Literarischen Casino" als Treffpunkt. „Nach der Zerstörung im Krieg (1944) wurde das Casino unter Verwendung alter Bausubstanz in den Jahren 1953 – 1954 wieder aufgebaut. Beide Gebäude dienten dann dem französischen Militär als Offizierscasino mit Hotel."[18] Ab 1953 entstand an der Luxemburger Straße das von der französischen Armee genutzte Quartier Bertard.

Nach dem verlorenen Zweiten Weltkrieg hatte der damalige Oberbürgermeister Friedrich Breitbach gemeinsam mit der französischen Besatzungsmacht die schwierige Aufgabe, den Wiederaufbau der zerstörten Stadt anzugehen. Es mussten auch demokratische Strukturen geschaffen werden. In den ersten Amtlichen Mitteilungen nach dem Zweiten Weltkrieg rief er am 30. April 1945 die Bürgerinnen und Bürger Triers zu einem „schnellen Aufbau" der Stadt auf: „Die Nazityrannei ist verschwunden. Geblieben ist ein Trümmerfeld. Auch unsere schöne Stadt weist klaffende Wunden auf, und es wird Mühe kosten, sie zu beseitigen."[19]

Am 3. Oktober 1945 besuchte Charles de Gaulle die Stadt Trier. Er „berichtete selbst darüber: ‚In Trier erlebte ich das gleiche Schauspiel von stummer Resignation und hohen Trümmerbergen. Die alte Moselstadt indessen hat ihren Anblick um die Porta Nigra bewahrt, die inmitten aller Zerstörungen unversehrt geblieben ist. Die lokalen Größen, unter ihnen Bischof Bornewasser, öffneten mir ihr blutendes Herz. Ich sprach mit ihnen ähnlich wie in Saarbrücken. Frankreich, so sagte ich, ist nicht hier, um zu nehmen, sondern um das neue Leben zu fördern.'"[20] Diese Worte der Versöhnung gaben der Trierer Bevölkerung Mut, den schwierigen Wiederaufbau anzugehen. Viele Hürden waren zu überwinden. Französische Soldaten gehörten nach dem Zweiten Weltkrieg zum Stadtbild. Zeitweise war Trier nach Paris die größte französische Garnisonsstadt. Unmittelbar nach dem Zweiten Weltkrieg lebten über 20.000 französische Soldaten mit ihren Angehörigen in Trier. Die französische Gemeinschaft bildete im täglichen Leben eine „Stadt in der Stadt". Vom französischen Militär wurden Flächen für Kasernen, darüber hinaus aber auch Flächen und Gebäude für ein

Abb. 11: Parade der Bundeswehr vor dem Simeonstift (1964)

großes militärisches Übungsgelände (Mattheiser Wald), für ein Verwaltungsgebäude (Salvianstraße), für ein Casino mit Hotel (Kornmarkt) und eine Offiziersmesse (Herzogenbuscher Straße) genutzt. Ein französisches Kino (Forum), französische Schulen und Kindergärten und die rund 1.200 französisch genutzten Wohnungen belegten, dass das Wort von der „Stadt in der Stadt" zutreffend war. Für die „französische Gemeinde" in Trier hatte auch ein großes Krankenhaus auf der Tarforster Höhe eine große Bedeutung. Das neue Lazarett „André Genet" wurde erst 1963 offiziell eingeweiht.[21] Mit dem Bau war schon 1960 begonnen worden. Von 1945 bis 1963 wurden die medizinischen Dienste vom Brüderkrankenhaus in Trier geleistet. Sogar ein französisches Konsulat hatte in der Parkstraße in Trier-Nord seinen Sitz.

Ab 1959 war auch Trier ein wichtiger Standort der deutschen Bundeswehr. Im Jahre 1952/53 wurde auf der Eurener Flur, damals noch unbebaut, die General-von Seidel-Kaserne errichtet. Diese Kaserne wurde das Hauptquartier der 4. Alliierten Taktischen Luftflotte der NATO und ab 1959 eine Kaserne der Bundeswehr. Ab 1965 war dort ebenfalls der Fernmeldebereich 70 (später Fernmeldebereich 92) der Bundeswehr stationiert. Die Diskussion über die Abrüstung führte bei der Bundeswehr Trier zu einer Neustrukturierung und letztlich zu einem Abzug der deutschen Soldaten aus Trier. Am 4. März 2009 fand im Trierer Palastgarten ein offizieller Appell zur Auflösung des in Trier stationierten Fernmeldereichs statt. Die letzten deutschen Soldaten verließen die General-von-Seidel-Kaserne am 30. März 2012, und diese Kaserne wurde in Trier eine weitere Konversionsfläche (rd. 10 Hektar).

War der Besuch de Gaulles im Oktober 1945 zunächst ein sichtbares Zeichen der Versöhnung, so wurde die französische Besatzungszeit zu Beginn im Jahre 1945 für die Bürgerinnen und Bürger der Stadt zu einer großen Belastung. Die Haltung der neuen Militärregierung bestätigte die Befürchtungen: Die Franzosen traten als Sieger auf. „Die Faust des Siegers war aber auch an dem Befehl zu spüren, wonach jeder Deutsche, der das Gästehaus der französischen Militärregierung in der Paulinstraße passierte, die dort gehisste Trikolore durch Hutabnehmen zu grüßen hatte. Verstöße wurden mit Geld- oder Haftstrafen geahndet."[22]

Französische Soldaten waren unmittelbar nach dem Zweiten Weltkrieg in Trier Besatzungssoldaten. Die Hoffnungen, die isolierte Lage überwinden zu können, erfüllten sich nach dem Zweiten Weltkrieg über eine lange Zeit nicht. Am 17. Juli 1996, 51 Jahre nach dem Ende des Zweiten Weltkrieges, erhielt der Trierer Oberbürgermeister eine Mitteilung von Leutnant-Colonel Perrier, dem Vertreter der französischen Streitkräfte in Trier: „Ich darf Ihnen mitteilen, dass die Einheiten und militärischen Einrichtungen, die in Trier stationiert sind, 1999 aufgelöst werden."

---

1 Siehe dazu: Kapitel „V. Stadtbildprägende Einflüsse – Militärische Vergangenheit ist sichtbar", S. 46 ff.

2 Dazu: Dräger, Paul: „Ein antikes Städtelob auf Trier – Ausonius, Ordo urbium nobilium 6 (Treveris)". In: Kurtrierisches Jahrbuch 2004, S. 11 ff.

3 Goethe, Johann Wolfgang: Werke in sechs Bänden (Artemis) – Reisen. Campagne in Frankreich. München, 3. Auflage 1992, S. 658 f.

4 Zenz, Emil: Trier im 18. Jahrhundert. 1700–1794. Trier 1981, S. 9

5 Goethe, Johann Wolfgang: Briefe. Weimarer Ausgabe IV, Bd. 10 (WA 02938), S. 8

6 Am Abend des 20. September 1792 soll Goethe am Lagerfeuer zu den anwesenden Soldaten den zukunftsweisenden Ausspruch getan haben: „Von hier und heute geht eine neue Epoche der Weltgeschichte aus, und ihr könnt sagen, ihr seid dabei gewesen."

7 Zenz, Emil: a. a. O., S. 33

8 Zenz, Emil: Geschichte der Stadt Trier im 19. Jahrhundert. Trier 1979, S. 81

9 Dühr, Elisabeth, Hirschmann, Frank G., Lehnert-Leven, Christel: Trierer Garnisonsbuch. Trier 2007, S. 17

10 Das ehemalige Kloster St. Agneten in der Weberbachstraße war bereits 1816 zu einer Kaserne umgebaut worden.

11 Siehe dazu: Kapitel IX.5 „Castelforte – Ein attraktives Grundstück am Eingang der Stadt mit einer Arena", S. 145 ff.

12 Zenz, Emil: Geschichte der Stadt Trier 1900–1914, Band 1. Trier 1973, S. 245

13 Dühr, Elisabeth, Hirschmann, Frank G., Lehnert-Leven, Christel: a. a. O., S. 35

14 Zenz, Emil: Geschichte der Stadt Trier 1928–1945, Band 3. Trier 1973, S. 10

15 Zenz, Emil: a. a. O., S. 92 f.

16 Die erste Hornkaserne war im westlichen Stadtteil Ende des 19. Jahrhunderts erbaut worden. Diese Kaserne bot nicht genügend Platz. Man beschloss deshalb einen Neubau auf der anderen Moselseite. Das Kasernengelände war 5,5 Hektar groß und wurde nach dem Zweiten Weltkrieg von den französischen Streitkräften genutzt („Caserne Casablanca").

17 Breitbach, Klaus: Die Ära Friedrich Breitbach – Eine Dokumentation zur Nachkriegsgeschichte von Trier 1945/46. Trier 2014, S. 13

18 Schröer, Helmut: Trierer Weichenstellungen – Ein Beitrag zur jüngeren Stadtgeschichte. Trier 2009, S. 222 ff.

19 Oberbürgermeister Friedrich Breitbach in der ersten Ausgabe der „Amtlichen Mitteilungen der Stadtverwaltung Trier" am 30. April 1945

20 Zitiert nach Zenz, Emil: Chronik der Stadt Trier – 2000 Jahre in Daten, Berichten und Bildern. Trier 1985, S. 176

21 Vgl. dazu: Schröer Helmut: Erfolgreiche Konversion – ein „Glücksfall für die Universität Trier": Vom französischen Lazarett André Genet zum Campus II. In: Trierer Geschichten, Band 4, Trier 2023, S. 105 ff.

22 Zenz, Emil: Die Kommunale Reorganisation Triers nach der Besetzung der Stadt durch die Amerikaner. Die Ära Breitbach 1945–1946. In: Kurtrierisches Jahrbuch 1978, S. 151

II. Das Ende der Garnisonsstadt Trier

Mit dem Abzug der Franzosen verliert Trier den Status „Garnisonsstadt“

ARMEE DE TERRE

A SP 69014, le 17 JUIL. 1996

N° 00826 /BG TR /CDA

commandement
des forces françaises
stationnées en allemagne
et de la 1 division blindée

PLACE DE TRÈVES
BUREAU DE GARNISON

SP 69014
Tél. 3410

Monsieur le Maire,

Après consultation entre les autorités politiques de nos deux pays, monsieur Charles MILLON, Ministre de la Défense, vient de décider les mesures de restructuration des forces armées françaises.

J'ai l'honneur de vous informer que les régiments et organismes militaires stationnés dans votre ville seront dissous en 1999.

Le Lieutenant-colonel PERRIER
Commandant d'Armes par intérim
de la Place de TREVES

Abb. 1: Der Abzug der Franzosen wird „militärisch kurz“ bekannt gegeben.

Diese Mitteilung war die Bestätigung des endgültigen Abzugs der Franzosen aus Trier. Die Frankfurter Allgemeine Zeitung kommentierte am 19. Juli 1996: „Mit dürren Worten hat der französische Oberst Perrier Oberbürgermeister Schröer vom Ende eines bedeutenden Kapitels der Nachkriegsgeschichte der Stadt an der Mosel unterrichtet."[23]

Als im Juli 1996 das Jahr 1999 als das Datum des endgültigen Abzugs der französischen Einheiten angekündigt wurde, waren in Deutschland noch elf Einheiten der französischen Armee stationiert. In diesen Standorten begann der Abzug im Jahre 1997. In Trier wurden die beiden letzten französischen Einheiten auf dem Petrisberg und in Feyen im Mai 1999 nach Frankreich verlegt. Dies war der letzte Schritt des Rückzugs der französischen Armee aus der Stadt Trier.[24]

Die Nachricht vom Weggang der Franzosen im Jahre 1996 traf die Stadt Trier nicht unvorbereitet. Seit 1990 wurde das Thema Abrüstung weltweit diskutiert. Eine tiefgreifende Änderung der politischen Lage in Europa führte zu einer Verringerung des militärischen Potentials. Das Ost-West-Verhältnis hatte sich entspannt. Seit 1985 war Michael Gorbatschow Generalsekretär der KPdSU. Mit den Konzepten „Perestroika" und „Glasnost" leitete er in der Sowjet-Union ein Reformprogramm ein, das seine Auswirkungen überall in Europa zeigte. Um das Wettrüsten zu beenden und die Militärausgaben zu begrenzen, unterschrieb die Sowjet-Union im Januar 1989 in Wien die KSZE-Akte.

1990: Abrüstung leitet eine neue Zeit ein – Konversion zentrales Thema in den 90er-Jahren

Von Frankreich war bekannt, dass im Rahmen des Plans „Armee 2000" die französische Armee ab 1990 in den folgenden vier Jahren um 35.000 Soldaten reduziert werden sollte. Überlegt wurde auch, die Wehrpflicht von zwölf auf zehn Monate zu verringern. Für Trier waren diese Vorhaben besonders wichtig. War doch die Stadt eine der größten Garnisonsstädte der Franzosen. In einer Fernsehansprache über die „Zukunft des nationalen Dienstes" hatte der französische Staatspräsident Jacques Chirac dann am 28. Mai 1996 mitgeteilt, die französischen „Verteidigungskräfte in eine Berufsarmee umzuwandeln". Er sagte: „Ich schlage deshalb vor, dass der Wehrdienst, so wie wir ihn heute kennen, ab dem 1. Januar 1997 abgeschafft wird und stattdessen ein freiwilliger nationaler Dienst eingeführt wird."[25]

Es zeichnete sich eine große Herausforderung für die Stadt Trier ab. Denn in den Diskussionen vor Ort konnte man natürlich nicht – teilweise leidenschaftlich – für die Abrüstung eintreten, ohne die damit verbundenen Entwicklungen zu akzeptieren. Bereits am 12. Februar 1990 hatte der Trierer Stadtvorstand eine Projektgruppe mit der Aufgabenstellung „Umnutzung öffentlicher Flächen" beschlossen. Als erste Aufgabe sollte eine Bestandsaufnahme erarbeitet werden. Diese wurde dem Trierer Stadtrat in seiner Sitzung vom 19. Dezember 1990 vorgelegt. Über die „Folgen der geplanten Truppenreduzierung in Trier für Arbeitsmarkt und Stadtentwicklung"[26] wurde diskutiert, Grundsätze und Maßnahmen wurden beschlossen. In der Vorlage für den Stadtrat hieß es: „Die jetzt bekannt gewordene Entscheidung der französischen Streitreitkräfte, ihre Truppen in Rheinland-Pfalz in der zweiten und dritten Phase ganz abzuziehen oder zumindest stark zu reduzieren, bedeutet auch für die Stadt Trier, dass sie in erheblichem Umfang vom Truppenabzug ab 1992 betroffen sein wird. Dies ermöglicht ihr auch, sich frühzeitig auf die damit verbundenen Probleme und Chancen einzustellen."

Abzug der Franzosen in zeitlichen Abschnitten

Der Abzug der Franzosen vollzog sich ab 1990 in mehreren Abschnitten. Die erste Konversionswelle erreichte die Stadt schon 1991. Ein Haus in der Burgunderstraße auf dem Petrisberg wurde

Militärisch genutzte Flächen der französischen Streitkräfte in der Stadt Trier 1990

Derzeitige Nutzung

insgesamt ca. 505 ha

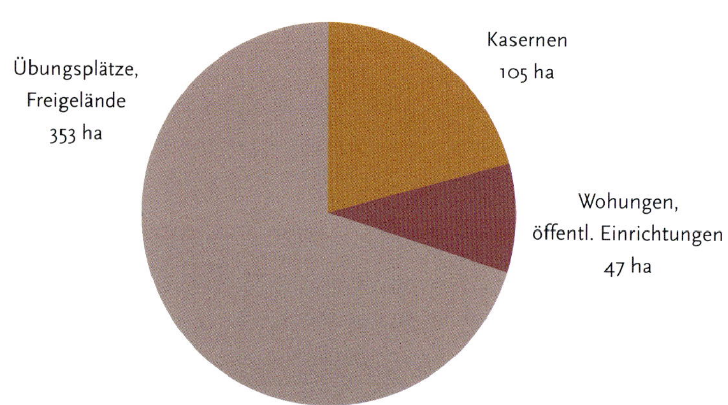

Eignung für künftige Nutzung

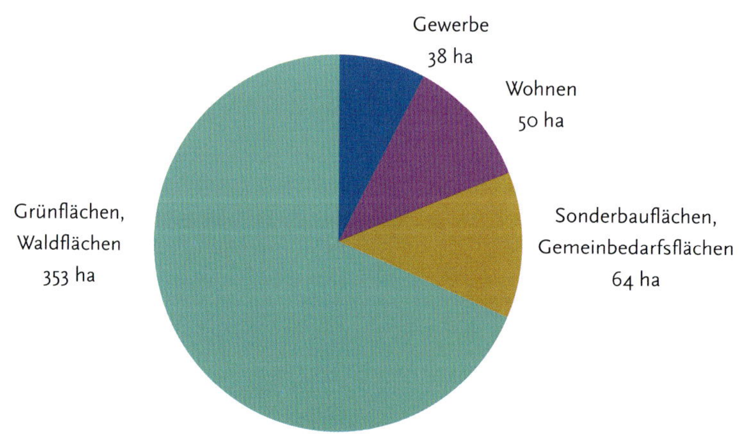

Quelle: eigene Berechnungen,
Stadt Trier, Amt für Stadtentwicklung und Statistik, 09/90

im August von den Franzosen freigegeben und von der Bundesrepublik Deutschland an die Stadt Trier verkauft. Dies war für die Stadt ein willkommener Grundstückserwerb, suchte man doch für einen deutsch-französischen Kindergarten einen Standort. In Trier-Nord wurde ein französisches Schulgebäude (École Maternelle) im Oktober 1993 erworben. Dort wurde eine Kindertagesstätte eingerichtet. Ebenso wurden in Euren zwei Gebäude in der Eurener Straße erworben, die zu einem Kindergarten und einer Kindertagesstätte umgebaut wurden.
Auch die französische Truppenstärke wurde Schritt für Schritt verringert. Im September 1992 zogen sich die Franzosen aus der Kaserne Bertard an der Luxemburger Straße zurück. Eine besondere Bedeutung hatte die Kaserne Castelforte in Trier-Nord. Schon im Jahre 1992 trennten sich die Franzosen von einem Teil der 15 Hektar großen Fläche. 1992 wurde der letzte französische General der französischen Streitkräfte, Philippe Morillion, aus Trier abberufen. Ab 1. Mai 1989 hatte er in Trier den Befehl über die in der Kaserne Castelnau in Feyen stationierten Soldaten übernommen. Morillion war ein großer Freund der Stadt Trier und war bereits 1959 als Ausbildungsoffizier in der Stadt Trier eingesetzt worden. Er wurde 1992/93 als couragierter Oberbefehlshaber der Streitkräfte der Vereinten Nationen in Bosnien bekannt.
Die erste größere Truppenreduzierung führte am 31. Juli 1992 auch zur Schließung des französischen Konsulats in der Parkstraße in Trier-Nord. Der letzte französische Konsul war Jean Salvat. Zuständig wurde ab diesem Zeitpunkt das Generalkonsulat in Mainz. Im Jahre 1992 wurden auch erste Wohnungen in Trier, vor allem in Trier Nord, ein Munitionsdepot im Mattheiser Wald, die Offiziersmesse in der Herzogenbuscher Straße, ein Soldatenheim in der Moltkestraße, ein Economat in Trier-Nord von den Franzosen freigegeben. Ein Verpflegungslager hatte seinen Standort in der Metternichstraße. 1994 erfolgte hier eine Teilfreigabe. Bis 1996 wurden 20 französische Gebäude und Liegenschaften zurückgegeben. Hinzu kam noch die Rückgabe der NATO-Siedlung „Auf der Bausch“. In dieser Siedlung wohnten bis zum März 1995 amerikanische Soldaten mit ihren Familien. Bis Juni 1996 ergab sich durch den Rückzug der Franzosen eine Konversionsfläche von 67 Hektar. 20 Flächen und Gebäude, insgesamt 557 Hektar, wurden in den Folgejahren noch weiter von den Franzosen und der Bundeswehr genutzt.

Die Konversion bestimmt die kommunalpolitische Diskussion

Die Konversion wurde zunehmend ein sehr wichtiges Thema der Trierer Kommunalpolitik. Die Trierer Presse berichtete laufend über die Entwicklungen. In Teilen der Trierer Bevölkerung entstand so der Eindruck, dass der Rückzug der Franzosen alle bisher genutzten Flächen und Gebäude betraf. Ein sehr oft diskutierter Fall war hier der Mattheiser Wald, ein von den Franzosen genutztes militärisches Übungsgelände. Dieses große Waldgebiet mit einem Munitionslager (336 ha) im Südosten der Stadt, in unmittelbarer Nähe der Stadtteile Mariahof und Feyen gelegen, war in den 90er-Jahren weiterhin militärisches Sperrgebiet. Eine öffentliche Nutzung war deshalb erheblich eingeschränkt.
Im Februar 1996 lebten noch 4079 französische Mitbürgerinnen und Mitbürger, Soldaten mit ihren Angehörigen in Trier. Der Rückgang war beachtlich, lebten doch 1983 noch 11.000 französische Soldaten mit ihren Angehörigen in Trier. In den Jahren nach der offiziellen Bekanntmachung im Jahre 1996 bis zur endgültigen Verabschiedung der Franzosen im Jahre 1999 wurden weitere Flächen und Gebäude zurückgegeben. In dieser für die Stadt Trier schwierigen Situation wurde die Zusammenarbeit mit den Franzosen durch den Austausch von Informationen wesentlich erleichtert. Bereits am 23. Februar 1996 hatte der Trierer Stadtvorstand die Kaserne Castelnau in Feyen besucht. Die französischen Gastgeber informierten an diesem Tag ungewohnt offen.

Abb. 2: Abschiedsparade am 11. Mai 1999

Abschied der Franzosen am 11. Mai 1999

Die endgültige Verabschiedung der französischen Streitkräfte war dann in der Zeit vom 7. Mai bis 11. Mai 1999. Eine feierliche Sitzung des Trierer Stadtrates in Rathaussaal war die offizielle Abschiedsfeier. Am 11. Mai 1999 fand eine Abschiedsparade im Palastgarten statt.

Der Trierer Oberbürgermeister hatte die Trierer Bürgerinnen und Bürger über die Presse in der Kolumne „OB aktuell"[27] eingeladen, bei dieser Verabschiedung dabei zu sein:

„Zum Abschied
Liebe Trierer Mitbürgerinnen und Mitbürger,
in dieser Woche verabschieden wir im Rahmen einer feierlichen Stadtratssitzung die französischen Streitkräfte aus Trier. Dies ist ein herausragendes Ereignis unserer Stadtgeschichte. Die Franzosen kamen 1945 als Besatzer. Sie verlassen uns als Freunde.

Der Weggang der Franzosen nach über fünfzig Jahren des Miteinanders stimmt uns traurig. Es war – nach einigen Schwierigkeiten in den Anfangszeiten – eine gute Zeit. Wir verlieren ein Stück unserer europäischen Identität: Deutsche und Franzosen in Trier, das war ein gewohntes und vertrautes Bild.

Der endgültige Abzug der französischen Streitkräfte kann aber auch als großartiges Ergebnis von Politik verstanden werden. Wir stehen uns nicht mehr waffenklirrend gegenüber, auch Deutsche und Franzosen sind feste Freunde geworden. Und das Miteinander hier bei uns in Trier hat auch dazu beigetragen.

Wir haben allen Grund, dankbar für diese Entwicklung der zurückliegenden Jahrzehnte zu sein. Der Abzug der Streitkräfte aus Trier eröffnet uns jetzt neue Chancen. Städtische Gebiete, bisher nicht zugänglich, können für die Zukunftsgestaltung neu genutzt werden. Die Verabschiedung der Streitkräfte ist kein Abschied von unseren französischen Freunden.

Ich wünsche mir von Herzen, dass es zu vielen weiteren Begegnungen und somit zur Festigung des Miteinanderkommens wird. Dass dies keine Selbstverständlichkeit ist, zeigen die schlimmen Ereignisse auf dem Balkan.

Es wäre schön, wenn möglichst viele Triererinnen und Trierer bei der Verabschiedung dabei sein und unseren französischen Freunden ein ***„Au revoir – les amis français!"*** *zurufen würden."*

Das Kommando der in Deutschland stationierten französischen Truppen gab am 11. Mai 1999 den Tagesbefehl Nr. 5 heraus. Er wurde im Rah-

men der großen Parade im Trierer Palastgarten, der Tausende Triererinnen und Trierer beiwohnten, verlesen. Er endete mit den Worten:

„Vielen Dank an alle, die seit fünfzig Jahren daran gearbeitet haben, die Bande zwischen den deutschen Bürgern und den französischen Soldaten zu verstärken. Vielen Dank an die Stadt Trier dafür, dass sie einer der angenehmsten Standorte der französischen Streitkräfte während all dieser Jahre war.“

Trier: Auf dem Weg zu einer europäischen Metropole

Für die Stadt Trier war dieser 11. Mai 1999 ein historischer Moment. Nur die Soldaten der Bundeswehr waren noch länger in Trier stationiert. Die beiden Standorte wurden erst 2012 (General von Seidel Kaserne) und 2014 (Jägerkaserne) zurückgegeben. Aber durch den Abzug der Franzosen verlor die Stadt Trier erstmals seit Jahrhunderten den Status einer Garnisonsstadt.[28] In den Jahren nach dem Zweiten Weltkrieg hatten sich die Lagemerkmale der Stadt zunehmend geändert. Am 6. Mai 1955 wurde die Bundesrepublik Deutschland offiziell in die NATO aufgenommen. Aus den Besatzern wurden Verbündete, und in Trier wurden die in Trier lebenden Franzosen mehr und mehr Freunde, französische Mitbürgerinnen und Mitbürger. Aus der Grenzstadt Trier wurde eine europäische Metropole, eine europäische Kontaktzone.

Das Miteinander der Deutschen und Franzosen in Trier war sichtbarer Ausdruck der europäischen Einigung. Deutschland wurde ein gleichberechtigter Partner innerhalb der Europäischen Union. Und in Trier wurde überzeugend fortgesetzt, was durch Robert Schumann und Charles de Gaulle auf französischer und Konrad Adenauer auf deutscher Seite begründet worden war. Die Umarmung von Charles de Gaulle und Konrad Adenauer 1962 in Paris war ein wichtiges Zeichen der Versöhnung und Verständigung. Helmut Kohl und François Mitterand bekräftigten am 22. September 1984 mit ihrem symbolischen Händedruck über den Gräbern von Verdun die Versöhnung. Die Idee des Friedens, in der die Würde des Menschen, seine Freiheit und Verantwortung im Mittelpunkt stehen, hatte seit dem Zweiten Weltkrieg Europa erst zu Europa gemacht. Und in Trier, auf kommunaler Ebene, wurde dazu ein wichtiger Friedensbeitrag geleistet.

23 Frankfurter Allgemeine Zeitung vom 17.7.1996: „Dürre Worte besiegeln das Ende einer Ära.“
24 Schröer, Helmut: Trierer Geschichten, Band 3. Trier 2020, S. 39 ff.
25 Fernsehansprache des französischen Staatspräsidenten zur Zukunft des nationalen Dienstes, Paris 28. Mai 1996, übermittelt von der Presse- und Informationsabteilung der Französischen Botschaft, Bonn
26 Unterlage für den Trierer Stadtrat: Drucksache 431/90 vom 1. Dezember 1990, diskutiert im Trierer Stadtrat am 19.12.1990
27 Rathaus-Zeitung, 11. Mai 1999
28 Garnisonsstadt war Trier über Jahrhunderte, abgesehen von den Jahren 1930 bis 1936

III. Konversion

Ein altes/neues Thema der Stadtentwicklung

Der Begriff **Konversion** (auch *Umnutzung* oder *Nutzungsänderung*) beschreibt in der Stadtplanung die Wiedereingliederung von Brachflächen in den Wirtschafts- und Naturkreislauf oder die Nutzungsänderung von Gebäuden. Der Begriff entstand im Zuge der Umnutzung ehemaliger militärischer Anlagen (Konversionsflächen) und wurde speziell für diese verwendet. Im Laufe der Jahre fand der Begriff auch bei anderen Entwicklungsflächen Anwendung. Am Beginn des 20. Jahrhunderts bezeichnet der Begriff „Konversion" dagegen meist die Umwandlung von Flächen *für* militärische Zwecke.

Unterschieden wird die militärische von der zivilen Konversion.

Die militärische Konversion umfasst insbesondere

- die Umnutzung von ehemals militärisch genutzten Flächen für zivile Zwecke,
- die Umstellung von Rüstungsbetrieben auf zivile Produktion,
- die Beseitigung oder Abschwächung der negativen wirtschaftlichen Folgen durch kleinere oder größere Projekte in den Konversionsräumen auf der Grundlage einer Gesamt- oder von regionalen Strategien,
- auf die Anfangsphase befristete, den Arbeitsmarkt stabilisierende Maßnahmen im Wesentlichen für die Bauwirtschaft in den Konversionsräumen.

Die zivile Konversion umfasst insbesondere

- die Umwandlung aller stadt- bzw. regionalentwicklungspolitisch bedeutsamen brachgefallenen nichtmilitärischen Flächen (zum Beispiel von Bahn, Post, Gewerbe und Industrie); Auslöser hierfür ist der normale strukturelle Wandel,
- die raum- bzw. gebietsbezogene Bewältigung des generellen Strukturwandels unter wirtschaftlichen, städtebaulichen und sozialen Gesichtspunkten (wie zum Beispiel in Sanierungs- und Entwicklungsgebieten, neuestens auch unter dem Gesichtspunkt der „Sozialen Stadt").

Militärische Konversion – eine neue Fragestellung für die Planung?

Das kurzfristige Angebot erzeugte Planungs- und Entscheidungsdruck, zusätzlichen Finanzbedarf, zusätzlichen Bedarf an privaten Investoren aber auch einen Bedarf an neuen Ideen, neuen Strategien und neuen Managementmethoden. Konversion – verstanden als militärische Konversion – wurde in Deutschland als ein völlig neues Feld begriffen, obwohl auch in Deutschland die Umnutzung von Brachflächen und die Umwandlung aufgelassener Flächen bereits zum Alltagsgeschäft gehörte.

Was ist das Besondere an den Konversionsflächen oder der Problematik?

Natürlich waren die schlagartig einsetzenden, negativen wirtschaftlichen Folgen der Auslöser für einen Handlungszwang, der unmittelbare Betroffenheit auslöst. Die Verantwortung des Bundes in der Gesamtpolitik, der Länder bezogen auf strukturelle Fragen der Landesentwicklung lösten ebenfalls eine Betroffenheit aus und verursachen Handlungszwänge.
Freiwerdende Flächen haben unterschiedliche Potentiale, die Erfahrung zeigt, dass in der Regel Flächen in Ballungsgebieten oder in zentralen Innen- oder Stadtrandlagen erhebliche höhere Entwicklungschancen besitzen als Flächen in ländlichen Räumen oder in Stadtrandlage.

Ausgangsbedingungen für Trier

Positiv aus der Sicht der Stadt Trier war unter städtebaulichen Gesichtspunkten der Umstand, dass dann doch seit Mitte 1996 feststand, dass alle Militärflächen geräumt werden und damit die Voraussetzung für die Entwicklung eines Gesamtkonzeptes gegeben waren.
Während im 1. Konversionsbericht an den Stadtrat von einer stufenweisen Freigabe ausgegangen wurde (an deren Ende möglicherweise ein Gesamtabzug stehen könnte) war im Juli 1992 davon auszugehen, dass innerhalb kurzer Zeit der Gesamtabzug erfolgt. Anfang 1993 stand wiederum fest, dass zwei Regimenter bleiben – allerdings mit der negativen Folge für die Stadt Trier, dass Optionen für die Stadtentwicklung nur wenig Berücksichtigung fanden. Planungssicherheit bestand also erst seit 1996.
Negativ war jedoch der hohe Erwartungsdruck des Alteigentümers „Bund“, was die Verwertung der Flächen betrifft sowie das hohe Interesse von interessierten Nutzern, auch was die voraussichtlichen Grundstückspreise betraf.

Konversion eine Flächenproblematik?

Um die Bedeutung der (militärischen) Konversion für den Städtebau einordnen zu können, ist es hilfreich, die räumliche Entwicklung von 1970 bis 1995 zu betrachten, also 25 Jahre Stadtentwicklung in Trier.
Insgesamt wurden seit 1970 bis 1995 ca. 482 ha als Siedlungsfläche entwickelt. Darin sind ca. 107 ha als Umnutzung von Brachen (also „zivile“ Konversionsflächen) enthalten und weitere 16 ha als sogenannte Innenentwicklung; zusammengenommen also ca. 123 ha.
Größere Flächen der zivilen Umnutzung in dieser Zeit waren:

- Eisenwerk Quinter Hütte
  (neue Nutzung: Wohnen)
- AGROB Fliesenfabrik in Ehrang
  (neue Nutzung: Gewerbegebiet)
- Brauerei Hopfengarten Heiligkreuz
  (neue Nutzung: Wohnen)
- Löwenbrauerei Gartenfeld
  (neue Nutzung: Wohnen)
- Schnapsfabrik Weber Heiligkreuz
  (neue Nutzung: Europäische Rechtsakademie)
- Laeis Bucher Fabrik Stadtmitte
  (neue Nutzung: Handel und Dienstleistungen)
- Bobinet-Fabrik Trier-West
  (neue Nutzung: Wohnen, Dienstleistungen, Handel)
- Bundesbahnausbesserungswerk Trier-West
  (neue Nutzung: u. a. Wohnen/in Planung)

Exemplarisch kann man die „zivile Konversion“ im Stadtteil Trier-Süd aufzeigen, wo sich durch Aufgabe von Gewerbebetrieben und Verlagerungen neue Entwicklungschancen ergeben hatten und auch in Zukunft ergeben werden:

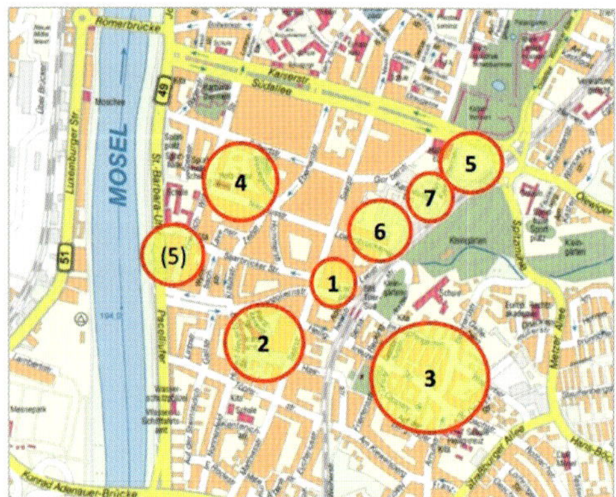

Abb. 1: Zivile Konversionsprojekte in Trier-Süd/ Heiligkreuz

(1) Essigfabrik am Südbahnhof (neue Nutzung. Wohnen),
(2) Gelände Neuerburg Zigarettenfabrik (neue Nutzungen: Wohnen, Büro, Park),
(3) Caspary Gelände Brauerei (Wohnen),
(4) Gelände des Herz-Jesu-Krankenhauses (neue Nutzungen: Wohnen, Arztpraxen)

oder jetzt auch in den 2020er-Jahren die
(5) Verlagerung der Feuerwache auf das Gelände der aufgegebenen Fläche des Polizeipräsidiums,
(6) die Verlagerung des Zweckverbandes Abfallbeseitigung mit dem Betriebshof des Tiefbauamtes auf eine aufgegebene gewerbliche Fläche in Trier Nord) und aktuell
(7) die Aufgabe des Betriebes Lederfabrik Rendenbach.

Umnutzungen nach Nutzungsaufgabe waren aus stadtplanerischer Sicht damit kein neues Thema in Trier. Spektakulärster Fall in der Vergangenheit war jedoch die Verlegung des Flugplatzes Euren nach Föhren (inzwischen „doppelte Konversion") (siehe dazu Kapitel IX. 1. Flugplatz Trier Euren, Seite 97).

Das Konversionspotential im Jahr 1990 betrug (ohne die Übungsfläche Mattheiser Wald) insgesamt ca. 165 ha; darin sind enthalten ca. 30 ha entwickelte Wohnbaufläche; diese also abgesetzt ergibt eine Fläche von ca. 135 ha, die mit ca. 123 ha „Konversion" 1970 – 1995 verglichen werden können. Auch wenn wir davon ausgehen konnten, dass der Flächenverbrauch nicht in dem Maße weiterwachsen würde, wie in den vergangenen 25 Jahren, wird deutlich, dass unter Gesichtspunkten des Städtebaus und der städtebaulichen Integration von umzunutzenden und brachgefallenen Flächen die militärische Konversion eine laufende Aufgabe eines umweltschonenden und ökonomischen Städtebaus war.
Daher war es erforderlich, dass frühzeitig für alle Gebiete in der Gesamtheit der programmatische Rahmen festgelegt wurde. Dies erleichterte die Orientierung für alle und bildete eine verlässliche Grundlage für partnerschaftliches Vorgehen.

Ganzheitlicher Planungsansatz

Konversion ist Veränderung. Veränderungen sind aber keine geradlinigen Bewegungsabläufe. Es bedarf der Steuerung, damit sich die Potentialwirkung von Konversion positiv entfalten kann. Nur wenn die Konversionsflächen im Kontext aller disponiblen Standorte und Funktionen einer Stadt behandelt werden, sind angemessene und zukunftsorientierte Entscheidungen über Funktionszuweisungen möglich.
Die Kommune kann ihre Planungshoheit nur dann voll ausschöpfen, wenn die Planung vorausschauend und gleichsam offenbleibt. Damit kann die Kommune auf Veränderungen flexibel reagieren. Jede auf eine Konversionsfläche zugeschnittene Einzelplanung bedarf der Einbindung in ein Gesamtkonzept.
Aber nicht jede Konversionsfläche bedarf (erzwingt) eine unmittelbare Folgenutzung. Das „Verbrauchen" der Flächenpotentiale entspricht weder dem Anspruch an einen ganzheitlichen

Planungsansatz noch optimiert es den volkswirtschaftlichen Nutzen. Vor dem Hintergrund des anhaltenden Flächenverbrauches und der begrenzten Ressourcen konnte damit ein Beitrag zur nachhaltigen Siedlungsentwicklung geleistet werden.

Vom Sonderfall zum Regelfall

Die in der Stadt Trier zur Diskussion stehenden Konversionsflächen waren bis vor wenigen Jahren Tabuzonen. Die 1990 bestehenden Planungsschwierigkeiten beruhten darauf, dass in der Vergangenheit um die Gebiete herumgeplant wurde bzw. angrenzende Flächen nicht entwickelt werden konnten. Betrachtet man die Flächen im Stadtgebiet, so ist die Chance darin zu sehen, dass viele Einzelflächen von der Siedlungsentwicklung überholt wurden und sie nun schon in einem Kontext liegen und integriert werden müssen. Es handelt sich aber nicht um Solitärflächen, die als solche solitär umgenutzt werden, sondern es sind neue „Vernähungen“ und Verbindungen erforderlich. Andererseits muss eine Einfügung in die angrenzenden Strukturen erfolgen. Dies gilt für die relativ homogene Fläche Castelforte wie auch die Flächen auf dem Petrisberg, deren direkte Umgebung nicht in die Planung einbezogen wurde. Wir haben also städtebaulich die Aufgabe, durch eine gezielte Innenentwicklung von Flächen eine „Planungsverspätung“ für diese Flächen einzuholen und diese in die Stadtentwicklung zu integrieren.

Stadtentwicklungsstrategie und städtebauliche Antwort

Insoweit war es konsequent im Rahmen einer Stadtentwicklungsstrategie, die sich auf die Stadt in ihrer Gesamtheit bezieht, die städtebauliche Sicht zu erweitern und jeweils den stadträumlichen Zusammenhang eines Teilstadtgebietes zu betrachten. Weg von der Einzelliegenschaft zum räumlichen Teilkonzept. Es wurden vier stadträumliche städtebauliche Konzepte entwickelt:

- Konversion Nord
- Konversion Ost
- Konversion Süd
- Konversion West

Diese an den verschiedenen Konversionspotentialen ausgerichteten (und räumlich abgegrenzten) Konzepte waren eingebettet in das Gesamtkonzept.
Die Umsetzung des Stadtmarketingkonzeptes[29] als „offenes Stadtentwicklungskonzept“ durch Projekte war Grundlage für die räumliche Einordung unter Beurteilung der Flächenpotentiale und in der Folge eine Programmierung für einen städtebaulichen Rahmenplan. Dabei gewinnt das jeweilige Projekt stufenweise auch Gestalt und entwickelt sich parallel zur räumlichen Planung. Vereinfacht: Anforderungen eines Projektes an einen Standort führen zur Flächenausweisung – diese ist Grundlage für die Detaillierung des Projektes im Vorentwurf als Grundlage für die Bebauungsplanung oder einen V&E-Plan (als Rechtsplan) auf dessen Grundlage das Bauprojekt entwickelt und realisiert wird.
In diesem Sinne ist die Entwicklung von Projekten und Programmen in Kenntnis der wichtigsten räumlichen Planungsbedingungen von besonderer Bedeutung.

Die Bedingungen für die Bewältigung der militärischen und zivilen Konversion sind vergleichbar und erfordern ähnliche Strategien und den Einsatz entsprechender Instrumente.
Die Nutzungsänderung von Gebäuden nach einer Sanierung stellt eine Form der Konversion dar. Als typisches Beispiel hierfür stehen ehemalige Kasernengebäude, die nach dem Abzug der Besatzungsmächte zeitweise ungenutzt, also leer standen. Eine gelungene Umnutzung dieses Gebäudetyps stellt insbesondere dessen Umwandlung in eine öffentliche Nutzung dar.

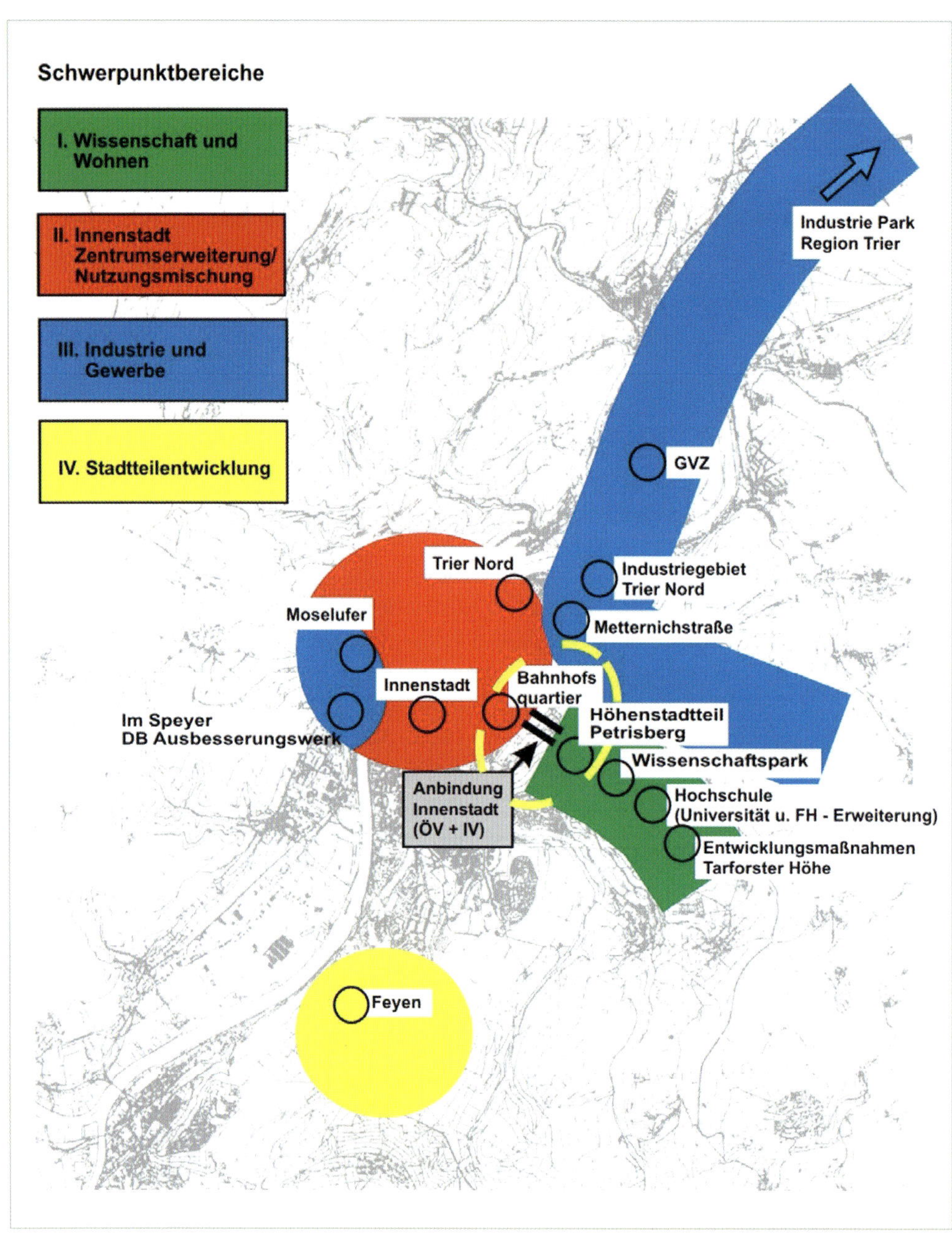

Abb. 2: Schwerpunktbereiche der Konversion in Trier

Planungsrechtliche Aspekte

Militärische Flächen unterliegen nicht der Planungshoheit der Gemeinde und können daher nicht einfach durch einen Bebauungsplan überplant werden. Zuvor ist zur Freigabe der Liegenschaft eine Abgabeerklärung des Bundesministers der Verteidigung erforderlich; erst danach erfolgt der Wechsel (zurück) zur kommunalen Planungshoheit.

Zur Unterscheidung zwischen der baulichen Konversion, also der Umnutzung von Hochbauten, wird für die Konversion von militärischen, industriellen oder anderen Flächen manchmal auch der Begriff *Flächenkonversion* benutzt.

Was war oder ist an der militärischen Konversion nun so spektakulär und aufregend?

Die zu Beginn der neunziger Jahre einsetzende intensive Diskussion wurde durch mehrere Faktoren gespeist:

- Im Gegensatz zur zivilen Konversion in den vergangenen Jahren zwischen 1960 bis 1990, in denen auch Flächen in gleicher Größenordnung einer neuen Nutzung zugeführt wurden, handelte es sich nun um „mit einem Schlag" freiwerdende Flächen, die einem Eigentümer gehören (Bund) und der auf eine zügige Wiederverwertung drängt.
- Es lag nun ein Gesamtpaket mit vielen Einzelflächen im Stadtgebiet vor, während in der bisherigen zivilen Konversion jeweils verschiedene Partner unter verschiedenen Bedingungen eine Neunutzung bzw. Wiederverwertung anstrebten.
- Die mit der Wiedervereinigung und zeitlich damit verbundenen Umwälzungen – auch was den militärischen Komplex betrifft – war für viele ungewohnt, bedrohlich oder unsicher.
- Das Gewohnte – Trier ist die zweitgrößte französische Garnisonsstadt nach Paris – ist in Frage gestellt. Es kommen viele Veränderungen, die in einer kurzen Zeit ablaufen werden; das unterstrichen die ersten Ankündigungen, die von einem schnellen Rückzug aller Truppen aus Trier ausgingen.
- Ein weiteres wichtiges Thema war die Frage der wirtschaftlichen Folgen (Aufträge der Truppen in den unterschiedlichsten Bereichen) und natürlich der Wegfall der zivilen Arbeitsplätze in großer Zahl und in kurzer Zeit.

Am Anfang gab es eine große Unsicherheit über die weitere Entwicklung, die sich gerade auch auf die Frage der künftigen Flächennutzung bezog. Zu Beginn der Diskussion über Castelforte – der ersten großen Konversionsmaßnahme – gab es eine Vielzahl von Nutzungsinteressenten, die davon ausgingen, dass man nur die Gebäude und Liegenschaften in Besitz nehmen müsse und schon könne man eine Weiternutzung ohne Einschränkungen und ohne eine abgestimmte Gesamtplanung vornehmen.

Daher war es gut, dass die Stadt Trier nach einer ersten Phase direkt die Initiative ergriffen hatte und Vorschläge entwickelte, wie die freiwerdenden Flächen im Rahmen eines Gesamtkonzeptes integriert werden können. Dieser Prozess wurde zwar vielfach gestört durch neue Entwicklungen und parallele Diskussionen wie z. B.:

- Wird es ein Deutsch-Französisches Korps mit Sitz in Trier geben und wo wird der Standort sein?
- Was geschieht mit dem französischen Hospital? Steigt das Land Rheinland-Pfalz ein, oder muss die Stadt Trier davon ausgehen, dass ein privater Alten- bzw. Pflegeheimbetreiber das Areal erwirbt?
- Wo findet das neue Arbeitsamt seinen Standort – ist es denkbar, dieses auf dem Gelände Castelforte zu errichten, oder gibt es doch einen Neubau auf dem (bundeseigenen) Konversionsgelände in der Dasbachstraße?

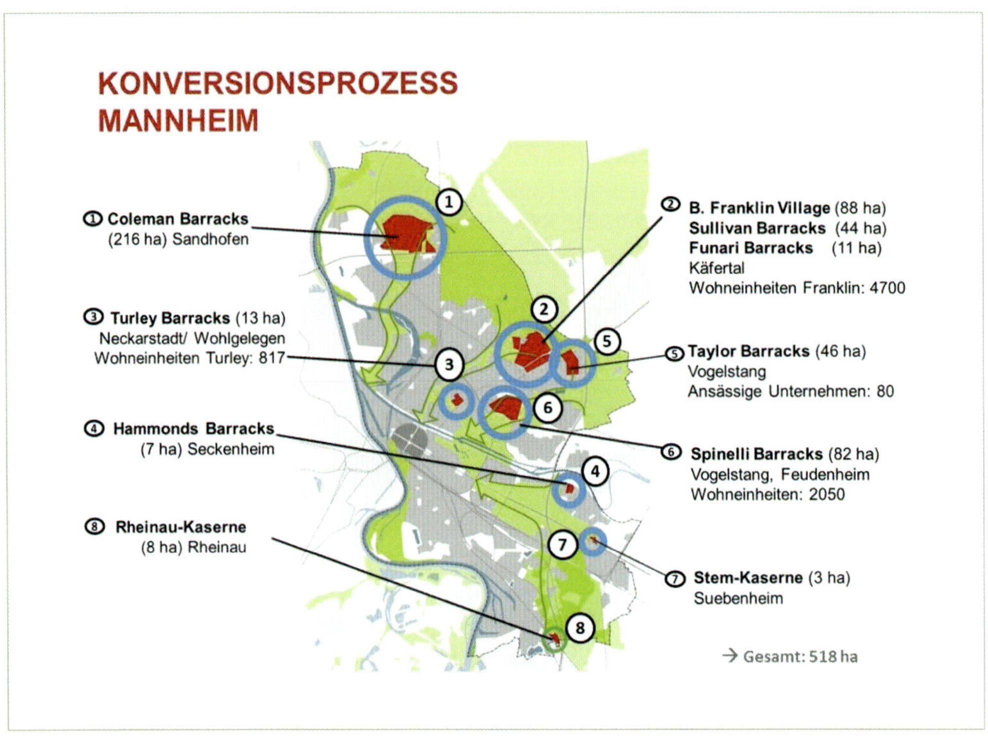

Abb. 3: Konversionsflächen in Mannheim

Nach der Wiedervereinigung 1990 erfolgte die grundsätzliche Aussage seitens der französischen Regierung, die Militärpräsenz in Deutschland abzubauen und es erfolgten einzelne Freigaben von Kasernenarealen.[30] Als Folge der Militärreform in Frankreich, dann ab 1996, wurde Trier als Standort der französischen Armee gänzlich aufgegeben. Damit war Trier am stärksten von der Konversion betroffen.

Zwar gab es schon 1992 in anderen Städten Freigaben. Diese waren aber in sich abgeschlossene Gebiete, deren Entwicklung auch ohne eine Gesamtplanung der städtischen Flächennutzung möglich war. Es handelte sich einmal um den PRE-Park in Kaiserlautern mit einer Fläche von ca. 30 ha, die zu einem Gewerbepark entwickelt wurde,[31] und um das 38 ha große „Quartier Vauban" in Freiburg.[32]

Trier war ein „Sonderfall" in den frühen neunziger Jahren, weil es sich bei den freiwerdenden militärischen Flächen um solche handelte, die über das gesamte Stadtgebiet „verstreut" lagen, verursacht durch lange militärische Vergangenheit; denn über die Jahrzehnte wurden immer wieder neue Kasernenanlagen am jeweiligen „Stadtrand" errichtet. Insoweit war es erforderlich auf der Grundlage eines Gesamtkonzeptes die Umnutzung zu gestalten.

In späteren Jahren ab 2000 gab es dann in Verbindung mit dem Abzug anderer alliierter Streitkräfte Städte mit vergleichbaren Zukunftsaufgaben. So z. B. mit Hanau ab 2008 (Abzug amerikanischer Truppen), ebenfalls Würzburg ab 2009 oder auch Heidelberg 2012 und Mannheim oder auch Paderborn, ab 2014 durch den Abzug der britischen Truppen.

Allerdings konnten diese Städte auf Erfahrungen anderer Städte aus der ersten Phase der Konversion sowie auf Ergebnisse aus Forschungsprojekten und Praxisberichten zurückgreifen. Auch Verfahren der Freigabe, die Verhandlungen mit dem Bund waren inzwischen Routine. Beispielhaft stehen dafür auch Arbeitshilfen der Bauministerkonferenz und der Länder, die eine systematische Arbeit unterstützten.[33]
Natürlich blieb auch bei diesen Städten die Aufgabe im Rahmen der kommunalen Planungshoheit eine Gesamtkonzeption für die Integration der früheren Militärflächen zu entwickeln und umzusetzen.
Der Prozess der Konversion in Trier in den 90er-Jahren war aber wesentlich schwieriger, weil noch viele Detailfragen zum Erwerb, zur Wertermittlung, zur Altlastenfrage, zur planerischen Umsetzung noch nicht geklärt waren, bzw. erst bei der Umsetzung der Projekte in Zusammenarbeit mit den Beteiligten (Bund, Land, Fachbehörden) erarbeitet werden mussten.

---

[29] Stadt Trier, Amt für Stadtentwicklung und Statistik: Dokumentation des Workshops „Stadtentwicklung und Konversion" am 1. Und 2. Juli 1997. Stadtentwicklungspolitische Ziel- und Strategievorstellungen, Oktober 1997

[30] Siehe dazu auch: https://de.wikipedia.org/wiki/Liste_der_franz%C3%B6sischen_Milit%C3%A4rstandorte_in_Deutschland#Rheinland-Pfalz

[31] PRE Park (ehem. Holtzendorff Kaserne), Kaiserslautern, Rheinland-Pfalz
Konversion einer militärischen Liegenschaft in einen Wohn- und Gewerbepark – Auf dem Gelände der ehemals von den französischen Streitkräften genutzten Militärliegenschaft wurden seit Mitte 1997 umfassende Ordnungsmaßnahmen, Erschließungsmaßnahmen und Maßnahmen im Bereich der Altlastensanierung durchgeführt, welche mittlerweile nahezu vollständig abgeschlossen sind. Durch eine Vielzahl von Gewerbe-, Freizeit-, und insbesondere Technologieeinrichtungen wurden in mehr als 80 Firmen über 3000 Arbeitsplätze geschaffen.

[32] Nach dem Abzug des französischen Militärkontingents am 15. August 1992 infolge der deutschen Wiedervereinigung und der Bestimmungen des Zwei-plus-Vier-Vertrages wurde der Name Vaubans für das neue Wohnquartier beibehalten. Das Gelände fiel nach dem Abzug der Streitkräfte 1992 an das Bundesvermögensamt. Für umgerechnet 20,45 Millionen Euro kaufte die Stadt 34 Hektar von dem ca. 38 Hektar großen Areal für die Entwicklungsmaßnahme, rund vier Hektar übernahmen das Studentenwerk und die „Selbstorganisierte Unabhängige SiedlungsInitiative".

[33] Arbeitshilfen:
- Arbeitshilfe zu den rechtlichen, planerischen und finanziellen Aspekten der Konversion militärischer Flächen. Fachkommission Städtebau der Bauministerkonferenz. (2003)
- Arbeitshilfe/Nachhaltiges Konversionsflächenmanagement – entwickelt am Beispiel der Militärflächenkonversion in Schleswig-Holstein. Herausgeber: Jacoby, Christian, Prof. Dr. Ing. – Institut für Verkehrswesen und Raumplanung (IVR) Universität der Bundeswehr München. Neubiberg 2011
- Arbeitshilfe zu den rechtlichen, planerischen und finanziellen Aspekten der Konversion militärischer Liegenschaften. (aktualisierte Fassung/beschlossen am 19./20.03.2024). Fachkommission Städtebau der Bauministerkonferenz (2014)
- Städtebauförderung in Bayern. Militärkonversion. Oberste Baubehörde im Bayerischen Staatsministerium des Innern, für Bau und Verkehr. München (2014)

IV. 30 Jahre Stadtentwicklung Trier

Instrumente und Handlungsmöglichkeiten

In der zeitlichen Umsetzung der Konversionsmaßnahmen in den dreißig Jahren von 1990 bis 2020 kann man drei Phasen unterscheiden, die im Wesentlichen auch durch den Zeitpunkt der Freigabe der Liegenschaften mitbestimmt wurden. In der ersten Phase erfolgte durch den Bund die (weitere) Umnutzung der Casablanca Kaserne in Trier-Nord, durch einen Privaten die Umnutzung der Kaserne Bertard und schließlich seit 1995 die Entwicklung der Wohnsiedlung „Auf der Bausch" durch die gbt Trier, nachdem die Stadt Trier zur Sicherung der Entwicklung einen Zwischenerwerb getätigt hatte.

In der zweiten Phase, mit dem Schwerpunkt in den Jahren 2001 bis 2010, erfolgte die Umsetzung „städtischer" Projekte wie die Kaserne Castelforte, den Petrisberg und den Pi-Park als Kooperationsmodell mit dem Bund.

Die dritte Phase war bestimmt durch „Wohnprojekte" – entweder durch die Umnutzung/Weiterentwicklung von bisherigen „französischen"

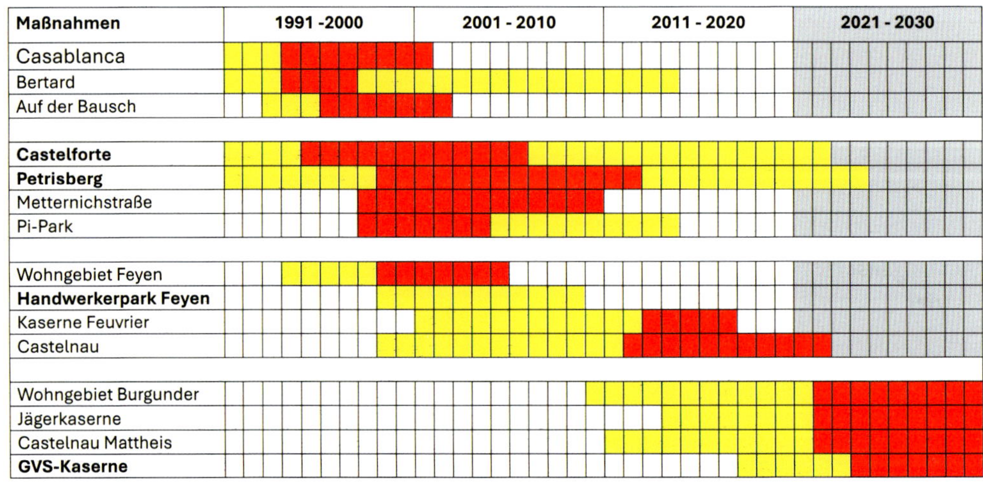

Abb. 1: Konversionsmaßnahmen auf der Zeitschiene
Projektrealisierung Projektvorbereitung/ergänzende Planungen

Wohngebieten (Feyen) oder durch die Konversion mit Schwerpunkt Wohnen, wie z. B. die Kaserne Castelnau und Feuvrier.
In Abbildung 1 ist jeweils rot gekennzeichnet der Zeitraum der Realisierung der Maßnahme, in den Vorjahren dann gelb gekennzeichnet der Vorlauf bzw. Vorüberlegungen, die zum Teil auch dadurch verursacht wurden, weil nicht alle Projekte gleichzeitig umgesetzt werden konnten. Ein Grund war auch, dass nicht alle Projekte gleichzeitig auf den Markt kommen sollten.

In der letzten – vierten Phase – 2021 bis 2030 stehen nun noch weitere vier Projekte an. Die Siedlung „Burgunderviertel", die erst nach Freigabe und Beendigung einer Zwischennutzung angegangen werden konnte. Das neue Wohngebiet „Castelnau Mattheis" erforderte nach Aufgabe des Projektes Handwerkerpark eine neue grundsätzliche Planung. Die Jägerkaserne und die General-von-Seidel Kaserne – zwei Bundeswehrkasernen – wurden erst später freigegeben und werden auch als Projekte bis 2030 umgesetzt werden.
Militärische Konversion ist für die Stadt Trier seit 1990 ein wichtiges Thema der Stadtentwicklung, welches aber nur im Zusammenhang mit den anderen Entwicklungsaufgaben bearbeitet werden kann. Konversion ist zwar ein „Sonderthema" seit 1990, ist aber nicht zu trennen vom Planungsprozess, der die Gesamtstadt betrifft mit allen Aufgaben, die unter die kommunale Planungshoheit fallen.

Verwertungsmodelle für die Entwicklung von Liegenschaften und ihre Anwendung in Trier

Die Bewältigung der Konversion erfordert eine integrierte Verwertungspolitik. In diesem Rahmen haben sich seit dem Jahr 2000 vier Grundmodelle herausgebildet, die sich im Wesentlichen durch den Eigentümerstatus, Art und Potenzial der Flächenverwertung, die Art der Kaufpreiszahlung und die Bedeutung des jeweiligen Projekts im Rahmen der Gesamtentwicklung einer Stadt unterscheiden.

Grundmodelle:
1. Der Bund bleibt Eigentümer und vermarktet mit der Kommune
2. Private erwerben die Fläche und übernehmen Entwicklungsverpflichtungen
3. Die Kommune erwirbt die Fläche und vermarktet
4. Beteiligungsmodell des Bundes

Allen Modellen ist gemeinsam, dass die öffentlichen Verkehrsflächen den Kommunen unentgeltlich gegen Übernahme der Verkehrssicherungspflicht übertragen werden.
Zu Beginn der Konversion bis 1995 gab es zwar eine umfangreiche Diskussion über Verfahrensschritte bei der Entwicklung der freiwerdenden militärischen Flächen, aber keine standardisierte Verfahrensweise. Eine erste „Arbeitshilfe" der Fachkommission „Städtebau" der Bauministerkonferenz, 1994 erarbeitet, war dann eine erste Grundlage. Dabei waren zwar wertvolle Hinweise enthalten, aber noch keine verfestigten Verfahren dargestellt, weil auch die organisatorischen Voraussetzungen bei den Beteiligten (Bund, Länder, Kommunen etc.) noch nicht gegeben waren.
So gestaltete sich der Prozess in Trier anfangs sehr schwierig und Trier musste zu Beginn eigene „Verfahren" entwickeln bzw. entscheiden wie jeweils zu verfahren war.
Dabei waren die schon 1990 erfolgten Bestandsaufnahmen der militärischen Flächen in Trier mit einer ersten Einschätzung der künftigen Nutzungsmöglichkeiten eine gute Basis, auf der dann eine Gesamtkonzeption für die Integration der militärischen Flächen entwickelt wurde.
Auf dieser Grundlage konnten dann jeweils Entscheidungen getroffen werden, inwieweit die Flächen und Objekte für die Stadt von Interesse sind bzw. inwieweit sich die Stadt in den Verwertungsprozess einbringen will.

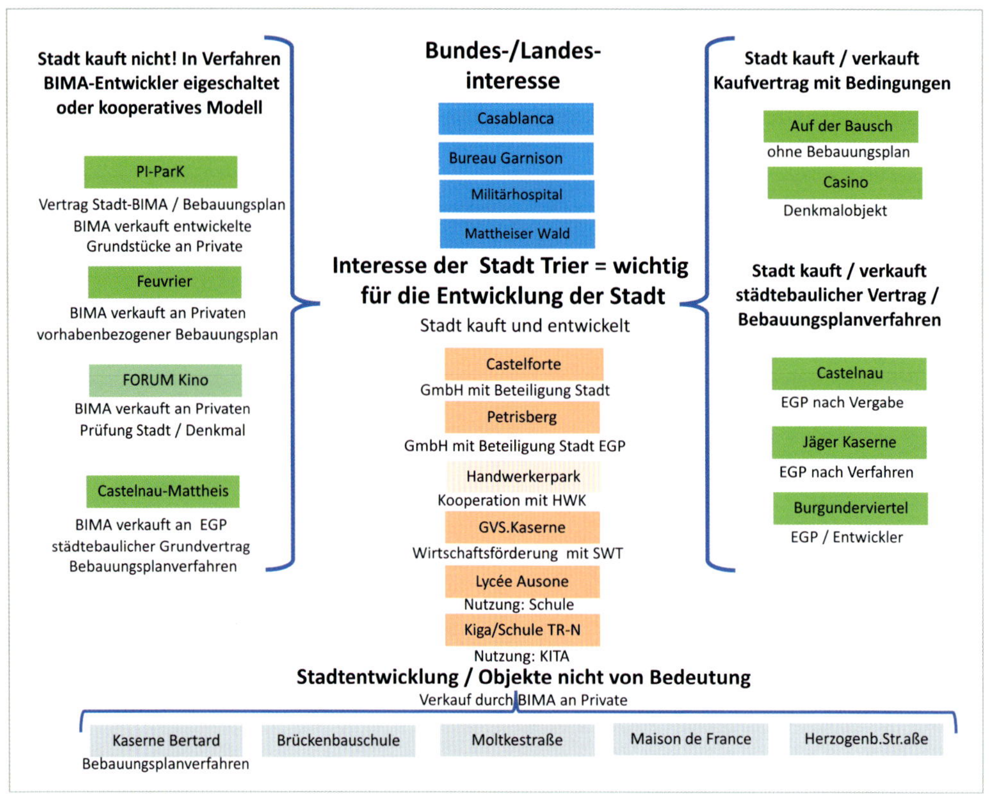

Abb. 2: Konversionsprojekte in Trier/Akteure und Entwickler

Flächen, die der Bund bzw. das Land im Eigentum behalten bzw. bekommen wollten, waren von vorneherein auszuschließen. So die Kaserne Casablanca in Trier für den Bund, das Militärhospital Petrisberg und Bureau de Garnison Stadtmitte für das Land und der Mattheiser Wald für den Bund bzw. das Land Rheinland-Pfalz.

Einzelobjekte, die für die Stadt Trier nicht von stadtentwicklungspolitischer Bedeutung waren, wurden von der Stadt „freigegeben" (also die den Kommunen zugestandene Erstzugriffsoption wurde nicht gezogen). Diese wurden durch den Bund direkt an Private verkauft. So z. B. Brückenbauschule in Euren, Verwaltungsgebäude in der Moltkestraße, Maison de France und Unteroffizierskasino in der Herzogenbuscher Straße.

Ein Sonderfall ist die sehr früh geräumte Kaserne Bertard, zu der ein Verwertungsvorschlag eines privaten Investors vorlag, der aber nicht ohne einen Bebauungsplan umgesetzt werden konnte. Hier beauftragte der Investor ein Büro, welches in Abstimmung mit der Stadt Trier den Bebauungsplan bis zur Beschlussvorlage durch den Stadtrat bearbeitete. (Freigabe 1994/Verkauf an eine Investorengruppe/Umnutzungen im Bestand ab 1996/Bebauungsplan BW 63 Beschluss 1997).

Um Fehlentwicklungen zu vermeiden, übte die Stadt Trier die Option des Erstzugriffsrechtes für zwei weitere Gebiete aus: [34]

- NATO-Siedlung „Auf der Bausch" und
- Casino am Kornmarkt

Bei dem Gebiet der NATO-Siedlung bestand die Gefahr, dass die dortigen Wohnungen durch einen Investor privatisiert würden und damit nicht für kostengünstigen Wohnungsbau zur Verfügung stünden. Hier hat die Stadt Trier die Siedlung erworben und dann mit entsprechenden vertraglichen Bedingungen an einen Entwickler (gbt Trier) veräußert. Eine Besonderheit war der Umstand, dass die weitere Nutzung und bauliche Erweiterung ohne ein Bebauungsplanverfahren erfolgte.
Beim Casino ging es darum, dieses denkmalgeschützte Objekt weiterhin für die Öffentlichkeit nutzbar zu machen (siehe dazu auch Kapitel IX. 9. Seite 185).
Castelforte, ein Areal von ca. 15 ha am Nordeingang der Stadt, wurde als erste große Fläche freigegeben (Ankündigung 1992), und seit dieser Zeit gab es eine intensive Diskussion über die künftige Nutzung. Für die Stadt Trier stand von Anfang an fest, dieses für die Entwicklung der Stadt bedeutende Areal zu erwerben. Die Verkaufsverhandlungen mit dem Bund konnten 1996 abgeschlossen werden. Schließlich begann dann die konkrete Umsetzung des Projektes im Rahmen eines PPP-Projektes durch eine Gesellschaft, an der die Stadt Trier maßgeblich beteiligt war (siehe dazu das Kapitel IX. 5. Seite 145).
Auf der Grundlage dieser seit 1992 laufenden Diskussion und der organisatorischen Umsetzung des Projektes Castelforte wurden dann die weiteren Projekte – auch beeinflusst durch flexiblere Verfahren seitens des Bundes – in unterschiedlicher Organisationsform umgesetzt.
Dabei standen die entwickelten grundsätzlichen Modelle seit dem Jahr 2000 zur „Auswahl“.[35]
Die Modelle 1 und 2 werden grundsätzlich über städtebauliche Verträge oder sonstige vertragliche Vereinbarungen unter den verschiedenen Beteiligten verwirklicht. Insbesondere das besondere Städtebaurecht wird dabei als Steuerungs- und Finanzierungsinstrument eingesetzt.
Das Modell 3 erfolgt überwiegend auf der Grundlage des Einsatzes des besonderen Städtebaurechts. Der Grunderwerb wird hierüber zwischenfinanziert. Städtebauliche Verträge können, müssen jedoch nicht flankierend eingesetzt werden.
Das Modell 4 basiert auf Grundsätzen des Bundesministeriums der Finanzen zur Anwendung eines seit 1997 eingeführten Haushaltsvermerks.[36]

Alle Modelle – teilweise abgewandelt – fanden bei der weiteren Umsetzung der Konversionsprojekte in Trier Anwendung. Zentral war aber der Erwerb von Flächen durch die Stadt Trier nach der Erklärung der Ausübung des Erstzugriffsrechtes für die folgenden Areale:

- Petrisberg
- Castelnau
- Jägerkaserne
- Burgunderviertel
- General-von-Seidel Kaserne

Der Erwerb erfolgte, um als Kommune „Herr des Verfahrens“ zu sein und damit sicherzustellen, dass die Umnutzung städtischen Zielsetzungen entsprach.
Bei einem Projekt – Umwandlung des PI-Parks Euren in ein Gewerbegebiet – wurde ein Kooperationsmodell mit dem Bund entwickelt.

Bei den folgenden Arealen trat die Stadt nicht als Käufer auf, weil durch andere Maßnahmen eine für die Stadt positive Entwicklung, gesichert werden konnte:

- Kaserne Feuvrier/Veräußerung durch den an Entwickler in Abstimmung mit der Stadt Trier mit Sicherung durch einen vorhabenbezogenen Bebauungsplan
- Kino FORUM/Veräußerung durch Bund an Privaten/Sicherung als denkmalgeschütztes Objekt

– Übungsgelände Mattheiser Wald (ehemals Planung Handwerkerpark) / Verkauf durch den Bund an die EGP (Gesellschaft für urbane Projektentwicklung – ehemals Entwicklungsgesellschaft Petrisberg) / Sicherung durch städtebaulichen Grundvertrag mit der Stadt Trier als Grundlage für einen Bebauungsplan

In allen Konversionsmaßnahmen war es erforderlich die Instrumente einzusetzen, die der Kommune in Ausübung ihrer Planungshoheit zur Verfügung stehen.
Auf der kommunalen Ebene gibt es neben Rat und Verwaltung einer Stadt sowie den privaten Investoren weitere wichtige Akteure, die Entscheidungen über Stadtentwicklung wesentlich beeinflussen. Dazu gehören insbesondere bürgerschaftliche Gruppierungen und die lokalen Medien.

Instrumente der Stadtplanung

Förmliche und informelle Instrumente der Stadtplanung

Herzstück der kommunalen Selbstverwaltung ist die Planungshoheit der Städte und Gemeinden: Ihnen obliegt es, die bauliche und sonstige Nutzung von Grundstücken zu regeln. Die Städte und Gemeinden legen in geeigneten politischen Prozessen fest, wie sie sich ihre städtebauliche Entwicklung und Ordnung vorstellen. Entsprechend diesen Vorstellungen erstellen die Kommunen Flächennutzungspläne und Bebauungspläne. Beide Planungsverfahren werden als kommunale Bauleitplanung bezeichnet. Der Flächennutzungsplan gilt für das gesamte Gemeindegebiet und regelt die Grundzüge der Planung. Detailliertere Festsetzungen enthalten die nur für bestimmte Teile einer Gemeinde geltenden Bebauungspläne.
Vor allem mit den Mitteln der Bauleitplanung können Städte und Gemeinden ihre Attraktivität erhöhen. Die Bauleitplanung bestimmt im Wesentlichen die Rahmenbedingungen für den Bau von Wohnungen, die Ansiedlung von Gewerbebetrieben oder die Erhaltung lebendiger Innenstädte und unverbauter Freiräume.

Das Baugesetzbuch (BauGB) regelt die formellen (das Verfahren betreffenden) und materiellen (die rechtsstaatliche Abwägung betreffenden) Vorgaben, die die Kommunen beachten müssen, wenn sie Flächennutzungspläne oder Bebauungspläne ändern oder aufstellen. Geregelt sind die Verfahren zur Beteiligung der Bürgerinnen und Bürger, der Träger öffentlicher Belange sowie benachbarter Kommunen. Außerdem enthält das BauGB Vorgaben, in welcher Weise die Kommunen widerstreitende öffentliche und private Interessen im Rahmen der Abwägung berücksichtigen müssen.

Die Initiative zur Aufstellung eines Bauleitplans geht von der Verwaltung, der Politik (Rat, Bezirksvertretung, Bau- und Planungsausschuss), Investoren oder der Bürgerschaft aus. Ein Anspruch auf Aufstellung von Bauleitplänen besteht nicht und kann auch nicht durch einen Vertrag begründet werden (§ 1 (3) BauGB).[37]

Stadtentwicklung und Städtebau als Aufgabe der Gemeinde

Die Planung der räumlichen Entwicklung für das jeweilige Gemeindegebiet ist in Deutschland eine besondere Aufgabe auf der kommunalen Ebene. Die Gemeinde übernimmt diese Aufgabe für ihr jeweiliges Gemeindegebiet in eigener Verantwortung und bestimmt damit eigenverantwortlich die Flächennutzung in ihrem Gemeindegebiet.
Bei der Erfüllung wirken die verschiedensten Handlungsfelder – die natürlichen Lebensgrundlagen, die wirtschaftlichen Aktivitäten, das Wohnungswesen oder der Verkehr – auf die Ausgestaltung der Flächennutzung. Jede Gemeinde hat die unterschiedlichen Interessen dieser Handlungsfelder aufeinander abzustimmen und in eine fachübergreifende, querschnitts-

orientierte Gesamtplanung ihres Gemeindegebietes zu bringen. Diese Gesamtplanung unterscheidet sich von der Planung privater Wirtschaftsunternehmen, die in der Regel an einer möglichst hohen Rendite ausgerichtet ist. Öffentliche Planung verfolgt hingegen Ziele des Gemeinwohls.

Nach den Gemeindeordnungen ist der Stadtrat – das kommunale Parlament – der Ort der Willensbildung und Entscheidung und die Verwaltung der Ort der Entscheidungsvorbereitung und -ausführung.

Unabhängig davon, ob die Initiative für größere bauliche Vorhaben von den Gemeinden oder einem privaten Investor ausgeht, werden zur Vorbereitung verschiedene städtebauliche Konzepte oder Gutachten erstellt bzw. Wettbewerbe durchgeführt. Hierzu werden Planungsleistungen oft an private Büros, Stadtplaner und Architekten vergeben, die nicht in den Stadtverwaltungen tätig sind. Gemeinsam mit der kommunalen Verwaltung und Politik erarbeiten so Investoren, Bauträger oder Projektentwickler Nutzungsvorstellungen und Gestaltungsvorschläge. Auch für diese Vorhaben bleibt es aber Voraussetzung, dass diese Vorstellungen in Bebauungspläne umgesetzt werden, die vom Rat beschlossen werden müssen.

Informelle Planung

Die informelle Planung ist im Gegensatz zur förmlichen nicht rechtlich ausgestaltet. Sie besitzt aber einen hohen Stellenwert, da Stadtplanung ein kontinuierlicher Steuerungsprozess der Stadtentwicklung ist, deren programmatische Inhalte sich oft in nicht formellen Plänen zweckmäßig steuern lassen. Die Stärke informeller Planung liegt darin, dass je nach Schwerpunkten der Fragestellungen und Aufgabenfelder in Form einer offenen und nicht normierten Planung programmatische, konzeptionelle und gestaltbezogene Lösungen erarbeitet und in die kommunale Planung eingebracht werden können. Der Vorteil dieser „Planart" liegt somit in seiner hohen Flexibilität.

Die informelle Planung wird häufig als komplementäres Planungsinstrument zur formellen Planung eingesetzt. Dabei können informelle Planungen eine Vielzahl von Entscheidungshilfen in der Planung übernehmen. So können sie zur Ermittlung der Erforderlichkeit einer Planung oder des Planungsbedarfs eingesetzt werden. Des Weiteren sind sie geeignet, um Planalternativen oder die voraussichtlichen Auswirkungen von Planungen zu veranschaulichen. Informelle Planungen können somit Integrations- und Konkretisierungsfunktion übernehmen. Sie können die Anschaulichkeit verbessern und damit beispielsweise auch die Beteiligung und Mitwirkung der Bürger erleichtern. Insofern kann die informelle Planung auch Kommunikations- und Koordinationsfunktion übernehmen.

Die Bandbreite informeller Planungen reicht von städtebaulichen Entwürfen über städtebauliche Rahmenpläne, Entwicklungsplanungen, Sondergutachten, städtebauliche und architektonische Wettbewerbe, Verkehrsentwicklungspläne bis hin zu architektonischen Entwürfen oder Modellen.

Wenn bisher die Grundlagen der Planung aus fachlicher und rechtlicher Sicht dargestellt wurden, ist der Prozess der kommunalen Planung wesentlich komplexer und die nachfolgenden Diagramme versuchen den Prozess zum besseren Verständnis zu systematisieren, obwohl dieser bei jedem Projekt einen anderen Verlauf nimmt.[38]

Im Zentrum des „kommunalpolitischen Entscheidungssystems stehen Rat und Verwaltung, die in ihrer Tätigkeit von der lokalen Öffentlichkeit, den örtlichen Interessen und den Bürgern auf den verschiedenen Wegen beeinflusst werden. Dazu gehören auch die Wirtschafts-

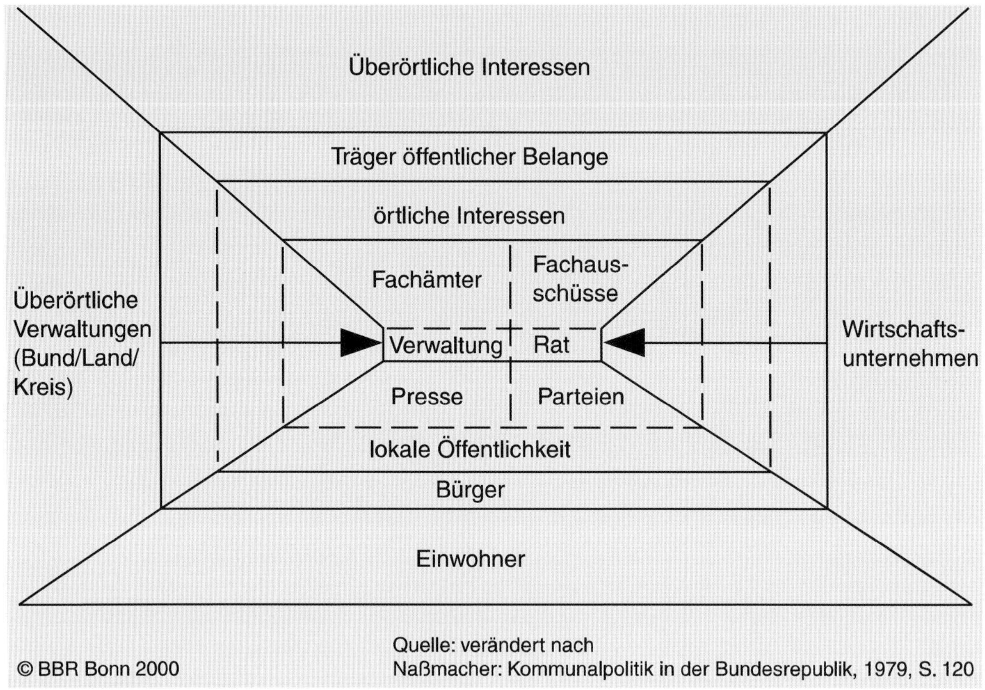

Abb. 3: Das Kommunalpolitische Entscheidungssystem

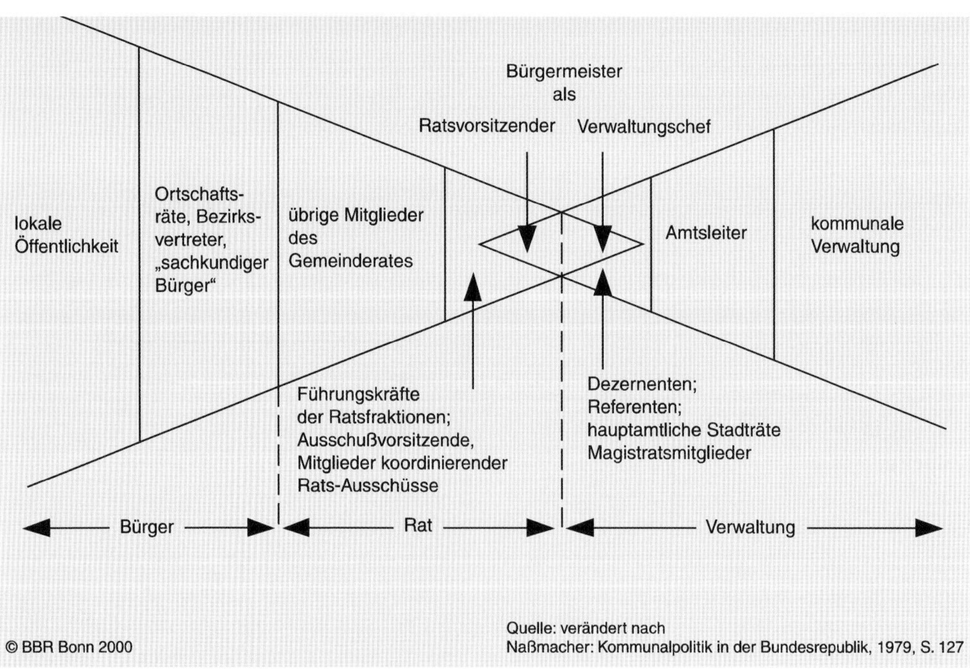

Abb. 4: Vorentscheider im Entscheidungsnetzwerk

unternehmen und die überörtlichen Verwaltungen. Welchen Einfluss nun diese Personen und Gruppen haben, zeigt das zweite Diagramm (Abb. 4), in dem die „Vorentscheider“ im Netzwerk „Bürger – Rat – Verwaltung“ aufgeführt werden, die schließlich eine formale Entscheidung zu einem Projekt, sei es durch Beschlüsse zu informellen Planungen oder auch in Form von rechtsverbindlichen Bebauungsplänen treffen.

Es sind (zumeist einzelne) Akteure in den Verwaltungen, die drei Schnittstellen zugleich gestalten müssen. Dies führt nicht nur gelegentlich zu Überlastungen, sondern auch dazu, dass die Verwaltung aus der Perspektive der Öffentlichkeit als ihr eigentliches Gegenüber angesehen wird und so eine quasi „politische“ Rolle bekommt. Besonders bemerkenswert ist, dass die Öffentlichkeit, über die Pluralität der Akteure (Rollen, Interessen, Einflussnahmen sowie aller weiteren Rahmenbedingungen und den daraus resultierenden Zwang zu Abwägung und Kompromissbildung) sehr häufig nicht oder nur sehr unzureichend informiert wird.

Wenn in diesem Buch über die militärische Konversion in Trier von 1990 bis 2020 berichtet wird, so geschieht dies aus der jeweiligen Betrachtung des „Endergebnisses“, welches als Realität beschrieben werden kann. Es kann auch noch der formale Weg (Wann wurde welcher Beschluss gefasst oder welcher Vertrag geschlossen?) dargestellt oder auch das Ergebnis „bewertet“ werden. Nicht möglich ist jedoch – und auch nicht beabsichtigt –, aufzuzeigen, welche Akteure in welcher Form mitgewirkt haben.

Dabei gilt auch, dass nicht jeder formal richtig entwickelte Bebauungsplan zwingend zu einer „guten“ Stadtplanung führen muss. Ebenfalls ist es schwer darzustellen, welche Akteure außerhalb des Entscheider-Zentrums „positiv“ oder „negativ“ zu dem Ergebnis beigetragen haben.

Wer entwickelt die Stadt?

Bereits im Jahre 1975 konstatierte der Hannoversche Stadtbaurat Rudolph Hillebrecht die Komplexität des städtischen Akteur-Gefüges und beschrieb die Stadt als

„[...] ein Gebilde, das nach Art und Anlage komplex ist. Bewusst oder unbewusst arbeiten an ihrer Form und Gestalt alle jene Kräfte mit, die der Stadtgesellschaft angehören.“ (Hillebrecht & Adrian, 1975, S. 158)[39]

Stadtentwicklung vollzieht sich im Wesentlichen durch das Handeln vieler Akteure in Gesellschaft und Märkten: Deren Standort- und Investitionsentscheidungen, ihre Qualitätsmaßstäbe und Renditeerwartungen, ihre Gewohnheiten und Präferenzen bewegen die Siedlungsentwicklung. Öffentliche Akteure reagieren auf diese Entwicklungen bzw. Nachfragen und bieten Infrastrukturen und rechtliche Voraussetzungen für die weitere Entwicklung an. Daneben und darüber hinaus gibt es Bemühungen öffentlicher Akteure, selbst Entwicklungsimpulse zu setzen und aktiv (mit-)gestaltend auf die räumliche Entwicklung einzuwirken.

Akteure der Stadtentwicklung

Eine veränderte Sicht auf den Beitrag öffentlicher Akteure zur räumlichen Entwicklung zeigt Selle (2008) auf.[40] Die Frage „Wer entwickelt Stadt?“ signalisiert eine Veränderung von Blickrichtung und Blickwinkel gegenüber bisherigen planungstheoretischen Untersuchungsansätzen:

Die Blickrichtung ändert sich insofern, als nicht Verfahren und Steuerungsformen („Planung“) im Vordergrund der Betrachtung stehen, sondern Entwicklungen im Raum und die sie prägenden Akteure.

War die traditionelle planungstheoretische Betrachtungsweise auf öffentliche Akteure fokussiert, so wird nun der Blickwinkel so erweitert, dass die Gesamtheit aller im Raum wirksamen

Akteure – und ihrer Interdependenzen – erfasst werden kann.
Auf die Frage, wer die Städte entwickelt, gibt es nach Selle nur eine richtige Antwort: Alle. Alle wirken – in unterschiedlicher Weise – an der baulich räumlichen, sozialen, ökologischen, ökonomischen oder kulturellen Entwicklung der Städte mit.[41]
Er illustriert das in seinem Beitrag bezogen auf die verschiedenen Akteure:
Bürgerinnen und Bürger gestalten zudem auf unmittelbare Weise ihre Lebenswelt nicht nur in den eigenen vier Wänden, sondern mit Wirkung auf das soziale und kulturelle Leben in der Stadt. Sie wirken auf vielfältige Weise – direkt oder indirekt, gezielt oder gleichsam nebenbei – auf Stadtentwicklung ein. Sie entwickeln Stadt.
Akteure, die zumeist als erste unter den **„Stadtproduzenten"** genannt werden, sind die Bau-, Boden- und Immobilienunternehmen, die Grundeigentümer, Bauinvestoren, die Entwickler und Vermarkter, die Wohnungsunternehmen und Industriebetriebe, die Einzelhändler, die Logistik- und Verkehrsbetriebe, Entsorgungs- und Energieunternehmen und so fort. Mit ihren Aktivitäten tragen sie auf vielfältige Weise zur Stadtentwicklung bei.

Entscheidend an einem Schema wie in Abb. 5 dargestellt und der zuvor aufgelisteten (gänzlich unvollständigen) Aktivitätenvielfalt vieler Akteure, die zur Stadtentwicklung beitragen, ist vor allem die Tatsache, dass sie sich im Raum überlagern und untereinander in Wechselbeziehung stehen.
Wenn in der Rückschau über 30 Jahre Konversion berichtet wird, so geschieht das hier aus der Sicht von „Akteuren", die in diesem Prozess in seiner Verflechtung und Abhängigkeiten untereinander im Bereich von Verwaltung und Politik mitgewirkt und die „Ergebnisse" beeinflusst haben – natürlich bezogen auf die verschiedenen Konversionsprojekte mit einem

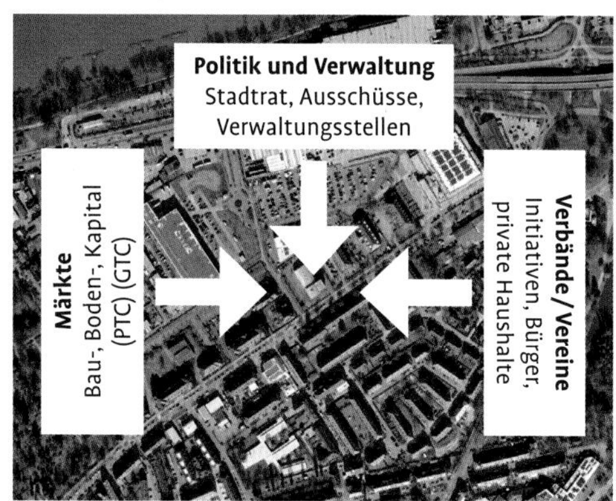

Abb. 5: Akteure der Stadtentwicklung

entscheidenden „Beitrag" und innerhalb von fast 20 Jahren der Gesamtentwicklung der Stadt Trier (1990 – 2007 (2010)).

Wer entwickelt die Stadt, wer wirkt mit welchen Aktivitäten an der Entwicklung von Projekten mit oder beeinflusst das „Ergebnis" der Planung? Dies kann an dem Projekt Castelforte exemplarisch, wenn auch nicht vollständig, aufgezeigt werden.

In der Darstellung des Projektes (siehe dazu Kapitel IX. 5. Leitprojekt Castelforte, Seite 145) werden die wesentlichen Entwicklungsschritte des Projektes und das Ergebnis dargestellt. Angefügt ist eine Betrachtung, die aufzeigt, wie im Laufe des zeitlichen Ablaufes verschiedene Akteure auf diese Entwicklung einwirkten und damit die ursprüngliche Vorstellung der Entwicklung eines neuen Quartiers und einer integrierten Stadtplanung auf der Grundlage eines Wettbewerbsentwurfs nicht umgesetzt werden konnte. Aber kein Anlass zu klagen, wenn man sich bewusst macht, dass alle stadtplanerischen Projekte in einer jeweils anderen Akteurskonstellation mit unterschiedlichen „Ergebnissen" umgesetzt werden. In der Nachbetrachtung ergeben sich dann gelungene und weniger gelungene Projekte.

34 Erstzugriffs- und Zweckerklärung: Möchte die Kommune den angebotenen Erstzugriff ausführen, hat sie dies gegenüber der BImA zu erklären. Dabei muss sie darlegen, zu welchem kommunalen Zweck die Liegenschaft benötigt wird. I.d.R. wird für die Zweckerklärung ein Zeitraum von bis zu sechs Monaten eingeräumt. Mit der Erstzugriffs- und Zweckerklärung geht die Kommune keine Kaufverpflichtung ein. Sie dient als Willensbekundung, sich mit der BImA über den Grunderwerb zu einigen, und schließt damit Grundstücksverkäufe an Dritte während der Verhandlungen aus. Kaufpreisverhandlungen und Grunderwerb können auch mit bzw. durch ein kommunales Unternehmen erfolgen.

35 Die Fachkommission „Städtebau" der Bauministerkonferenz hatte bereits 1994 unter Mitwirkung der kommunalen Spitzenverbände für die betroffenen Gemeinden sowie für interessierte Nutzer eine Arbeitshilfe für die Nachnutzung militärischer Liegenschaften herausgegeben und diese 2002 (Fassung 2003) aktualisiert

36 Der Bundeshaushalt enthält seit 1997 folgenden Haushaltsvermerk:
Nach § 63 Abs. 3 Satz 2 BHO wird in begründeten Einzelfällen zugelassen, dass bundeseigene Grundstücke, die einer bauleitplanerischen Vorbereitung, einer Entwicklung oder Sanierung bedürfen, im Rahmen einer umfassenden vertraglichen Regelung an Kommunen, von diesen getragenen Gesellschaften oder von ihnen benannten Treuhändern gegen eine Auskehr des Erlöses der erschlossenen Liegenschaft nach Abzug einer angemessenen Beteiligung des Bundes an den Erschließungs-, Entwicklungs- und Folgekosten veräußert werden.

37 Bundesamt für Bauwesen und Raumordnung: Stadtentwicklung und Städtebau in Deutschland. Bonn 2000. Berichte Band 5, S. 60 f.

38 Stadtentwicklung und Städtebau in Deutschland. Ein Überblick. Bundesamt für Bauwesen und Raumordnung. Berichte Band 5. Bonn 2000, S. 23–24

39 Zitiert nach Dimitri Ravin: Stadtentwicklung erklärt. In: urban-digital.de/stadtentwicklung

40 Selle, Klaus: Stadtentwicklung aus der „Governance-Perspektive". PNDonline III|2008 (Plattform des Lehrstuhls für Planungstheorie und Stadtentwicklung an der RWTH Aachen)

41 Selle, Klaus: Stadtentwicklung aus der „Governance-Perspektive" Eine veränderte Sicht auf den Beitrag öffentlicher Akteure zur räumlichen Entwicklung – früher und heute. PNDonline II|2008 (Plattform des Lehrstuhls für Planungstheorie und Stadtentwicklung an der RWTH Aachen)

V. Stadtbildprägende Einflüsse

Militärische Vergangenheit ist sichtbar

Der seit Beginn der 1990er-Jahre in Deutschland ablaufende Konversionsprozess stellt die letzte Phase einer seit mehreren Jahrhunderten durch das Militär beeinflussten Stadtentwicklung dar. Lässt man die planmäßig angelegten Quartiere zur Unterbringung römischer Soldaten sowie die vorneuzeitlichen (Aus-)Bauten von Fortifikationsanlagen (meist in so genannten Festungsstädten) außer Betracht, ist ein Einfluss des Militärs auf die Stadtstruktur und -entwicklung v. a. seit dem Absolutismus festzustellen.

Die seit dem 16./17. Jahrhundert beginnende Formierung Stehender Heere führte zu einer allmählichen Abkehr vom temporären Bürgerquartier in Kriegszeiten, mit der Folge, dass zur dauerhaften Unterbringung und Schulung der Soldaten (d. h. in Kriegs- und Friedenszeiten) nunmehr eigene Kasernen, Exerzier- und Übungsplätze etc. eingerichtet werden mussten. Mit der fortschreitenden technischen Entwicklung und der Vergrößerung des Personalbestandes, v. a. in Phasen der Aufrüstung, erhöhte sich der Flächenbedarf des Militärs kontinuierlich.

Der Einfluss der Militärs auf die Stadtentwicklung wurde umso deutlicher, je stärker die Personalstärke anwuchs und je weiter die Mechanisierung und Modernisierung der verschiedenen Waffengattungen (zunächst die des Heeres, später die der Luftwaffe und Marine) voranschritt. Wegen der fortschreitenden Technisierung und personellen Vergrößerung des Militärs, wurden bereits im Zuge der Militarisierung im Kaiserreich zahlreiche Städte, häufig auf eigenes Bestreben, zu Garnisonsstädten ausgebaut. Kasernenbauten, seit dem 19. Jahrhundert meist in sehr massiver Bauweise errichtet, wurden zum festen Bestandteil des Stadtbildes.[42]

Im Laufe des 20. Jahrhunderts wurden sie durch neue militärische Anlagen ergänzt, die jedoch nur noch selten in der Stadt, sondern meist in Stadtrandlage oder außerhalb der Stadt errichtet wurden, da nur dort entsprechende Flächenpotentiale vorhanden waren. Industrialisierung, Motorisierung und das anhaltende Städtewachstum führten dazu, dass zahlreiche militärische Einrichtungen heute wieder innerhalb geschlossener Siedlungsbereiche liegen, wo sie für die Stadtentwicklungsplanung häufig ein Hindernis darstellten.

Trierer Militärgeschichte und Spuren in der Stadt

Mehr als 2000 Jahre Militärpräsenz haben die Geschichte der Stadt Trier nachhaltig geprägt[43] – sie hat aber auch Spuren hinterlassen, die heute das Stadtbild noch prägen. Die nachfolgende Zeittafel (Abb. 1) zeigt, dass das

Militär in unterschiedlichen Konstellationen jeweils über Jahrzehnte die Entwicklung der Stadt beeinflusst hat.

Dabei gab es unterschiedlich lange Perioden von militärischen Nutzungen durch Besatzungen bzw. Anwesenheit von ausländischen Truppen und Anwesenheit von deutschem Militär. Herausragend waren die Preußische Zeit und die Kaiserzeit bis zum Ersten Weltkrieg und dann die lange Phase der französischen Truppen nach dem Zweiten Weltkrieg – zuerst als Besatzungsmacht und dann ab 1955 auf der Grundlage des NATO-Truppenstatuts mit mehr als 50 Jahren bis 1995 (bzw. mit Auflösung der französischen Garnison bis 1999).

Reste der Stadtbefestigung in Trier, die eine lange und wechselvolle Geschichte aufweist, sind als Zeugen einer auch frühen militärischen Vergangenheit im Stadtbild sichtbar. So z. B. das Bollwerk (ca. 1543) oder Mauerteile Palastplatz und am Schießgraben zur Einfriedung von Militärgelände. Häufige Besetzungen, Festungsbauten und wiederholte Zerstörungen der Stadtbefestigung kennzeichneten das 17. und 18. Jahrhundert. Im 19. Jahrhundert blieb die Stadtmauer größtenteils noch aufgrund der 1820 eingeführten preußischen Mahl- und Schlachtsteuer bestehen.

Als die Steuer 1875 abgeschafft wurde, befürworteten die Stadtverordneten und die Mehrheit der Trierer Bürger einen schnellen Abriss der Stadtmauer mit seinen Türmen und Toren, wenngleich es auch ein Lager von Befürwortern eines Erhalts gab. Die preußische Regierung mit dem Staatskonservator Alexander von Quast versuchte aus Gründen des Denkmalschutzes zu erreichen, dass lediglich einzelne Mauerdurchbrüche vorgenommen würden und konkret auch das Neutor erhalten bliebe. Dieser Plan wurde so nicht umgesetzt. Die restlichen Bestandteile der Stadtmauer wurden nach 1875 abgerissen.

Aus der französischen Zeit sind keine Spuren der militärischen Vergangenheit im Stadtbild

Zeitraum	Dauer	Ereignis
30 v. Chr.		Militärlager auf dem Petrisberg
1673		Übergabe Triers an die französische Armee
1675		Kaiserliche Truppen belagern Trier
1794–1814	20 Jahre	besetzten französische Revolutionstruppen die Stadt **Unter der Trikolore**
1814–1871	57 Jahre	**Preußische Zeit** Trier war königlich-preußische Garnisionsstadt
1871–1918	47 Jahre	**Kaiserzeit** Stationierung von Garnisonen des Deutschen Reiches
1918–1930	12 Jahre	**Besatzungszeit nach dem Ersten Weltkrieg**
1936–1945	9 Jahre	**NS-Regime**
1945–1990	45 Jahre	**Nachkriegszeit / Gegenwart**
1990–2020	30 Jahre	**Konversion**

Abb. 1: Zeittafel – Militärische Präsenz im Trier

sichtbar. Veränderungen aus dieser Zeit betreffen jedoch die Vereinigten Hospitien durch die Zusammenlegung von Hospitälern, das Landarmenhaus, die Napoleonsbrücke und die „Freilegung“ der Porta Nigra durch Abriss der Kirche St. Simeon.

Nach dem Abzug der Franzosen 1814 besetzten preußische Truppen die Stadt und bis 1871 war Trier königlich-preußische Garnisonsstadt. Es erfolgten in diesem Zusammenhang keine Neubauten, sondern die Nutzung bestehender Gebäude wie z. B. das Kurfürstliche Palais mit dem Schlossgarten als Exerzierplatz oder die Nutzung der von Franzosen aufgehobenen Klöster.

Seit dem Sieg über Frankreich waren in Trier Garnisonen des Deutsche Reiches stationiert. Mit dem Ausbau der Truppenstärke wurde 1890/91 am linken Moselufer die Hornkaserne gebaut. Es folgte 1910 der Bau der Jägerkaserne Trier-Nord (heute Kaserne „Castelforte“) und 1913 die Jägerkaserne in Euren. Damit wurden im Jahr 1913 in Trier zahlreiche Areale militärisch genutzt.

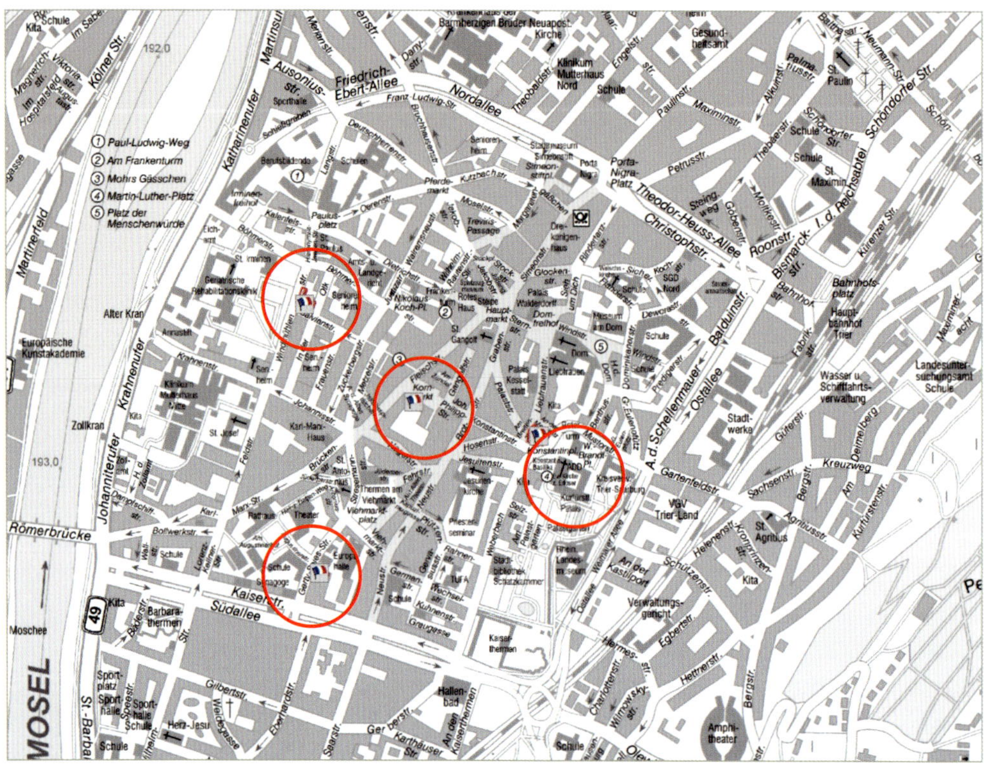

Abb. 2: Ehemalige französische Militärstandorte in der Innenstadt von Trier

In der französischen Besatzungszeit nach dem Ersten Weltkrieg wurden bestehende Gebäude und Anlagen genutzt, von denen heute nach Aufgabe oder Umnutzung noch Spuren der militärischen Vergangenheit zu sehen sind. Beispielhaft das Tor zum Quartier Verdun – der ehemaligen Maximinkaserne in Trier Nord. Nach dem Abzug der Franzosen im Jahr 1930 war Trier bis 1936 nicht mehr Garnisonsstadt. Dies änderte sich wieder mit den Truppen der Wehrmacht, die die Trierer Kasernenbauten bezogen.

Nach dem Ausbau der Jägerkaserne erfolgte ab 1937 der Bau der Kasernen auf dem Petrisberg, 1938 die Neue Hornkaserne (Casablanca) und ab 1939 der Bau der Kasernen in Feyen (Castelnau). Während die Neue Hornkaserne in Trier Nord noch zentral gelegen war, waren die Neubauten (Petrisberg und Feyen) am Stadtrand errichtet worden.

Nach der Befreiung (2. März 1945) und der Besetzung durch die Amerikaner folgten am 10. Juli 1945 die Franzosen als Besatzungsmacht. Sie übernahmen alle Kasernen und ab 1955 waren die Franzosen nicht mehr Besatzer, sondern Partner der NATO und im Rahmen des NATO-Truppenstatuts. Es erfolgten dann die weiteren Ergänzungen der Kasernen und der militärischen Anlagen.

Bereits ab 1953 entstand als Neubau an der Luxemburger Straße das von den Franzosen genutzte Quartier Bertard und die spätere General-von-Seidel Kaserne, die jedoch dann ab 1959 von der Bundeswehr genutzt wurde.

Im Anschluss an die Kaserne Castelnau wurde der angrenzende „Mattheiser Wald“ durch die

Abb. 3: Ehemalige französische Militärstandorte Trier-Nord und Petrisberg (Ausschnitt)

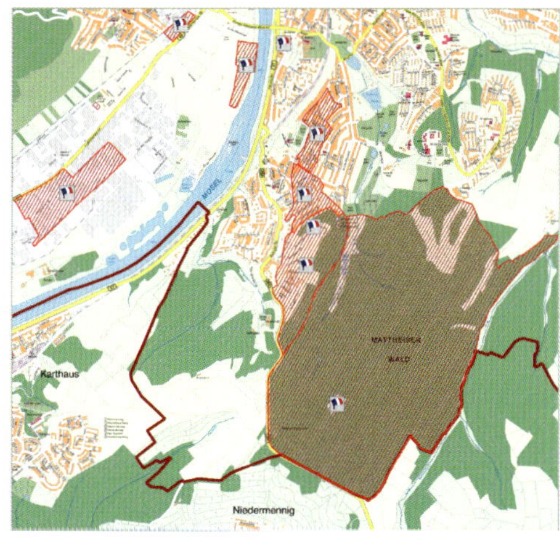

Abb. 4: Ehemalige französische Militärstandorte Euren/Feyen (Ausschnitt)

Franzosen als Standortübungsplatz genutzt und eine Panzerringstrasse angelegt. Später hinzu kamen ein Munitionslager sowie eine Standortschießanlage. Um „Häuserkampf" trainieren zu können, wurde eine Ortskampfanlage errichtet.

Neben Erweiterungen erfolgten für die französischen Truppen die Schaffung der erforderlichen Infrastruktur. Die bedeutendste Baumaßnahme war das Militärhospital André-Genet welches von 1960 bis 1963 erbaut wurde (siehe dazu auch das Kapitel IX. 10. Hospital André Genet, Seite 193).

Daneben wurden für die Soldaten und ihre Familienangehörigen Wohnungen gebaut und die erforderliche Infrastruktur (Schulen, Kindergärten, Verwaltungsgebäude) geschaffen. Die größten Wohnsiedlungen waren in Feyen als ein eigenes Gebiet mit Schule, Kindergarten und Economat) und die Offizierssiedlung in Trier-Nord. Daneben gab es weitere Wohnungsbauten in Trier-Nord.

Durch die Franzosen wurden in der Innenstadt verschiedene bestehende Gebäude genutzt (siehe Abb. 2) – so das Casino am Kornmarkt als französisches Offizierskasino, das Maison de France als Unteroffizierskasino (An der Meerkatz). Neu für die französischen Truppen erbaut wurden das Verwaltungsgebäude in der Salvianstraße (Bureau de Garnison) und das Kino Forum in der Gerty-Spieß-Straße (vormals Hindenburgstraße). Zu nennen vielleicht auch noch die Kaserne Feuvrier mit der Gendarmerie National.

Während die Kasernenareale Tabuflächen für die Bevölkerung und deshalb nicht zugänglich waren, zeigte sich das Leben der Franzosen in Trier an diesen zentralen Punkten sowie den Infrastruktureinrichtungen, die nicht in einem Kasernenareal lagen.

Während die „alten" von der Wehrmacht übernommenen Anlagen im Wesentlichen integriert waren, setzten die Neubauten – gerade auch durch die Schaffung neuer Wohngebiete – neue Akzente. Die Kasernen auf dem Petrisberg, in den 30er-Jahren am Stadtrand gebaut, beeinflussten die Stadterweiterung, auch nach der Eingemeindung, indem sie eine Barriere zwischen der Talstadt und der Tarforster Höhe bildeten.

Auch im Süden der Stadt wurde die Entwicklung im Zusammenhang mit der Kaserne Castelnau durch die französische Wohnsiedlung und die Erweiterung des Truppenübungsplatzes Mattheiser Wald bestimmt. Große Areale standen damit für die Nutzung und Erweiterung der Stadt nicht zur Verfügung.

Militärische Konversion und Denkmalschutz

Hat Konversion die Veränderung historischer Bauten zum Ziel, so strebt die Denkmalpflege deren möglichst weitgehende Erhaltung an. Bei einer Suche nach neuen Nutzungen von Gebäuden und Anlagen liegen also zunächst unterschiedliche Prioritätensetzungen im Spannungsfeld zwischen Zukunftssicherung und Vergangenheitsbewahrung vor. Während es eine vordringliche Aufgabe von Denkmalpflegern ist, Potenziale des Historischen aufzuzeigen, werden zum Beispiel große Teile alter Substanz zugunsten neuer Raumdispositionen – etwa modernen Zweckbauten, Hotels oder Einkaufspassagen hinter historisch anmutenden Fassaden – preisgegeben, die die Grenzen zwischen Alt und Neu-Alt verschwinden lassen. Solche Konversionen betrachten Denkmalpfleger überaus kritisch.

Städtebauliche Konversionsprojekte werden gemeinhin mit wertvollen, vorzugsweise innerstädtischen, ehedem militärisch genutzten Lagen assoziiert, die zu Wohnzwecken, als Bildungs- oder Gewerbeeinrichtungen gerade angesichts der gegenwärtigen Verstädterung und der damit verbundenen Wohnungsknappheit unter hohen Renditeerwartungen konvertiert werden.

Konversion im Sinne der Denkmalpflege bedeutet auch die Revitalisierung dieser Bauten und Anlagen und damit von Zeitschichten, Relikten und Erinnerungen, die aktuellen gesellschaftlichen Verwertungsprämissen zuwiderlaufen, deshalb aber noch lange nicht wertlos sind. [44]

Was ist ein Denkmal?

Denkmäler (bewegliche und unbewegliche) sind alle Objekte, die im eigentlichen Sinn des Begriffs einer Erinnerung wert sind und deren Erhaltung und Pflege im öffentlichen Interesse liegen. Die Definition dieses öffentlichen Interesses ist Ausdruck des sich stetig verändernden kulturellen Selbstverständnisses der Gesellschaft. Das Verständnis von Denkmälern hat sich in gleichem Maße entwickelt, wie sich die historischen Wissenschaften der Erforschung komplexer Zusammenhänge und Entwicklungsprozesse zuwandten. Zur Beurteilung der Bauwerke unterscheidet man zwischen der *Denkmalfähigkeit* und der *Denkmalwürdigkeit.*

Denkmalfähigkeit: Voraussetzung für die Denkmaleigenschaft einer Sache ist, dass sie aus einem der im Gesetz genannten Schutzgründe denkmalfähig ist. Die Schutzgründe sind in den einzelnen Landesgesetzen unterschiedlich normiert.

In allen Denkmalschutzgesetzen werden zunächst *geschichtliche* Gründe zur Begründung der Denkmaleigenschaft genannt. Die Rechtsprechung unterscheidet für die geschichtliche Bedeutung einen ***Erinnerungswert***, der einem Gebäude als Wirkungsstätte namhafter Personen oder als Schauplatz bedeutender Ereignisse der Vergangenheit zukommt, einen ***Assoziationswert***, der vorliegt, wenn ein Gebäude im Bewusstsein der Bevölkerung einen Bezug zu bestimmten sozialen, kulturellen oder politischen Verhältnissen seiner Zeit aufweist und einen ***Aussagewert***, der voraussetzt, dass geschichtliche Entwicklungen an einem Bauwerk ablesbar und nachvollziehbar sind.

Zweite denkmalrechtliche Bedeutungskategorie, welche die Unterschutzstellung rechtfertigen kann, sind ***wissenschaftliche* Gründe**. Voraussetzung ist, dass eine Sache für die Wissenschaft oder einen Wissenschaftszweig von Bedeutung ist. In erster Linie kommt hier die Entwicklung der Baukunst und Architektur in Betracht. Über das Typische hinaus ist zu verlangen, dass das Gebäude Konstruktionsmerkmale aufweist, die eine modellhafte Bauweise, die erstmalige Bewältigung statischer Probleme oder bestimmte Entwicklungen der Baugeschichte bezeugen können.

Die Denkmalfähigkeit begründen können des Weiteren ***künstlerische* Gründe**, die allerdings selten für sich allein zur Rechtfertigung einer Unterschutzstellung herangezogen werden. Sie sollen vorliegen, wenn das ästhetische Empfinden in besonderer Weise angesprochen wird, eine individuelle schöpferische Leistung und besondere gestalterische Qualität gegeben sind.
Die meisten Denkmalschutzgesetze kennen darüber hinaus die Schutzkategorie der ***städtebaulichen* Gründe**. Diese liegen vor, wenn ein Objekt den historischen Entwicklungsprozess einer Stadt oder Siedlung dokumentiert. Die „stadtbildprägende" Bedeutung einer Anlage allein reicht also nicht aus.
Denkmalwürdigkeit: Schutzgrund ist auch das **öffentliche Erhaltungsinteresse oder die Denkmalwürdigkeit**. Denkmalwürdig ist ein Objekt erst, wenn die Notwendigkeit seiner Erhaltung in das Bewusstsein der Bevölkerung oder zumindest eines breiten Kreises von Sachverständigen eingegangen ist. Von Bedeutung für die Denkmalwürdigkeit ist der ***Seltenheitswert*** eines Objektes. Wichtig ist ferner seine Originalität und Integrität, mit anderen Worten der Erhaltungszustand eines Gebäudes. Je höher der Anteil noch vorhandener Originalsubstanz ist, desto eher ist das Objekt denkmalwürdig.

Militärische Liegenschaften – Denkmalschutz sowie archäologische Kulturdenkmäler

Einige der Kasernenanlagen mit ihren Stabsgebäuden, Mannschaftsunterkünften und weiteren Bauten bestehen zum Teil schon seit vielen Jahrzehnten und gehen in ihrer Entstehung auf die Zeit vor den Weltkriegen zurück. Insbesondere bei diesen Militärflächen, aber auch bei allen anderen muss abgeprüft werden, ob ein Denkmalschutzstatus vorliegt. Denkmalgeschützte Gebäude sind nicht per se ein Hindernis für eine zivile Nachnutzung. Bei einer intelligenten Einbindung solcher Gebäude in ein Gesamtkonzept kann auch eine unverwechselbare Identität, eine besondere Adresse entstehen. Zudem können für die Sanierung denkmalgeschützter Gebäude steuerrechtliche Vorteile in Anspruch genommen werden. Auf einigen der sehr großflächigen Standorte (z. B. Übungsplätze, Marinestützpunkte, Munitionslager) bestehen archäologische Kulturdenkmäler, die im Zuge einer zivilen Nutzung berücksichtigt werden müssen.

Denkmalpflege in Trier und die militärische Vergangenheit

Es gab in Trier eine intensive Diskussion zu verschiedenen Konversionsvorhaben, ob man von einer Denkmaleigenschaft ausgehen könne, so z. B. bei den Reliefs an den Kasernenbauten auf dem Petrisberg, dem Bunkergebäude im Gelände Petrisberg und der Frage des Kasernenhofes der Kaserne Castelnau. Schließlich wurden nur zwei weitere militärische Liegenschaften neu in die Denkmaltopografie aufgenommen: Teile der Kaserne Castelforte und die Offizierssiedlung in der Wittlicher Straße – beide jeweils als Denkmalzone.
Somit ist die „militärische Vergangenheit" Triers in der offiziellen Denkmalpflege nur mit den beiden Kasernenarealen Gneisenaustraße und Herzogenbuscher Straße aus der Jahrhundertwende (erbaut 1900 bzw. 1910) vertreten.
Hinzu kommen sieben Bunkerbauten aus der Zeit des Zweiten Weltkrieges. Die vier wichtigsten Bauten sind der Hochbunker am Rathaus (neungeschossiger Hochbunker mit Flachbunker unterkellert, 1942), der Bunker in Trier-Nord (Karl-Grün-Straße 10 / Hochbunker; viergeschossiger Walmdachbau mit historisierenden Elementen, 1940), der Bunker Feyen/Weismark (Im Hofacker 1 / Hochbunker; Walmdachbau mit turmartigem Treppenhaus, 1940), jeweils integriert und eingepasst in die bestehende Bebauung sowie dem Bunker in Trier-West (Eurener Str. 33 (ehemalige städtische Elektrizitätswerke) / Hochbunker; zuckerhutartiger Betonbau, 1940).

Aus der Nachkriegszeit, der französischen „Besatzungszeit", wurden nur die „zivilen" Anlagen wie die Offizierssiedlung in Trier-Nord und das Kino Forum in der Stadtmitte in die Denkmaltopografie aufgenommen. Dazu kommt noch auf dem Petrisberg das nach umfangreichen Grabungen in den Jahren 2000–2006 erforschte und dokumentierte Militärlager der Römer aus dem Zeitraum 30 v. Chr.

Castelforte – Wie aus einer Kaserne ein „Denkmal" wird

Wenn es auch zu Beginn der Konversion Anfang der 90er-Jahre unter den Fachbehörden ein Einvernehmen gab, dass Teile der Kaserne Castelforte als Denkmalzone ausgewiesen werden können, gab es im Sinne des Denkmalschutzgesetzes keine weiteren Verfahrensschritte zur Ausweisung einer solchen Zone. Das mag daran gelegen haben, dass zumindest bis 1995 bei allen konzeptionellen Überlegungen vom Erhalt und von der Umnutzung der Gebäudegruppe an der Herzogenbuscher Straße aus dem Jahr 1913 ausgegangen wurde.
Von 1996 bis 1998 fand eine intensive Diskussion zum Denkmalwert von Teilen der Kasernenanlage Castelforte statt, die durch verschiedene, zeitlich nicht synchrone Handlungsstränge unterschiedlicher Akteure (mit unterschiedlichen Zielsetzungen/Interessen) überlagert wurden:

- die Denkmalbehörden (Stadt Trier/Landesamt/Bezirksregierung)
- die denkmalinteressierte Öffentlichkeit (vertreten im Denkmalbeirat)
- die Grundstücksgesellschaft Castelforte als Entwickler
- die Industrie- und Handelskammer als Interessent für einen neuen Standort

Das Luftbild aus dem Jahr 1990 zeigt deutlich die Baugruppe aus dem Entstehungsjahr 1913 in einem einheitlichen Duktus, während die anderen Gebäude in den späteren Jahren hinzugefügt wurden. Das gilt auch für den Kasernenhof, der rückwärtig durch drei Gebäude in U-Form gebildet wurde.

Bei Überlegungen zur künftigen Nutzung gab es unterschiedliche Vorstellungen darüber, in welchem Umfang die Gebäude umgenutzt und damit erhalten werden konnten. Dies war aber keine Frage des Denkmalschutzes, sondern eine Abwägung unter städtebaulichen und Kostengesichtspunkten.

Abb. 5: Konversionsgelände Castelforte 1990 (Luftaufnahme)

Abb. 6: Konversionsgelände Castelforte 2020 Luftaufnahme (Ausschnitt) – Gebäude entlang der Herzogenbuscher Straße

Um eine weitere Grundlage für die städtebauliche Entwicklung zu erarbeiten, wurde 1994 ein Stegreifwettbewerb durch die Stadt Trier ausgelobt. In dem Auslobungstext zum Stegreifwettbewerb 1994 hieß es: „Die Prüfung der Einbeziehungsmöglichkeiten der vorhandenen Bausubstanz in den Wettbewerbsentwurf ist Bestandteil der Wettbewerbsaufgabe.“[45]
Das Ergebnis des Wettbewerbes ergab, dass alle drei ausgezeichneten Entwürfe den Gebäudebestand aus dem Jahr 1913 entlang der Herzogenbuscher Straße in ihren Entwurf berücksichtigt hatten.[46]

Im Herbst 1994 wurde seitens der IHK über einen Standortwechsel von der Innenstadt nach Trier-Nord auf das Gelände Castelforte nachgedacht. Ein Jahr später, im Herbst 1995, bekundete die IHK dann konkretes Interesse zu Verlagerung einschließlich des Bildungszentrums. Zum gleichen Zeitpunkt wurde durch die Grundstücksgesellschaft eine weiter entwickelte Planungskonzeption vorgelegt, die von einem Abriss aller Gebäude entlang der Herzogenbuscher Straße ausging.

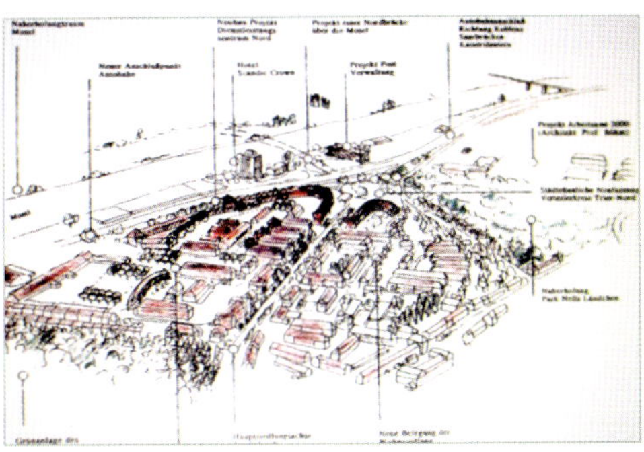

Abb. 7: Überlegungen zur künftigen Nutzungsstruktur 1992

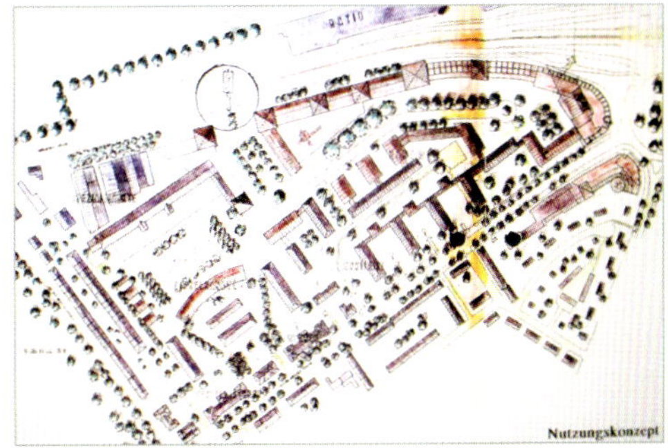

Abb. 8: Überlegungen zur künftigen Nutzungsstruktur 1992 Einbindung in den Stadtteil Trier-Nord

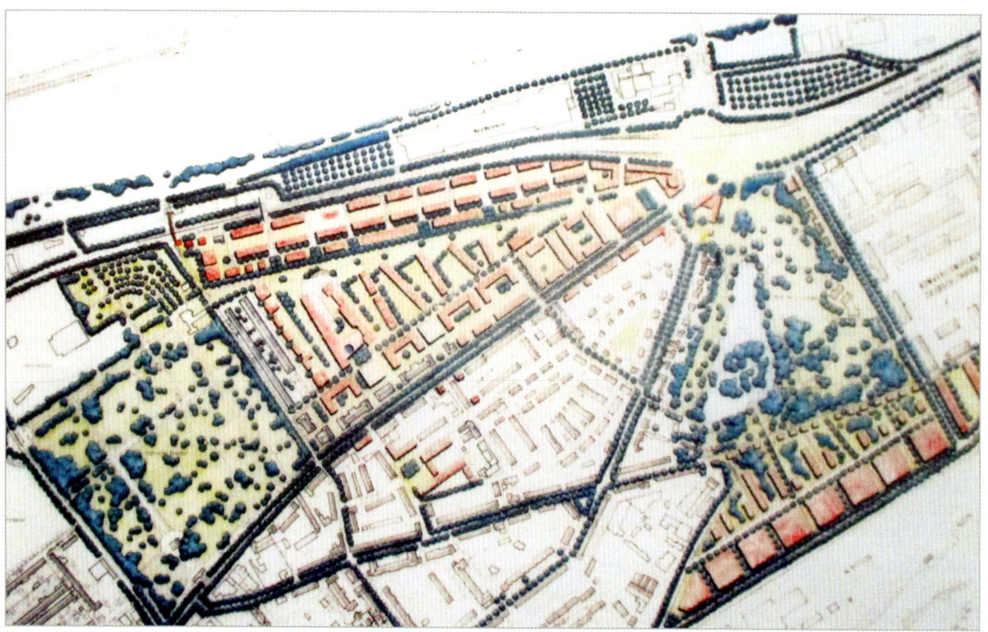

Abb. 9: Ergebnis Stegreifwettbewerb 1. Preis 1994

Diese Überlegungen der GTC führten zu einer intensiven öffentlichen Diskussion über eine Unterschutzstellung von Gebäuden innerhalb des Kasernenberings. Diese Diskussion bezog sich auf die Bebauung entlang der Herzogenbuscher Straße, aber auch auf weitere Gebäude, die unter militärhistorischen Gesichtspunkten zum Ensemble zu rechnen seien (siehe Abb. 11).

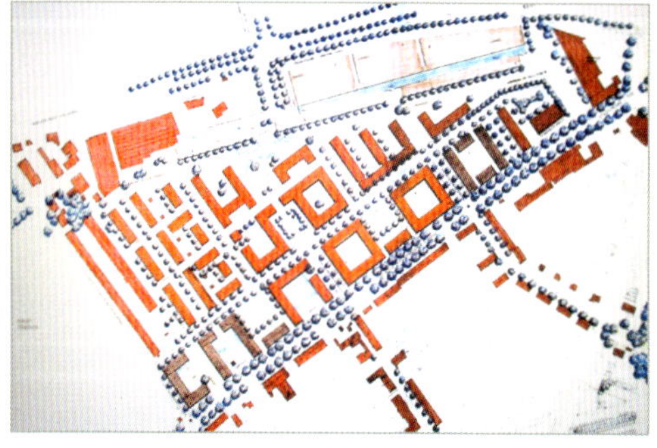

Abb. 10: Weiterentwicklung der Gesamtkonzeption unter Abriss aller Gebäude 1996

Im Juli 1997 teilte dann das Landesamt für Denkmalpflege als Denkmalfachbehörde mit, dass es sich bei den älteren, an der Herzogenbuscher Straße gelegenen Gebäude um Kulturdenkmäler im Sinne des §3 Denkmalschutz- und -pflegegesetz Rheinland-Pfalz (DSchPflG) handelt. Die Unterschutzstellung wurde beantragt. Auf dieser Grundlage wurde der formlose Abbruchantrag der Grundstücksgesellschaft abgelehnt.

Die städtische Denkmalpflege als untere Denkmalschutzbehörde hat dann im Dialog mit dem Landesamt auch unter Einschaltung des Denkmalbeirates der Stadt Trier das Verfahren weitergeführt, um die inhaltliche Ausgestaltung der Unterschutzstellung und die Abgrenzung der Denkmalzone abzustimmen. Der Denkmalbeirat befasste sich in zwei Sitzungen mit der Frage, insbesondere mit der Abgrenzung der Denkmalzone. In der ersten Sitzung wurden intensiv verschiedene Varianten einer Denkmalzone diskutiert, ohne zu einem abschließenden

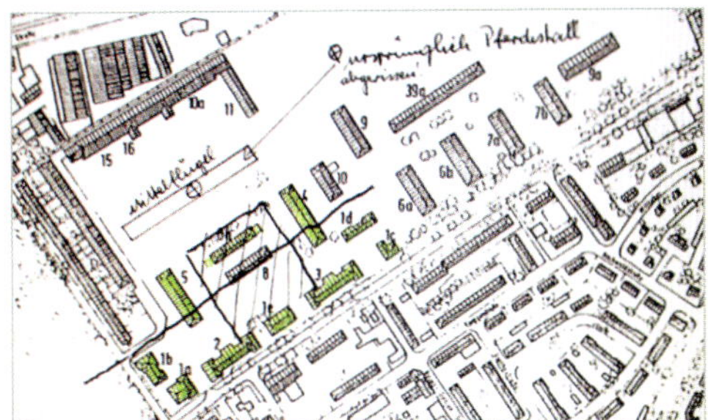

Abb. 11: Skizze zur künftigen Denkmalzone

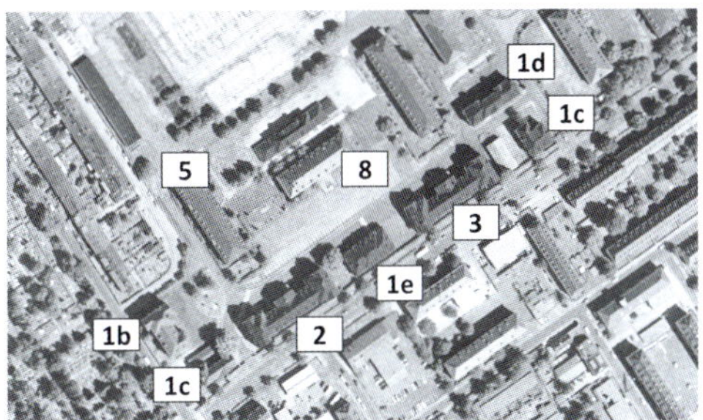

Abb. 12: Welche Gebäude sollen unter Schutz gestellt werden? (Gebäudeübersicht)

Votum zu kommen. In einer weiteren Sitzung am 06.11.1996 wurde dann die Empfehlung zur Ausweisung einer Zone mit den Gebäuden 1b, 1a, 2, 1e, 3, 1c. und 1d ausgesprochen (siehe Abb. 12).

Inzwischen waren die Verhandlungen mit der IHK zu einem Grundstück abgeschlossen, und es wurde ein Realisierungswettbewerb durch die IHK ausgelobt. Darin lautete dann die Vorgabe, dass die folgenden Gebäude auf dem Grundstück der IHK, erhalten bleiben sollen:

1b: Ehemaliges Stabsgebäude
1a: Ehemaliges Stabsgebäude
2: Ehemalige Kommandantur
1e: Ehemaliges Krankenrevier

Die Gebäude 5 und 8 werden abgerissen. Außerhalb des IHK-Grundstücks, aber innerhalb der geplanten Denkmalzone, lagen dann noch die Gebäude 3, 1c und 1d (siehe Abb. 12).

Durch diese feste Vorgabe und den Willen der IHK, die Gebäude zu erhalten, war die öffentliche Diskussion zur Ausweisung einer Denkmalzone beendet. Hinzu kam, dass das Ergebnis des Realisierungswettbewerbes in hervorragender Weise zeigte, wie eine Integration der Bestandsgebäude in ein neues Gesamtkonzept gelingen kann.

Offen blieb ab diesem Zeitpunkt, wie die Gebäude 3 sowie 1c und 1d künftig genutzt werden können.

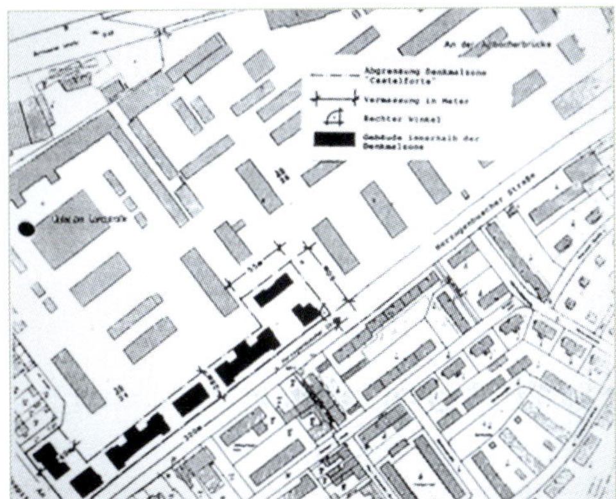

Abb. 13: Rechtsverordnung zur Denkmalzone Denkmalzone Castelforte 13.05.1998

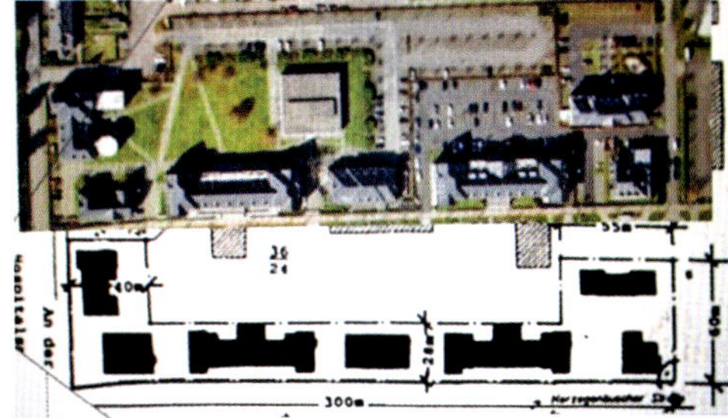

Abb. 14: Denkmalzone/Luftbild (Ausschnitt)

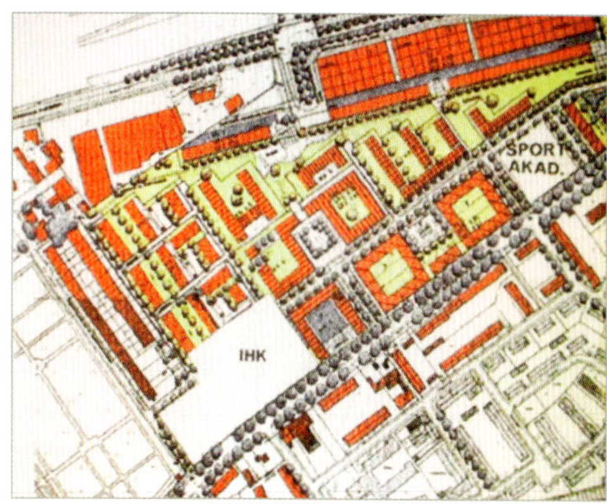

Abb. 15: Planungsstand 1997 – Grundstück IHK

Die Grundstücksgesellschaft GTC hatte einen Interessenten für das Gebäude 3, der dort eine Senioren-Wohnanlage errichten wollte und ein Gutachten vorlegte, welches darstellte, dass ein Neubau wirtschaftlicher wäre als eine Umnutzung. Auf dieser Grundlage wurde ein Antrag auf Abbruch der Gebäude gestellt, dem aber nicht zugestimmt wurde, weil man bei dem Gesamtprojekt Castelforte die Wirtschaftlichkeit nicht nur auf ein Objekt beziehen kann, sondern eine Gesamtbetrachtung erfolgen muss. Die im April 1997 abgeschlossene „Städtebauliche Rahmenvereinbarung“ zwischen der Stadt Trier und der GTC und der daraus entwickelte Grundstücksvertrag enthielten eine eindeutige Aussage zur Frage des Umgangs mit den Gebäuden in der Denkmalzone.[47] Trotzdem wurde der Antrag auf Abbruch von Gebäude 3 gestellt und vehement von der GTC und dem Amt für Stadtentwicklung vertreten bzw. auch die gesamte Denkmalzone in Frage gestellt.

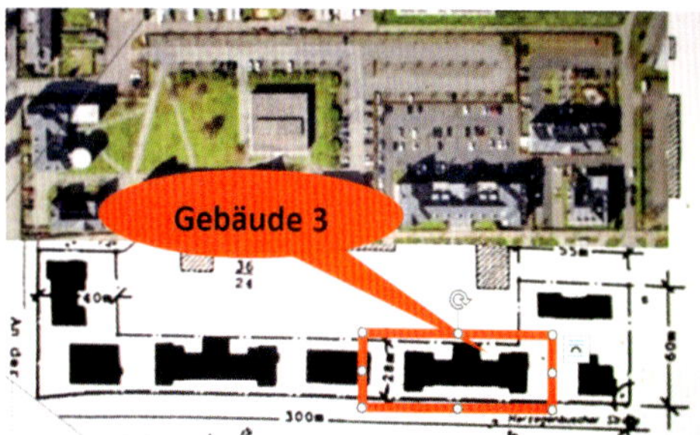

Abb. 16: Abbruchantrag für Gebäude 3

Dies führte dazu, dass das Landesamt darauf verwies, dass es sich hier um einen Interessenkonflikt (innerhalb der Stadtverwaltungsdienststellen) handelt und in dieser Angelegenheit wegen Befangenheit keine Entscheidung der unteren Denkmalbehörde erfolgen könne, sondern von der Oberen Denkmalschutzbehörde (Bezirksregierung) zu entscheiden wäre.[48]

Diese Ansicht teilte die Bezirksregierung und erklärte sich mit Schreiben vom 20.02.1998 für zuständig und zog das Verfahren an sich. Da das Projekt „Seniorenakademie“ auch aus anderen Gründen nicht mehr verfolgt wurde, war über einen Abbruchantrag zu Gebäude 3 (und 1c sowie 1d) nicht mehr zu entscheiden. Als „Blaupause“ wurde das IHK-Gebäude dann für die Nutzung des Gebäudes durch die Volksbank verwendet.

Schließlich wurde die Rechtsverordnung zur Denkmalzone Castelforte am 27.05.1998 bestandskräftig und damit eine lange Diskussion abgeschlossen, wenn nicht am Ende noch ein Konflikt aufgetaucht wäre, der die Gestaltung der Fenster betraf. Während der Architekt (und der Bauherr) aus vielen Gründen eine Neugestaltung der Fenster wollten, waren die städtische Denkmalpflege und das Landesamt der Meinung es müssten die ursprünglichen Fenster (die allerdings schon entfernt worden waren) wieder hergestellt werden.

Das Landesamt monierte, dass im Bauantrag vorgesehen sei, statt Kreuzstockfenster nunmehr dreibahnige Fensteraufteilungen vorzunehmen. Dies habe mit der historischen Fensterform grundsätzlich nichts mehr zu tun. Weiter wird durch das Landesamt – welches die Zustimmung zu einem Musterfenster mit der dreibahnigen Einteilung verweigert hatte – ausgeführt:

„Erst wenn eine sorgfältige Bestandserfassung aller Fenster erfolgt ist, kann über das weitere

Abb. 17: Fenster Gebäude 3 (Volksbank) analog zur IHK

Abb. 18: Bestandsgebäude 3/ Fenster vor dem Ersatz durch neue Fenster

Vorgehen entschieden werden. D. h., entweder Erhalt der historischen Fenster einschl. Instandsetzung und Umrüstung oder getreuer Nachbau unter Beachtung bauphysikalischer Gesichtspunkte."

In der Auseinandersetzung über die Gestaltung der Fenster wies der Architekt darauf hin, dass die Fenster in ihrer Unterschiedlichkeit kein harmonisches Gesamtbild böten (Fenster mit unterschiedlicher Sprossenteilung). Die nun geplanten schmalen und hochformatigen Flügel würden zu einem harmonischeren Zusammenklang mit der Fassade führen. Da die Baumaßnahme durch gläserne Anbauten ergänzt würde, sei der jetzige Vorschlag eine Grundlage für einen formalen Zusammenhang, der nur mit der Betonung der Gliederung gelingen werde. *„Alle Bemühungen um formale Harmonie zwischen Alt und Neu wären nutzlos, würden die historischen Bauten mit Holzfenstern und die Neu- und Anbauten mit Aluminiumfenstern ausgestattet. Das Ensemble wäre als solches nicht mehr oder würde nicht zu einem werden."*[49]

Da weiterhin Dissens zwischen den Beteiligten bestand, entschied dann die Bezirksregierung, den Planungen des Architekten mit den hochformatigen Fenstern im Gesamtensemble zuzustimmen. Wenn auch hier den Ansprüchen einer Denkmalpflege, die den Erhalt bzw. eine historisch korrekte Wiederherstellung im Fokus hat, nicht entsprochen wurde, erfolgte eine Entscheidung im Sinne des baulichen Ensembles.

Die Kriterien für die Bildung einer Denkmalzone waren vorrangig städtebauliche Gründe und die Förderung des Geschichtsbewusstseins. Details, wie z. B. die Neugestaltung der Fenster schmälern nicht die spezifische Ausprägung des Kulturdenkmals.

Abb. 19: Umweltzentrum der HWK nach Umbau und Ergänzung (Gebäude 1c Bestand)

Abb. 20: Schrägluftbild 2022 – Denkmalzone als wichtiger Baustein im Gesamtkonzept

Siedlung Wittlicher Straße

Nach § 10 Abs. 1 DSchG hat die Denkmalfachbehörde von Amts wegen die Denkmalliste stets auf dem Stand aktueller Erkenntnis zu halten. Erkannte (unbewegliche) Kulturdenkmäler sind nachzutragen, sobald ihre Denkmaleigenschaft offenkundig wird.[50]

Die Siedlung der frühen Nachkriegszeit wurde 1948 – 1950 als Teil des Neubauprogramms mit insgesamt 32 Häusern für Angehörige der Besatzungsmacht in Montagebauweise errichtet. 1995 erwarb die Trierer Wohnungsbaugenossenschaft Beutelweg (WOGEBE) die Siedlung als Konversionsobjekt vom Land Rheinland-Pfalz.

In der Bewertung ist die Siedlung, so die Landesdenkmalpflege, ein „einzigartiges Beispiel für die Umsetzung der Bauaufgabe „Besatzungswohnungen“ in Rheinland-Pfalz der frühen

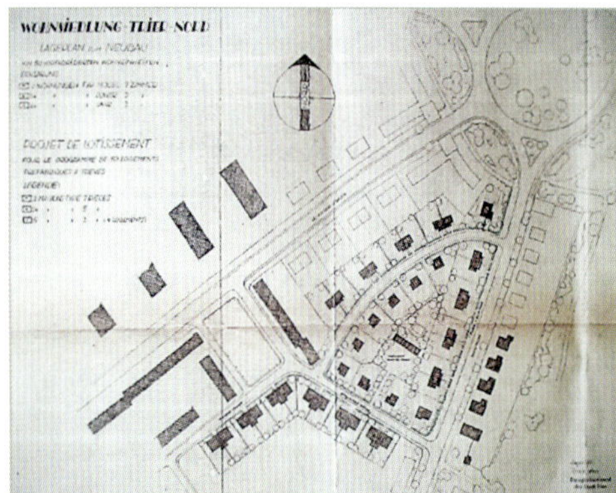

Abb. 21: Wohnsiedlung Trier-Nord/Lageplan (1948)

Abb. 22: Wohnsiedlung „Wittlicher Straße“/ Schrägluftbild

Nachkriegszeit". Wenn auch seit der Freigabe an vielen Stellen Veränderungen vorgenommen wurden (neue Schiefereindeckungen, Entfernung der Klappläden, Einbau von Velux-Fenstern, Speicherausbau) ist die Anlage in den wesentlichen Strukturen erhalten und denkmalwert.

Dazu wird u. a. die Bedeutung für die Stadtbaugeschichte von Trier als nördliche Stadterweiterung und die historische Bedeutung der Siedlung im „kollektiven Bewusstsein der geschichtsinteressierten Bürger der Stadt Trier fest verankert."[51] Als denkmalbegründende Elemente der baulichen Gesamtanlage wird besonders der Charakter der Gesamtanlage mit Blickachsen, die die ländlich-dörfliche Struktur erlebbar machen und das einheitliche historische Erscheinungsbild der Wohnhäuser hervorgehoben.

Auf dieser Grundlage erfolgte 2017 die Erklärung einer Denkmalzone. Damit kamen auf den Eigentümer, der diese Häuser als kostengünstige Mietobjekte im Bestand hatte, zusätzliche Belastungen, was den Unterhalt der Häuser betriff, hinzu. Ausgelöst wurde diese neue Bewertung dieser Siedlung, was den Denkmalwert betrifft, durch Überlegungen zur baulichen Erweiterung und Veränderung, um die hohen Belastungen aus diesen Objekten für die Genossenschaft zu reduzieren. Die Objekte mit den übergroßen Grundstücken für Einfamilienhäuser als Mietobjekte wurden quersubventioniert durch Mieterträge, die aus anderen Objekten stammten und auch die gesamte wirtschaftliche Situation der Genossenschaft belasteten.

Forum Kino

Das Kino wurde 1955/1956 für die französischen Besatzungstruppen erbaut. Das Kino gehört zu den ganz wenigen Kinobauten der 1950er-Jahre in Rheinland-Pfalz und dokumentiert diesen Bautyp samt seiner Ausstattung, die noch in originaler Form bei Rückgabe erhalten war.

Abb. 23: Kino FORUM 2005

Der ungestörte Zustand aus den 50er-Jahren beruhte wohl auch darauf, dass dieses Kino bis in die 90er-Jahre von den Franzosen genutzt wurde und eine Modernisierung oder Veränderung nicht erforderlich war, da sich das Kino nicht auf dem freien Markt behaupten musste. Nach der Rückgabe fand eine intensive Diskussion über die weitere Nutzung statt. Es wurde auch erörtert, ob nicht die Stadt dieses Kino erwerben sollte, um es für kulturelle Zwecke zu nutzen und damit zusätzlich zur denkmalrechtlichen Sicherung für die Zukunft zu erhalte. Dies wurde jedoch aus wirtschaftlichen Gründen schnell zu den Akten gelegt. Die weitere Nutzung durch private und Anträge zur baulichen Veränderung wurden danach unter Beachtung der denkmalpflegerischen Belange beurteilt.[52]

Casino

Das Casino ist für die Frage von militärischer Vergangenheit und Denkmalpflege nur insofern erwähnenswert, weil das Gebäude von den Franzosen als Offizierskasino genutzt wurde und sich nach Abzug der Franzosen die Frage stellte, inwieweit die Stadt ihre Interessen einbringt (siehe dazu Kapitel IX. 9. Seite 185).

Die Umnutzung und Umgestaltung nach der Freigabe erfolgte unter Beachtung der Denkmalbelange, insbesondere auch, was das äußere Erscheinungsbild betrifft.

Abb. 24: Casino am Kornmarkt – ca. 1985

Abb. 25: Casino am Kornmarkt 2004

Kaserne Petrisberg

Anfang der 90er-Jahre wurden die in Trier vorhandenen und damals noch militärisch genutzten Kasernenanlagen auf ihren Denkmalwert hin geprüft. Hieran nahmen Vertreter des Landesamtes und der Stadtverwaltung teil. Bei dieser Überprüfung wurde auch die Kasernenanlage Petrisberg daraufhin untersucht. Übereinstimmend war man der Ansicht, diese nicht als Denkmalzone einzustufen.[53]

Archäologische Grabungen auf dem Petrisberg

Hinweise auf einen solchen frührömischen Militärstandort existierten seit 1938 für den Petrisberg, wurde doch bei Kasernenbauten römische Importkeramik gefunden, die älter als alle bisherigen Funde aus dem Trierer Stadtgebiet war und wegen ihrer ausschließlich südländischen Herkunft zur Schlussfolgerung führte, dass dort ein kurzfristig belegtes Militärlager bestanden haben müsse. Nach Jahrringdatierungen wurde dessen Anlage auf das Frühjahr 30 v. Chr. datiert.[54]

Dank dieser Erkenntnisse konnte das Landesmuseum die zuständigen Planungsbehörden ebenso wie die Öffentlichkeit seit Beginn der Konversionsplanungen im Jahr 1995 auf die besondere geschichtliche Stellung des Petrisbergs hinweisen, und bei der Stadt Trier als Planungsträgerin frühzeitig Verständnis für die Belange der Denkmalpflege wecken, um die archäologischen Belange von Anfang an in die Planungen mit einzubringen. Zwischen 2001 und 2002 fanden Verhandlungen zwischen Stadt und Landesmuseum statt, bei denen die Denkmalpfleger ein offenes Ohr für ihre Anliegen fanden. Als Ergebnis dieser Verhandlungen schloss die Stadt Trier mit dem Landesmuseum im Interesse der für die Durchführung der Gartenschau eingesetzten Landesgartenschau-Gesellschaft mbH (LGS) eine Vereinbarung die den Projektträger als Bauherr verpflichtete, für die aufwendigen Grabungen ausreichende Vorlaufzeiten, Rücksichtnahme im Bauablauf und einen Zuschuss zu den Grabungskosten zu gewähren, wofür das

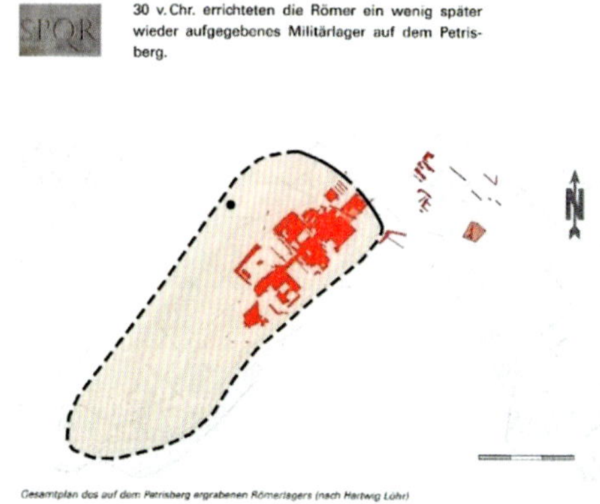

Abb. 26: Frührömischer Militärstandort auf dem Petrisberg

Abb. 27: Kronengebäude der ehemaligen Kaserne Belvédère nach Umnutzung

Abb. 28: Reliefs an den Kronengebäuden

Landesmuseum dem Projektträger die Freigabe des Geländes zu einem mit dem Bauherrn abgestimmten Termin garantierte.[55]

Reliefs an den Eingängen der „Kronengebäude"

In einem Bericht im Trierischen Volksfreund aus dem Jahr 2022 wird die Frage gestellt: Fehlt die historische Aufarbeitung der Militär-Vergangenheit auf dem Petrisberg?[56] Es wird Bezug genommen auf die erhalten gebliebenen – heute farbig gestrichenen – früheren Gebäude am westlichen Rand des Gebietes („Kronenbebauung"). Deren Ursprung reicht zurück bis in die 1930er-Jahre. Nach der Remilitarisierung des Rheinlands wurde 1936/37 auf dem Petrisberg die Kemmelkaserne gebaut. Dort untergebracht war das Artillerie-Regiment 34 der 72. Infanterie-Division.

„Während heute vor allem an die Unterbringung von Jean-Paul-Sartre in einem Kriegsgefangenlager auf dem Petrisberg erinnert wird, ist die Erinnerung an die Wehrmachtsvergangenheit in den Hintergrund gerückt. Diese Vergangenheit war für jedermann bis nach dem Abzug des französischen Militärs an jedem Gebäude deutlich sichtbar. Über den Eingängen hatten die Erbauer Fresken mit militärischen Szenen angebracht: teils mit historischen Darstellungen, teils mit Darstellungen damals moderner Truppen."

Weiter wird ausgeführt, dass man diese Darstellungen heute nur noch erahnen könne. Teilweise seien sie im Rahmen der Umnutzungen ausgebaut und entsorgt worden, teilweise wären sie durch Vorbauten oder Glasscheiben möglichst unkenntlich gemacht worden.

Abb. 29: Eingangsbereich – „abgedeckte Reliefs"

Abb. 30: Reliefs – Details

Dieser Beitrag aus dem Jahr 2022 ist in Unkenntnis der Diskussion über diese Reliefs in den Jahren 2008 bis 2010 geschrieben worden. Die Entwicklungsgesellschaft Petrisberg suchte eine Lösung: Auf der einen Seite sollten die Reliefs an den Gebäuden im Bestand erhalten bleiben; aber auf der anderen Seite sollten diese über den Eingängen befindlichen martialischen Reliefs nicht so wie bisher dominant als „Begrüßung" auf die Kunden neu angesiedelter Firmen wirken.

Daher wurde diese Lösung, die Anbringung von transluzentem Glas, nach langer Diskussion gefunden. Die Bildhauerarbeiten sind nach wie vor zu erkennen, wirken aber nicht mehr so prägend auf das Gesamtensemble der „Kronengebäude". Dies geschah in enger Abstimmung mit der Stadt Trier (Denkmalpflege) und dem „Rheinischen Verein für Denkmalpflege und Landschaftsschutz", mit dem auch eine Beschriftung, die auf die Reliefs hinweist und den Zusammenhang erläutert, abgestimmt wurde.[57]

Auch wenn das prägende Gebäudeensemble – die „Kronenbebauung" – nicht als Denkmalzone ausgewiesen wurde, zeigt dieses Beispiel, wie man heutigen Nutzungsanforderungen entsprechen kann, ohne die Geschichte der Gebäude ganz auszublenden. So gesehen ist diese Umsetzung auch ein Beitrag zur Erinnerungskultur.

Abb. 31: Militärisches Übungsgebäude auf dem Petrisberg

Betonkuppel

Im Zusammenhang mit der weiteren Planung der Wohngebiete auf dem Petrisberg und der Realisierung des ersten Abschnittes wurde noch einmal eine Stellungnahme zur Betonkuppel und einer möglichen Unterschutzstellung beim Landesamt für Denkmalpflege nachgefragt. 2004 teilte das Landesamt mit, dass es den Kuppelbau aus Beton auf dem LGS-Gelände nicht als Kulturdenkmal sieht. Eine Unterschutzstellung und Erhaltung aus Gründen des Denkmalschutzes sei daher nicht erforderlich.

Unabhängig davon wurde im Rahmen der Landesgartenschau diese Betonkuppel einbezogen und „bespielt", auch wenn klar war, dass sie künftig der Wohnbebauung weichen sollte. Die

Abb. 32: Kuppelgebäude auf dem Petrisberg v. l. n. r: 1992/2000/2004 „Klangkuppel" bei der Landesgartenschau

Bespielung der Kuppel bei der LGS rückte dieses Bauwerk in den Mittelpunkt der öffentlichen Diskussion mit den Vorschlägen, diese Kuppel zu erhalten.[58] Am 20. Oktober 2004 – kurz vor Ende der Landesgartenschau, die bis zum 24. Oktober 2004 dauerte – wurde ein Antrag durch den Rheinischen Verein für Denkmalpflege auf einstweilige Unterschutzstellung gestellt. Es erfolgte der Abriss dann am 28. Oktober 2024,[59] um das Gelände für die Wohnbebauung freizulegen. In einer Stellungnahme des Denkmalpflegeamtes der Stadt Trier vom 29. Oktober 2024 erfolgte dann noch einmal eine ausführliche Begründung, warum es sich nicht um ein Denkmal handelte. Darin heißt es u. a.:[60]

„Es handelt sich bei der Betonkuppel um ein militärisches Bauwerk, dessen ursprüngliche Funktion ebenso wenig eindeutig gesichert ist wie sein Baujahr. Nach unserer Auswertung eines Luftbildes vom 7. Mai 1945 war das Bauwerk zu jenem Zeitpunkt noch nicht vorhanden. Die Unterschutzstellung aufgrund einer militärhistorischen Bedeutung ist nicht möglich, weil diese Bedeutung unbekannt ist und nicht zur Begründung angeführt werden kann.“

Kaserne Castelnau

Schon bei der landeseinheitlichen Überprüfung der Konversionsbauten wurde die Kaserne Castelnau besichtigt und vom Landesamt für Denkmalpflege keine Denkmalwürdigkeit erklärt.
Da diese Kaserne trotz intensiver planerischer Vorbereitung in der Reihenfolge der Konversion als letztes Projekt angegangen wurde, erfolgte seit August 2007 aufgrund einer Pressemitteilung des Rheinischen Verbandes für Denkmalpflege und Landschaftsschutz eine intensive öffentliche Diskussion über die Denkmaleigenschaft dieser Kasernenanlage bzw. über die Erhaltung von wichtigen Teilen der Anlage.[61] Im Antrag an das Landesamt für Denkmalpflege vom 28.09.2007 begründete der Rheinische Verein diesen wie folgt.[62]

„Unter allen Trierer Kasernen der letzten 150 Jahre ist die 1939 erbaute Feyener Anlage die ausgewogenste ihrer Art. (...) Sie übernimmt durch Verwendung landschaftstypischer Materialien (Buntsandstein zur Gestaltung des Kasernentors, der Portale und der Eckquaderung der Gebäude) durch Anpassung an regionale Bauformen (...) städtebauliche Traditionen des Trierer Landes.“

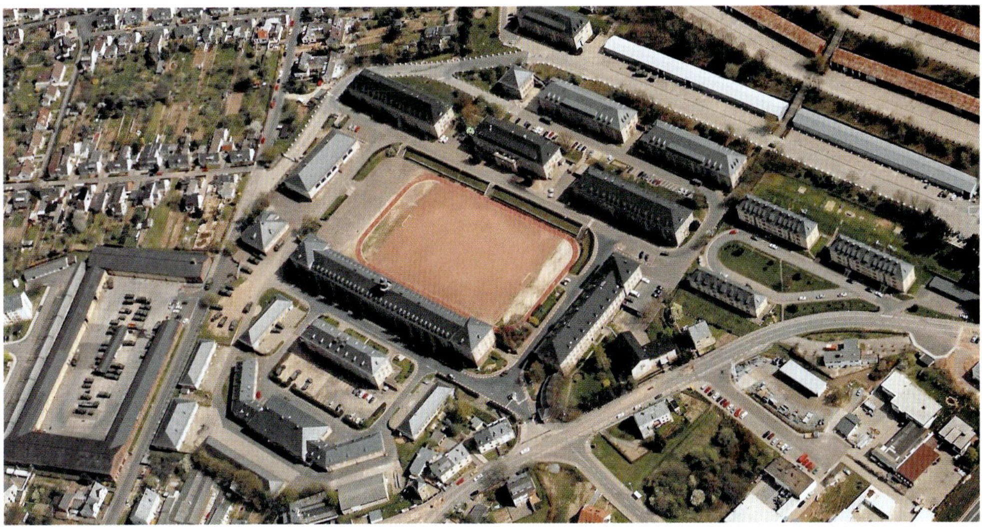

Abb. 33: Kaserne Castelnau Luftaufnahme 1992

In der fachlichen Erwiderung geht das Landesamt auf diese Gesichtspunkte ein und erläutert, welche Gesichtspunkte für die Ablehnung des Antrages maßgebend sind.[63]

„Die insgesamt große Zahl an Kasernen zwischen Pfalz und Eifel aus der Zeit der Kriegsvorbreitungen in den 1930er-Jahren hat dazu geführt, das hier eine Auswahl an geschützten, beispielgebenden Kasernen getroffen werden kann.“

Es wird weiter darauf verwiesen, dass diese Kasernen gleichzeitig zwischen 1936 und 1939 nach vereinheitlichtem Muster erbaut wurden. Insoweit sei auch die Kaserne in Feyen keineswegs in Bezug zur regionalen Bautradition zu setzen, auch die Verwendung von Natursteinen zur Gebäudeakzentuierung gehörten zu den übereinstimmenden Gestaltungsvorgaben aus dieser Zeit. Daher sei eine Unterschutzstellung nach dem Landesdenkmalgesetzt nicht zu begründen.

In einer weiteren Stellungnahme des Rheinischen Verein werden „Gegenargumente“ vorgetragen.[64] Dabei wird besonders auch auf die städtebauliche Bedeutung der Anlage für die Stadt Trier verwiesen und Kritik daran geäußert, dass die Kaserne Feyen nicht unter Schutz gestellt werden soll.

Im Kern gehe es aber dem Rheinischen Verein darum, die Feyener Anlage unter „Wahrung denkmalpflegerischer Grundsätze“ in den Kontext der Stadt Trier und des Ortsteils Feyen einzufügen. Unter Verweis auf das Beispiel Castelforte bei der Realisierung des IHK-Gebäudes wird auch eine solche Vorgehensweise für Feyen vorgeschlagen.

Abb. 34: Kaserne Castelnau 1995

Im Zusammenhang mit den Erwerbsverhandlungen der Stadt Trier zum Kauf des Grundstücks von der BImA im Jahr 2009 wurde noch einmal die Frage der Unterschutzstellung im Denkmalpflegebeirat der Stadt Trier thematisiert und dort abschließend informiert, dass es sich bei dieser Kasernenanlage nicht um ein Kulturdenkmal handele und auch keine Denkmalschutzzone erklärt würde. Dies wurde vom Vertreter des Rheinischen Vereins bedauert und vorgeschlagen, die Anlage mit „baugesetzlichen Instrumenten zu erhalten“.

Der Verkauf des Grundstücks auf der Grundlage eines mit der Stadt abgestimmten Konzeptes an die EGP erfolgte dann im November 2010. Da nach diesem Konzept ohnehin durch die Entwicklungsgesellschaft der Erhalt der Gebäude vorgesehen war, war diese denkmalbezogene öffentliche Diskussion beendet.

In der weiteren Diskussion zur Kaserne Castelnau spielte auch die Turmuhr auf dem Hauptgebäude eine Rolle, da diese im Rahmen der Umwandlung zu einem Wohnkomplex mit aufgesetzten Flachdächern ausgebaut und gelagert wurde, eventuell mit dem Ziel, diese an anderer Stelle wieder einzubauen bzw. zu integrieren. Die Meinungen dazu waren sehr unterschiedlich, wie es sich in den Leserbriefen in der Trierer Presse zeigte: Während einige auf den Denkmalwert eingingen, hoben andere hervor, dass diese Uhr ja eigentlich das Leben in der Kaserne bestimmt habe und somit an eine Vergangenheit erinnere, welche die Bürger von Feyen nicht nur in guter Erinnerung wegen der erheblichen Belästigungen durch das Militär hätten.

Diskutiert wurde auch über den „Wert“ der Bauplastik an der nördlichen Ecke des Hauptgebäudes, welches in einen Wohnkomplex verwandelt

Abb. 35: Kaserne Castelnau (Ausschnitt mit Uhrturm)

Abb. 36: Figurengruppe Kaserne Castelnau

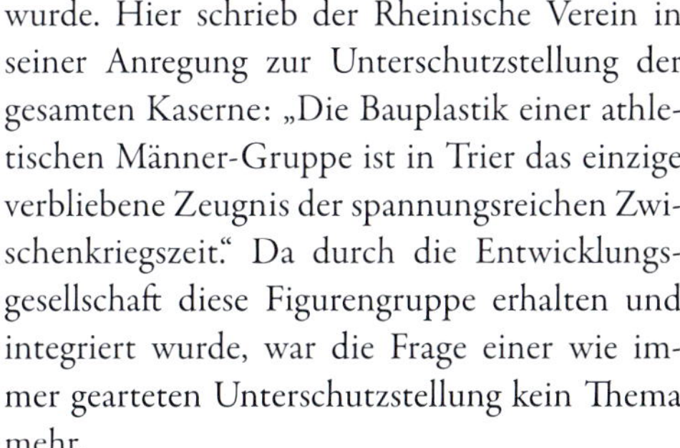

wurde. Hier schrieb der Rheinische Verein in seiner Anregung zur Unterschutzstellung der gesamten Kaserne: „Die Bauplastik einer athletischen Männer-Gruppe ist in Trier das einzige verbliebene Zeugnis der spannungsreichen Zwischenkriegszeit." Da durch die Entwicklungsgesellschaft diese Figurengruppe erhalten und integriert wurde, war die Frage einer wie immer gearteten Unterschutzstellung kein Thema mehr.

An dem Beispiel der Kaserne Castelnau wird deutlich, dass oftmals die Unterschutzstellung nach dem Landesdenkmalgesetz andere landesweit gültige Kriterien zu Grunde legt, als die Einschätzung der denkmalinteressierten Öffentlichkeit und auch der Vereine, die sich vor Ort mit diesen Themen beschäftigen.

Während bei der Unterschutzstellung bzw. der Ausweisung einer Denkmalzone an der Herzogenbuscher Straße bei der Kaserne Castelforte auch solche Kriterien, wie *städtebauliche Gründe* („die Anlage ist ein städtebaulich herausragendes Element") und die Förderung des geschichtlichen Bewusstseins und der Heimatverbundenheit („ist ein Dokument eines Teils der Stadtgeschichte") diskutiert wurden, spielten diese Kriterien bei der Beurteilung der Kaserne Castelnau keine Rolle.

Es wurde vor dem Hintergrund des landesweiten Vergleichs bewertet – mag es vielleicht daran liegen, dass die neueren Kasernen (so auch der Petrisberg) im Gegensatz zu den Kasernen aus dem Kaiserreich noch kein Bestandteil einer Stadtgeschichte sind, und auch als solche von der Bevölkerung nicht wahrgenommen werden?

Wenn das Militär die Stadt verlässt – bleiben Erinnerungen?

An was werden wir uns später noch erinnern? Was ist es Wert, in Erinnerung zu behalten bzw. die Erinnerung daran wachzuhalten, wenn die Zeitzeugen nicht mehr leben werden?

Eine wichtige kulturpolitische Aufgabe ist, über Denkmäler hinaus eine lebendige Kommunikationslandschaft zu schaffen. Das schließt ein, dass der persönliche dialogische Austausch von Erinnerungen durch gespeicherte „Materialien" (Bücher, Filme, Aufzeichnungen, Dokumente, Artefakte etc.) genügend Kristallisationspunkte erhält.

Damit das die Erinnerung in Gang setzende „Material" Rezipienten findet, bedarf es der aktiven Vermittlung.[65] Träger der **Erinnerungskultur** können Individuen, soziale Gruppen sowie Staat und Nation sein. Alle Formen der Aneignung der erinnerten Vergangenheit (Texte, Bilder, Denkmäler, Bauten, Feste, Rituale etc.)

sind gleichberechtigte Bestandteile der Erinnerungskultur.[66] Erinnern stellt sowohl eine persönliche als auch eine kollektive Ressource dar. Erinnern kann das Gefühl des Zusammenhaltes stärken und dazu beitragen, dass Menschen mit gleichen Ansichten sich Problematiken widmen, deren Aufarbeitung im gesellschaftlichen Kontext von Relevanz sind.
Mögliche Ansätze zur Dokumentation der Militärgeschichte Triers[67] wurden 2010 in einem Vortrag beim Rheinischen Verein für Denkmalpflege und Landschaftskultur dargestellt, die jedoch bisher nur teilweise verfolgt wurden:

1. Stadtplan zeichnen (eventuell in Schichten) vergleichbar mit 2000 Jahre Trier Katalog 1984
2. Internetplattform für Konversion/20 Jahre Konversion in Trier/Zeitleiste/Ereignisse
3. Info-Säulen/Info-Stelen/Info-Tafeln an den Standorten
4. Bibliographie Militär in Trier (Fundstellen)/ Aufarbeitung bisheriger Berichte

Der Städtetag hat in einem Positionspapier vom März 2023 unter dem Titel „Erinnern ist Zukunft. Demokratie stärken mit Erinnerungskultur" aufgezeigt, wo auf kommunaler Ebene Handlungsfelder bestehen.[68] Ausgehend von den Begriffen „kommunikatives Gedächtnis", „kulturelles Gedächtnis" und „kollektives Gedächtnis" wird zur Erinnerungskultur festgehalten:

„Erinnerungskultur ist das von einer Gemeinschaft geteilte Fundament über ihre Vergangenheit, auf welches sich das kollektive Selbst stützt und das durch Aneignungs- und Lernprozesse erworben wird. Sie beinhaltet alle denkbaren Formen des Erinnerns an historische Ereignisse, Personen und Prozesse, seien sie politischer, kognitiver, ästhetischer oder emotionaler Natur (vgl. Cornelißen, 2012). Erinnerungskultur umfasst somit neben konkreten materiellen Hervorbringungen, wie Denkmälern, Straßen oder Plätzen, auch abstrakte Denk- und Gefühlsstrukturen ebenso wie konkrete Handlungen."[69]

Folgende Handlungsfelder werden genannt:
- Kommunale Einrichtungen der Erinnerungskultur
- Gedenktage, Gedenkstätten und -orte
- Geschichtsverein, Geschichtswerkstätten und zivilgesellschaftliche Initiativen
- Schulen und außerschulische Bildungseinrichtungen
- Baukulturelles, archäologisches und gartenkünstlerisches Erbe
- Straßen, Plätze, Denkmäler im Sinne von (Ge-)Denkzeichen
- Veranstaltungen und Ausstellungen

Die über 50 Jahre Anwesenheit der französischen Besatzungstruppen und später der Franzosen als NATO-Partner sollte stärker im Sinne des Positionspapiers des Deutschen Städtetages in einer aktiven und partizipativen Erinnerungskultur auf gesamtstädtischer Ebene einbezogen werden, natürlich nur als ein Aspekt der städtischen Vergangenheit. Es gibt zwar bereits verschiedene Ansätze und Einzelinitiativen, diese sollten aber integriert werden.
Die Benennung von Bushaltestellen (Trier-Nord Castelforte und Feyen Castelnau Mattheis) oder die Namensschilder an den Wohngebäuden in Trier Nord (Haus „Uzès" und Haus „Beaucaire") sind zwar auch Hinweise auf diese Zeit, tragen aber nur wenig dazu bei „die Erinnerung wach zu halten".
Zumal auch die Zeitzeugen aussterben, die von ihren Einkäufen im französischen Economat, den Essen im französischen Offizierskasino, einem Autounfall mit einem französischem Militärfahrzeug und der Einschaltung der französischen Gendarmerie berichten können.
Vielleicht unwichtige Ereignisse; aber das, was Bestandteil einer Erinnerungskultur sein sollte, muss partizipativ entwickelt werden.

42 Konversion für die Zukunftsstadt? WORKSHOP-DOKUMENTATION/Susanne Heinke (Hrsg.). BICC/Knowledge Note 1. 2017, S. 9

43 Trierer Garnisonsbuch. Stadtmuseum Simeonstift Trier, 2007; vgl. dazu Kapitel I dieses Buches: S. 11–21

44 Umnutzen und Umdeuten. Gesellschaftliche Transformationsprozesse und ihre Folgen für Denkmale und Denkmalpflege (Beitrag von Ingrid Scheurmann) in: Ehemalige militärische Liegenschaften im urbanen Raum – Konversion für die Zukunftsstadt? WORKSHOP-DOKUMENTATION/Susanne Heinke (Hrsg.) \ BICC/Knowledge Note 1. 2017

45 Dabei wird weiter ausgeführt: „Die Ausloberin selbst geht nicht davon aus, dass der technisch und wirtschaftlich erhaltenswerte Gebäudebestand der ehemaligen Mannschafts- und Verwaltungsgebäude erhalten werden muss, sondern stellt es dem Teilnehmer frei, selbst zu entscheiden und zu begründen, wie mit der vorhandenen Bausubstanz umgegangen werden soll."

46 Entscheidung des Preisgerichtes am 01.06.1994

47 Im „Grundstücksvertrag" heißt es dort in Verbindung mit der Ausweisung einer Denkmalzone u. a.: „Auflagen des Denkmalschutzes berechtigen die Käuferin erst dann zum Rücktritt von diesem Vertrag, wenn Änderungen von Art und Maß der Nutzung der Bebauung im Vertragsgebiet sonstige Maßnahmen den wirtschaftlichen Nachteil nicht im Wesentlichen auszugleichen vermögen." (§ 8, Ziffer 2.2 des Kaufvertrages). (Stadtratssitzung am 20.11.197 – Beantwortung von Anfragen

48 Schreiben des Landesamtes an die Denkmalpflege Trier vom 28.22.1997

49 Schreiben von Prof. Dieter E. Baumewerd an die IHK Trier vom 16.01.1998

50 Schreiben der Generaldirektion Kulturelles Erbe Rheinland-Pfalz vom 20.10.2017 an die Untere Denkmalschutzbehörde/Stadtverwaltung Trier – Aktualisierung der amtlichen Denkmalliste (§ 10 DSchG) hier: Trier, Hochwaldstraße 2–8 (gerade Nrn.), Parkstraße 1–17 (ungerade Nrn.), Wittlicher Straße (1–16 ungerade Nrn.) ehem. Französische Offizierssiedlung (Anlage: Fotos und Lageplan)

51 Bieg, Peter: 111 Orte in Trier, die man gesehen haben muss. Reiseführer. Mit Fotografien von Maximilian Staub. (Neuauflage) 2021. Diese Siedlung ist in dem Reiseführer eine von 111 Orten.

52 Wie geht's weiter mit dem Forum-Kino? Trierischer Volksfreund vom 12.08.1998.

53 Stellungnahme des Denkmalpflegeamtes der Stadt Trier vom 29.03.1999 zur Städtebaulichen Entwicklungsmaßnahme Trier-Petrisberg-Kasernenanlage

54 Kuhnen, Hans Peter: Der Petrisberg in Trier. Arbeitsschwerpunkt des Rheinischen Landesmuseums. Trier 2002–2005

55 Entwicklungsmaßnahme Petrisberg – Vertrag über Grabungsleistungen. Vorlage 331/2002 zur Sitzung der Vergabekommission am 19.08.2002 (Vereinbarungen zu dem zeitlichen Ablauf der Grabungsarbeiten sowie Vereinbarungen zur Übernahme der Grabungskosten in Höhe von 212.130,00 Euro)

56 Trierischer Volksfreund vom 15.08.2022. Fehlt die historische Aufarbeitung der Militär-Vergangenheit auf dem Petrisberg? (Harald Jansen/Redaktion Trier)

57 Die Ausschilderung ist am Gebäude 005 (Max-Planck-Straße 22–24) an der Außenfassade angebracht.

58 Betonkuppel Artikel TV

59 Abriss der Betonkuppel

60 Stellungnahme Denkmalpflegeamt der Stadt Trier/Schreiben an Albert Zender

61 Kampf für die Feyener Kaserne. Rheinischer Verein fordert die Erhaltung der ehemaligen Militäranlage. Trierischer Volksfreund vom 10. August 2007. Vergessen und bedroht. Trierischer Volksfreund vom 22. August 2007. (Die Kaserne in Feyen ...)

62 Siehe dazu auch: Rheinische Heimatpflege. 44. Jahrgang 4/2007, S. 307

63 Schreiben der Generaldirektion Kulturelles Erbe an den Rheinischen Verein für Denkmalpflege und Landschaftsschutz e. V./Ortsverband Trier vom 28.09.2007 (Trier, Kaserne in Feyen – Anregung zur Unterschutzstellung als Kulturdenkmal – Ihr Schreiben vom 23.08.2007)

64 Schreiben des Rheinischen Vereins an die Generaldirektion Kulturelles Erbe vom 05.11.2007

65 Hermann Glaser: Erinnerungskultur und Denkmalpflege. Erscheinungsjahr: 2013/2012
KUBI-ONLINE „ DER WISSENSSPEICHER ZU FORSCHUNG, THEORIE & PRAXIS KULTURELLER BILDUNG
https://www.kubi-online.de/artikel/erinnerungskultur-denkmalpflege

66 Schulze, Jörg: Erinnerungskultur und Denkmalpflege. Erinnern verändert Erinnerung. Vortrag, Architektur Forum Rheinland/Domforum Köln, 13.1.2014, https://www.architektur-forum-rheinland.de/wp-content/uploads/2013/12/140113-Joerg_Schulze_Erinnerungskultur_und_Denkmalpflege.pdf

67 Dietze, Peter: 20 Jahre militärische Konversion in Trier/Vortrag RVDL am 23.03.2010

68 Deutscher Städtetag: Erinnern ist Zukunft. Demokratie stärken mit Erinnerungskultur. Positionspapier des Deutschen Städtetages. Beschlossen vom Präsidium am 23. März 2023. Berlin und Köln 2023 (28 Seiten)

69 Deutscher Städtetag: Erinnern ist Zukunft, S. 6

VI. Modell: Stadt Trier

Ein frühes Beispiel für die Integration in die Stadtentwicklung

Nach dem Zweiten Weltkrieg hatte Trier erhebliche Mühe, historisch bedingte Strukturschwächen aufzuarbeiten. Immer wieder Kriege direkt zu erleben, waren nicht die besten Standortbedingungen für eine positive Entwicklung der Stadt. Waren die neuen Lasten, die durch den Wegzug der Franzosen zu bewältigen waren, zu tragen?

Bestandsaufnahme

Die im Trierer Rathaus im Jahre 1990 erarbeitete Bestandsaufnahme ergab eine Gesamtfläche von 632 Hektar. Sie wurden vom französischen Militär, aber auch von der Bundeswehr und als NATO-Wohngebiet „Auf der Bausch" (8,2 Hektar) von den Amerikanern genutzt. Das waren beachtliche 5,4 Prozent des gesamten Stadtgebietes. Allein das französisch genutzte Gebiet ergab eine Gesamtfläche von 504 Hektar. Die Trierer Konversionssituation unterschied sich erheblich von den Problemen in anderen Städten. Sehr oft war es dort ein großes Konversionsgebiet, beispielsweise ein Flugplatz, das umgewidmet werden musste. In Trier betraf die Konversion die Entwicklung der Stadt insgesamt. Die zahlreichen Konversionsflächen und Gebäude waren über die Stadt verteilt. Die Herausforderung war, sie für eine in die Zukunft weisende Stadtentwicklung zu nutzen. Entscheidend war dabei, nicht nur die Entwicklung der einzelnen Teilflächen zu sehen. Die Entwicklung der Gesamtstadt musste das Ziel sein. Für die ängstlichen Fragen der Bürger konnte man sicher Verständnis haben. Erst recht, wenn man bedachte, dass die Kommunen bei der militärischen Konversion weitestgehend eine neue Aufgabe zu bewältigen hatten. Die militärische Konversion, vor allem in einer Größenordnung wie in Trier, gewann in den 90er-Jahren in Deutschland zunehmend an Bedeutung. Ein bedeutendes Flächenpotential musste bei der Stadtentwicklung berücksichtigt werden.

Überprüfung der bisherigen Stadtentwicklungspolitik

Das erforderte in Trier zusätzlich eine Überprüfung der bisherigen Stadtentwicklungspolitik. „Der ‚Schub Konversion' muss aber auch dazu führen, die bisherige Stadtentwicklungspolitik zu überprüfen, was dazu führen kann, dass in bestimmten Bereichen Korrekturen vorgenommen werden. Das könnte z. B. bedeuten, dass zivile Flächen zur Disposition gestellt werden, wie es mit der bisher geplanten Entwicklungsmaßnahme Brubacher Hof bereits erfolgte."[70] Im Rahmen der Konversion wurden in Trier etwa 1.340 Wohnungen (inkl. der NATO-Siedlung „Auf der Bausch"), bisher von den Franzosen genutzt,

zurückgegeben. Um auch in Zukunft ein Angebot für den Wohnungsbau machen zu können, sollte im Bereich Brubacher Hof (Stadtteil Mariahof) ein Baugebiet ausgewiesen werden. Entsprechende vorbereitende Beschlüsse waren bereits vor der Konversion gefasst worden. Die zurückgegebenen Wohnungen und Konversionsflächen, die für den Wohnungsbau geeignet waren, führten zu einer zeitlichen Verschiebung dieser Stadtentwicklungsmaßnahme.
Aber in Trier setzte sich nach anfänglichen Sorgen und Skepsis mehr und mehr die Meinung durch, dass die Konversion, die Umwandlung bisher militärisch genutzter Flächen in eine andere, meist private Nutzung, wohl kurzfristig zu Problemen führen, aber mittel und langfristig zu einem qualifizierten Fortschritt führen könne. Voraussetzung war dafür allerdings, dass in der Stadt Trier ein Entwicklungskonzept vorhanden sein musste. Es musste also ein Konzept vorhanden sein, welches die Schwerpunkte der zukünftigen Entwicklung der Stadt Trier festlegte.

Erfolgreiche Bewältigung des Truppenabzugs erfordert Zusammenarbeit

Auch für das Land Rheinland-Pfalz war die Konversion eine große Herausforderung. Noch 1986 waren in diesem Bundesland in den verschiedenen Standorten noch rund 126.000 Soldatinnen und Soldaten stationiert. Allein sieben Militärflughäfen hatten ihren Standort in Rheinland-Pfalz. Die Aussage, das Bundesland im Südwesten Deutschlands sei der Flugzeugträger der NATO, schien berechtigt. Natürlich erforderte die Bewältigung der Folgen des Truppenabzugs von der Landesregierung in Mainz eine besondere Aktivität: 1994 wurde ein Konversionskabinett geschaffen. Unter der Leitung des Ministerpräsidenten tagten regelmäßig die Vertreter der Ministerien Wirtschaft, Finanzen, Inneres und Arbeit. Das Konversionskabinett sollte vor allem die Arbeit der besonders betroffenen Kommunen unterstützen. Hilfen des Landes, aber auch des Bundes waren erforderlich. Zusammenarbeit war eine Grundvoraussetzung für eine erfolgreiche Lösung der Konversionsaufgabe in Trier.
Durch die Bildung des Konversionskabinetts Rheinland-Pfalz hatte die Stadt Trier einen direkten Ansprechpartner.[71] In Trier hatte der Trierer Stadtvorstand, wie bereits dargestellt, schon im Februar 1990, als sich aufgrund der allgemeinen politischen Entwicklung vereinzelt der Abzug militärischer Streitkräfte und damit die ersten Standortschließungen abzeichneten, eine verwaltungsinterne Arbeitsgruppe gebildet. Beteiligt wurden die von der Konversion besonders betroffenen Dezernate und Ämter. Aufgabe der städtischen Projektgruppe war, laufend den Trierer Stadtrat zu informieren, Entscheidungen vorzubereiten und die Konversionsarbeit mit dem Land Rheinland-Pfalz abzustimmen. Auch die Kontakte mit der Bundesrepublik Deutschland mussten vertieft werden, denn in der Regel befanden sich die Liegenschaften nach einer militärischen Nutzung im Eigentum des Bundes.
In Briefen an den französischen General Morillion und Konsul Jean Salvat hatte der Trierer Oberbürgermeister im März 1990 darauf hingewiesen, dass die Bildung einer Projektgruppe „Konversion“ im Trierer Rathaus das freundliche Miteinander von Franzosen und Deutschen in Trier nicht berühre. „Allen Eventualitäten begegnen“[72] kommentierte die Trierer Presse die Bildung der Trierer Projektgruppe. „Die Truppenreduzierung in der Pfalz hat mehr als deutlich gemacht, wie wichtig die Einrichtung der Projektgruppe ist. Niemand kann heute sagen, ob ihre Arbeit vergeblich sein wird. Aber die Entspannung in Ost und West mit all ihren Folgewirkungen macht es notwendig, für alle Eventualitäten gerüstet zu sein.“

Zwischenbericht und „langfristige Konversionsstrategie“

Im Januar 1995 legte die Trierer Projektgruppe dem Trierer Stadtrat einen ersten Zwischenbericht vor.[73] Bis zu diesem Zeitpunkt waren bereits 20 militärische Liegenschaften zurückgegeben worden.[74] Erste Überlegungen zu den Konversionsliegenschaften „Kaserne Castelforte“, „Kaserne Bertard“, Wohnungen, „Kaserne Nells-Ländchen“ Metternichstraße und „Mattheiser Wald“ wurden in dem Zwischenbericht dargestellt. Auch über die Umnutzung von Konversionsgebäuden im Sozialbereich wurde informiert.

Am 3. Dezember 1996 hatte sich das Konversionskabinett des Landes Rheinland-Pfalz mit anstehenden „Maßnahmen und Projekten in Form einer langfristigen Konversionsstrategie“ für die Stadt Trier beschäftigt. In vorbereitenden Gesprächen waren in Trier die Grundlagen für Trierer Projekte erarbeitet worden. Danach stellte „die Landesregierung für die vom Truppenabzug der französischen Streitkräfte betroffenen Städte ein Paket konkreter Maßnahmen und Projekte zur Verfügung. Hierbei handelt es sich um eine Bündelung von Instrumenten aus den Bereichen Städtebaupolitik, der Wirtschafts- und Verkehrspolitik, der Arbeitsmarkt- und Wohnungspolitik sowie der Umweltpolitik.“[75]

Als Schwerpunktbereiche der Konversion in Trier wurden Trier Nord, der Entwicklungsbereich Tarforster Höhe/Petrisberg und die Industrie- und Gewerbeentwicklung links der Mosel (Kaserne Castellane und französische Brückenbauschule) in dem Schreiben anerkannt.

Abb. 1: Zukunft Trier 2020

Konversion erfordert Stadtentwicklungskonzeption: „Stadtmarketing“

Die Landesregierung wies darauf hin, dass der Abzug der französischen Streitkräfte eine „immense stadtentwicklungspolitische Herausforderung“ sei: „Voraussetzung der Umnutzung freiwerdender Liegenschaften ist daher die Erarbeitung einer langfristig orientierten Stadtentwicklungskonzeption. Innerhalb dieser Stadtentwicklungskonzeption für die Gesamtstadt sollten teilräumliche Konzepte nach entsprechender Prioritätenbildung erstellt werden.“ Die Stadt Trier war in dieser Frage gut aufgestellt, denn schon frühzeitig war eine anwendungsorientierte Stadtentwicklung ein Schwerpunkt Trierer Stadtpolitik. So wurde bereits im Jahr 1992 mit einer Stadtmarketingdiskussion begonnen.[76] Also zu einer Zeit, in der noch nicht zu erkennen war, ob der bereits begonnene Teilabzug der Franzosen in kürzerer Zeit zu einem Totalabzug führen würde. Dieser wurde 1996 verkündet und bis 1999 umgesetzt.

Der Begriff „Stadtmarketing“ wurde oft missverstanden. Auch in Trier. Man unterstellte, dass man mit viel Aufwand ein Werbekonzept erstellen wollte. Zu der Trierer Stadtmarketingdiskussion wurden aber über hundert Bürgerinnen und Bürger aus unterschiedlichen gesellschaftlichen Bereichen eingeladen. Letztlich erging die Einladung, sich an der Diskussion zu beteiligen, an alle Bürgerinnen und Bürger. Die Beteiligung war beachtlich, aber nicht überraschend. Sollte doch über die Zukunft der Stadt diskutiert und ein entsprechendes Konzept erstellt werden.

Die positive Entwicklung einer Stadt ist nicht selbstverständlich. Was muss getan werden, um das „Produkt Stadt Trier" für einen immer stärker werdenden Wettbewerb zu stärken? Denn im Blick auf bestimmte Zielgruppen werden die Städte und Regionen verstärkt als Wirtschaftsstandort, als Lebensraum zum Wohnen, Arbeiten, Studieren, Einkaufen und zur Freizeitgestaltung und Erholungsgebiete miteinander konkurrieren. In der Stadtmarketingdiskussion in Trier wurden Visionen, Ziele und Leitbilder diskutiert und in einem Zukunftskonzept festgelegt. Es ging also nicht um Werbung, die ja im Wesentlichen die gegenwärtige Stadt, die bisherigen Leistungen herausstellt. Es wurde eine langfristige Perspektive der Stadt Trier in einem „Forum Trier 2020" erarbeitet. Das „Forum Trier 2020" war eine Zukunftswerkstatt. Das Ergebnis war eine wichtige Entscheidungsgrundlage für die kommunale Politik. Und es wurde sehr schnell deutlich, dass für die große Herausforderung „Konversion" die Ergebnisse des Stadtmarketings eine wichtige Hilfe darstellten. Offensichtlich auch für das Land Rheinland-Pfalz. Denn Trier wurde zu einer Modellstadt. Konversion bedeutete in Trier „Entwicklung der Gesamtstadt", deren Zukunft in einem Konzept in einer breiten inhaltlichen Diskussion diskutiert worden war. Deshalb war die Stadt Trier eine landesbedeutsame Konversionsmaßnahme. Die Konversion in Trier hatte für das Land Rheinland-Pfalz grundlegende Bedeutung.

Mit der Erarbeitung eines Stadtentwicklungskonzepts wurde im Jahre 1992 begonnen. Zu einem Zeitpunkt, als die Möglichkeiten und Chancen der Konversion noch nicht deutlich waren. Die erarbeiteten Zielvorstellungen waren aber in der Folgezeit sehr hilfreich. Denn Konversion bedeutete konkret, dass innerhalb eines kurzen Zeitraumes in der Stadt Trier zahlreiche Flächen und Gebäude auf dem Markt angeboten wurden. Insbesondere von privater Seite wurden in Trier Nutzungskonzepte entwickelt. Dies ist für eine sinnvolle Stadtentwicklung nicht immer positiv. Hilft die angebotene Nutzung eines Konversionsgeländes oder eines Gebäudes die Ziele des diskutierten und beschlossenen Stadtkonzeptes zu realisieren? Immer wieder wurde in der Folgezeit manches Nutzungskonzept mit „Nein" beschieden. Auch eine schnelle Wiederverwertung eines Konversionsgrundstücks war oft nicht anzustreben. Das in der Stadtmarketingdiskussion erarbeitete Zukunftskonzept war der Maßstab. „Gerade Kommunalpolitik braucht Verankerungen. Im Dschungel der täglichen Sachfragen, der Entscheidungen, findet man sich ohne Wegmarken nicht zurecht. Es besteht sonst die Gefahr, dass man eine „Politik der Eintagsfliegen" praktiziert. Man verliert sich in Einzelheiten, von Zukunftskonzept keine Spur."[77]

Symposium und Workshop „Konversion in Trier"

Im Januar 1995 wurde, wie bereits berichtet, dem Trierer Stadtrat der „Zwischenbericht Konversion 1995" vorgelegt. Es war vor allem die Frage zu klären, wie eine sinnvolle und wirtschaftlich machbare Nutzung der durch den Abzug der Franzosen freiwerdenden Flächen und Gebäude erreicht werden könne. Ein notwendiger Schritt war nun, die Vorstellungen der Stadt Trier in einem größeren Plenum zu diskutieren. Gegebenenfalls sollten auch neue Ideen ergänzt werden. Zunächst wurde am 17. April 1997 zu einem Symposium eingeladen. Auswertige Experten nahmen daran teil. Inzwischen hatten die Franzosen am 17. Juli 1996 angekündigt, 1999 die Stadt Trier endgültig zu verlassen. Somit kam ab diesem Zeitpunkt eine große Zahl von Flächen und Gebäuden auf den Markt. Für die Stadt

Trier entstand ein neuer Handlungsdruck. Ziel musste es sein, Festlegungen zu treffen, um die sich abzeichnende Entwicklung zu steuern.
Das Symposium diente der Vorbereitung eines Workshops, der Anfang Juli 1997 stattfand. Im Auftrag des Landes Rheinland-Pfalz leitete Professor Peter Lammert von der Fachhochschule Koblenz seit 1995 das Forum „Stadtentwicklung und Konversion". In dieser Funktion begleitete er auch die Arbeit in Trier. Er leitete und moderierte den Workshop. Für diese Arbeit in Trier war Lammert besonders geeignet; war er doch vor seiner Tätigkeit in Koblenz Leiter des Stadtplanungsamtes der Stadt Trier.
In dem Workshop diskutierten rund 50 Teilnehmerinnen und Teilnehmer aus unterschiedlichen gesellschaftlichen Bereichen über eine sinnvolle Nutzung der einzelnen Flächen. Maßstab war auch hier die mit der Stadtentwicklung entwickelte Zielsetzung. Darüber hinaus war auch eine wirtschaftliche Nutzung eine wichtige Zielsetzung.
Als „Entwicklungsbereiche von besonderer Relevanz" wurden die Gebiete

- Petrisberg/Tarforster Höhe,
- Trier-Nord/Innenstadt,
- Trier-West/Euren,
- Feyen/Mattheiser Wald

festgelegt. In den einzelnen Arbeitsgruppen wurden erste Vorschläge erarbeitet; natürlich auch im Hinblick auf die Bedeutung dieser Flächen für die Entwicklung der Gesamtstadt. Die Flächenpotentiale und der Flächenbedarf, wurden ermittelt. „Im Hinblick auf die Gesamtentwicklung wurden alle militärischen und zivilen Dispositionsflächen berücksichtigt." Es wurde deutlich: „Wegen der Vielzahl der Flächen ist eine längerfristige Entwicklungsstrategie erforderlich: Nicht alle Flächen können gleichzeitig entwickelt und genutzt werden."[78]

Beteiligung privater Investoren (PPP)?

Ein wichtiger Punkt der Diskussion war in diesem Workshop die Frage, ob bei der Bewältigung der Konversionsaufgabe auch private Investoren einbezogen werden sollten. „Welche Vorleistungen müssen von Stadt und Land für privates Engagement erbracht werden?" heißt es dazu im Ergebnisbericht zum Workshop. Aufgrund der schwierigen Finanzlage der Städte und Gemeinden, insbesondere in Rheinland-Pfalz, war diese Frage sehr schnell beantwortet. Obwohl die Gemeindeordnung den Haushaltsausgleich in jedem Haushaltsjahr „in Planung und Rechnung" gesetzlich vorschreibt (§ 93,4 der Gemeindeordnung), gelang es fast allen kreisfreien Städten nicht, den Haushalt auszugleichen. Die kommunale Finanzkrise, die schon in den 90er-Jahren des vorigen Jahrhunderts die Kommunalpolitik entscheidend beeinflusste, zeigte sich am deutlichsten darin, dass die kreisfreien Städte in Rheinland-Pfalz ihren Haushalt nur über Kassenkredite finanzieren konnten. Ein Zustand, der nur in Ausnahmefällen genehmigt werden sollte, war inzwischen zur Regel geworden.
Wie sollte die Stadt Trier in einer solchen Situation die hohen Investitionen, welche die Konversion erforderte, allein finanzieren? Die Frage, ob man Private an der Bewältigung der Konversionsaufgabe beteiligen sollte, beantwortete sich demnach von selbst. Es ging entscheidend um die Frage, wie man eine Zusammenarbeit zwischen der Stadt und den Privaten organisieren sollte. Das „Zauberwort" hieß „Public-Private-Partnership" (PPP). Die finanzielle Situation der Städte und Gemeinden, die Notwendigkeit, trotz schwieriger Haushaltssituation weiter zu investieren, hatte in den 90er-Jahren des vorigen Jahrhunderts zu Erfahrungen mit PPP und PPP-Modellen geführt. Die teilweise ideologisch geführte Diskussion, ob eine solche Partnerschaft in der Praxis möglich sei, da doch die Interessen der Kommunen als öffentliche Auftraggeber sehr verschieden von den Interessen der am Ge-

winn orientierten privaten Unternehmer seien, war in Trier sehr schnell beendet. Natürlich ist die Gewinnerzielung ein entscheidender Antrieb eines Unternehmens in der der privaten Wirtschaft. Entscheidend war, ein PPP-Modell zu wählen, das die Trier spezifische Gesamtsituation berücksichtigte. Half PPP mit, die Ziele der Konversion zu erreichen? Ausgewählt wurde ein Kooperationsmodell, das sich im Bereich Castelforte und auf dem Petrisberg (Tarforster Höhe), später auch in Trier-Feyen (Castelnau) bewährte. Die Stadt Trier wurde so Gesellschafter eines privatwirtschaftlichen Unternehmens. Hier hatte man nicht die Mehrheit der Gesellschaftsanteile. Der Stadt Trier nahestehende Unternehmen (Sparkasse Trier, Stadtwerke Trier) waren aber ebenfalls Gesellschafter der GmbH. So war eine Kontrollmöglichkeit im Sinne einer ordnungsgemäßen Aufgabenerfüllung gesichert. Die Gesellschaften konnten im Rahmen dieses Modells nach privatwirtschaftlichen Grundsätzen geführt werden. Eine effizientere und wirtschaftliche Arbeit sollte zu einer Kostensenkung führen, Einsparpotentiale sollten genutzt und betriebswirtschaftliches Denken bei der Leistungserbringung stärker berücksichtigt werden.

Ein wichtiger, ein entscheidender Gesichtspunkt war bei den Diskussionen mit dem Stadtrat die Frage, wie auch bei PPP das „Primat der Politik“ gesichert werden könne. Wenn die Konversion wie in Trier ein zentraler Teil der Stadtentwicklung war, dann musste auch bei der Einbindung Privater der Stadtrat den Rahmen der Zusammenarbeit und die inhaltliche Arbeit festlegen. Die Erfahrung zeigt, dass mit den PPP-Projekten bei den Konversionsmaßnahmen in Trier ein erfolgreicher Weg beschritten wurde. Im Evaluierungsbericht zur Konversion in Trier aus dem Jahre 2007 heißt es dazu: „Der bisherige Erfolg der Konversion hat bewiesen, dass das von der Stadt Trier gewählte Modell, in enger Kooperation mit privaten Akteuren die kurz-, mittel- und langfristigen Ziele des Konzepts ‚Zukunft Trier 2020‘ umzusetzen, auch bei zukünftigen Neunutzungen von militärischen, gewerblichen und industriellen Brachen anzuwenden ist. Nur über die enge Verzahnung aller Akteure, Land, Stadt und private Investoren, durch Public-Private-Partnership kann gewährleistet werden, dass die Stadtentwicklung auch weiter im Sinn und zum Wohl der Stadt fortgeführt werden kann. Zusammen mit dem über mehr als zehn Jahre gewonnenen Know-how im Bereich Konversion ergibt sich somit ein großes Potential, mit dem die Stadt langfristig weiter zukunftsfähig gemacht werden kann.“ [79]

---

70 Symposium „Stadtentwicklung und Konversion Trier“, 17. April 1997. Veranstalter Stadt Trier und Land Rheinland-Pfalz, Ergebnisbericht, S. 1

71 Die Trierer Projektgruppe wurde durch Vertreter der verschiedenen Ministerien des Landes Rheinland-Pfalz und der Bezirksregierung Trier (Ab 2000 Aufsichts- und Dienstleistungsdirektion) ergänzt.

72 Trierischer Volksfreud vom 23. März 1990: „Allen Eventualitäten begegnen“ (Norbert Kohler)

73 Zwischenbericht Konversion 1995 der Stadt Trier, vorgelegt von der Projektgruppe Konversion

74 Siehe Kapitel „Das Ende der Garnisonsstadt Trier“, S. 23 ff.

75 Schreiben des Ministers für Inneres und Sport vom 10. Januar 1997

76 Siehe dazu Schröer, Helmut: „Wider eine Politik der Eintagsfliegen“. In: Trierer Weichenstellungen – Ein Beitrag zur jüngeren Stadtgeschichte. Band 1. Trier 2009, S. 13–19

77 Schröer, Helmut: a. a. O., S. 14

78 Stadt Trier, Amt für Stadtentwicklung und Statistik: Dokumentation des Workshops „Stadtentwicklung durch Konversion“ am 1. und 2. Juli 1997. Stadtentwicklungspolitische Ziel- und Strategievorstellungen, Oktober 1997, Ergebnisbericht, S. 1

79 Stadt Trier, Amt für Stadtentwicklung und Statistik: Stadtentwicklung und Konversion in Trier. Evaluierungsbericht zur Konversion in Trier – Aktualisierung, Trier Januar 2007, S. 57

VII. Voraussetzungen

Schwierige Erwerbsverhandlungen

Natürlich stand im Mittelpunkt der öffentlichen Diskussion vor allem die Frage: „Wann beginnt die Umsetzung?". Diese Frage war allerdings nicht einfach zu beantworten. Einige Voraussetzungen mussten vorab geschaffen, Rahmenbedingungen beachtet werden. Es musste zur Kenntnis genommen werden, dass die Stadt nicht Eigentümer der Flächen und Gebäude war. Vor allem war die Bundesrepublik Deutschland Ansprechpartner; mit ihr mussten die Erwerbsgespräche geführt werden. Natürlich erst dann, wenn die militärische Nutzung aufgehoben worden war. In der Regel ermittelte die Bundesrepublik dann den Verkehrswert der militärischen Liegenschaft. Das war die Grundlage der Verhandlungen. Die Frage nach dem Wert einer Konversionsliegenschaft wurde allerdings durch den Verdacht auf Grundwasser- und Bodenverunreinigungen schwieriger. Die militärischen Liegenschaften konnten erst in eine private Folgenutzung überführt werden, wenn die Frage der möglichen Umweltbelastungen im Erdreich und in Gebäuden geklärt war.

In Trier erfolgten die ersten Rückgaben ab 1991/1992. Das erste von den Franzosen zurückgegebene Gebäude lag an der Burgunderstraße auf dem Petrisberg und wurde nach der Rückgabe von der Bundesrepublik Deutschland an die Stadt Trier verkauft. Die Franzosen verabschiedeten sich endgültig im Mai 1999. Die NATO-Siedlung „Auf der Bausch", von Amerikanern genutzt, wurde am 31.3.1995 zurückgegeben. Die Bundeswehr gab ihre Liegenschaften „General-von-Seidel-Kaserne" im Jahre 2012 und „Jägerkaserne" im Jahre 2014 auf.

Rückgabeansprüche?

Bevor von der Stadt Trier Erwerbsgespräche geführt werden konnten, war eine weitere Frage zu klären: Gab es Rückgabeansprüche früherer Eigentümer gegenüber der Bundesrepublik Deutschland? Um diese Frage zu beantworten, mussten die früheren Eigentumsverhältnisse geklärt werden. Wie war der Bund Eigentümer der Grundstücke und Gebäude geworden?

Trier war über Jahrhunderte eine Garnisonsstadt. Immer wieder wurden deshalb Flächen und Gebäude für Militärzwecke benötigt. Diese wurden von der Stadt, aber auch von privaten Eigentümern zur Verfügung gestellt. Ein sehr großer Grundstücksbestand war beispielsweise von den Vereinigten Hospitien abgegeben worden. Von insgesamt 633 Hektar Militärliegenschaften in Trier befanden sich ursprünglich nur 78 Hektar im Eigentum der Stadt Trier. Allein im Jahre 1913, Trier war eine strategisch wichtige Garnisonsstadt in der Rheinprovinz, wurden 28 Hektar veräußert. Eine Enteignung der Grundstücke und Gebäude hatte es nicht gegeben. Die Grundstücke und Gebäude wurden demnach nicht unentgeltlich abgegeben; vielmehr wurde immer ein Kaufpreis gezahlt. Aus heutiger Sicht könnte man über den damaligen Kaufpreis diskutieren. Teilweise wurden Verkäufe getätigt oder Reduzierungen beschlossen, weil man mit dem Verkauf für militärische Zwecke wirtschaftliche Vorteile erwartete. Ausgeschlossen werden kann auch nicht, dass ein vorherrschender Hurrapatriotismus eine Kaufpreiszahlung nach einer angemessenen Wertfindung ausschloss. Durch entsprechende Gesetzgebung in den 50er- und 60er-Jahren, also nach dem Zweiten Weltkrieg, wurde dann die Übertragung an die Bundesrepublik Deutschland geregelt. Die Untersuchung der Stadt Trier hatte das Ergebnis, dass ein Rückgabeanspruch der Stadt Trier nicht begründet werden konnte.[80]

Richtlinien des Bundes für die Veräußerung der Liegenschaften und Gebäude

Für die Veräußerung der Konversionsliegenschaften und der Gebäude hatte der Bund Richtlinien erlassen. Eindeutig war, dass bei den Grundstücksverhandlungen zunächst fiskalische Gründe im Vordergrund stehen sollten. Der Bundeshaushalt sollte entlastet werden. Deshalb war ein möglichst großer Verkaufserlös das Ziel. Die Einnahmeerwartungen waren, das stellte sich bei den Verhandlungen immer wieder heraus, beachtlich. Laut Bundeshaushaltsverordnung waren die Vertreter des Bundes bei den Verhandlungen verpflichtet, die Grundstücke und Gebäude zum vollen Wert zu veräußern. Das war der Wert, der dem Markt entsprach (Verkehrswert). Strukturpolitische Anliegen der Kommunen oder auch Fragen der Stadtentwicklung standen zunächst nicht im Mittelpunkt. Hier gab es eine „normale" Konfliktsituation bei den Verhandlungen. Verhandlungspartner war für die Stadt Trier das Bundesvermögenamt, später Bundesanstalt für Immobilienaufgaben (Nebenstelle Trier – BImA).

Die Richtlinien des Bundes für die Veräußerung der Flächen und Gebäude legten auch fest, dass in einem ersten Schritt geprüft wurde, ob ein Eigeninteresse des Bundes vorhanden war.[81] Als nächster Schritt wurde ein mögliches Interesse des Landes Rheinland-Pfalz erfragt. Ein Beispiel war die Kaserne Casablanca an der Dasbachstraße (Nell's Park) in Trier Nord. Diese Konversionsfläche entwickelte sich zu einem öffentlichen Verwaltungszentrum. Dort wurde eine Unterkunft für Aussiedler und Asylbewerber geschaffen; die Zollfahndung und das Staatsbauamt Trier-Süd fanden dort einen neuen Standort. Auch die Agentur für Arbeit fand auf dem ehemaligen Kasernengelände ihr neues Domizil. Ein Interesse des Landes Rheinland-Pfalz bestand an dem Bureau de Garnison in der Salvianstraße. Nach einer umfassenden Sanierung wurde dieses Gebäude ein zweiter Standort des Polizeipräsidiums in Trier.

Der Mattheiser Wald war eine rund 336 Hektar große Konversionsfläche und diente über viele Jahre als militärisches Übungsgelände. Eigentümer waren das Land Rheinland-Pfalz und die Bundesrepublik Deutschland. Und selbstverständlich hatte die Stadt Trier nicht die Absicht, die Konversionsliegenschaft „Mattheiser Wald" zu erwerben. Die zukünftige Nutzung des Geländes war vorgegeben: Der Mattheiser Wald sollte ein Naherholungsgebiet werden. Ein kleiner Teil wurde Bundesforst und der weitaus größte Teil Landeswald (Staatsforst).[82]

Das französische Lazarett „André Genet" wurde im Oktober 1963 offiziell eingeweiht. Dieses Krankenhaus auf der Tarforster Höhe entsprach höchsten Ansprüchen und sicherte die medizinische Versorgung der französischen Bevölkerung in Trier. Die Umnutzung des französischen Lazaretts bestimmte über einen langen Zeitraum in Trier und im Lande Rheinland-Pfalz die politische Diskussion. Besonders als im Juni 1992 eine Abschiedsparade stattfand, und die

Franzosen diese Konversionsliegenschaft zurückgaben. Für die Universität ergab sich die Möglichkeit einer Erweiterung – ein Glücksfall. Wie hätte sich die Trierer Universität ohne die Konversion entwickelt? Das Interesse des Landes Rheinland-Pfalz führte zu Verhandlungen mit dem Bund und letztlich zum Kauf. Nach der umfangreichen Sanierung und dem Ausbau hat die Trierer Universität heute auf der Tarforster Höhe ein zweites Standbein, den Campus II.[83]

Die Stadt Trier wurde erst angesprochen, wenn die Bundesrepublik Deutschland und das Land Rheinland-Pfalz kein Interesse an einem Grundstück bekundeten. Die finanzielle Situation der Stadt setzte aber dem Kauf einer Konversionsliegenschaft durch die Stadt Trier ohnehin enge Grenzen. Für einzelne Verwertungen für öffentliche Aufgaben der bundeseigenen Liegenschaften wurden später Preisnachlässe bis zu 50 Prozent gewährt. Diese besondere Regelung galt beispielswiese für den sozialen Wohnungsbau, Altersheime und Bildungseinrichtungen. Bei angespannter Finanzlage einer Kommune wurde darüber hinaus eine Stundung des Kaufpreises ermöglicht. Unter bestimmten Voraussetzungen konnte auch eine Ratenzahlung vereinbart werden. Diese günstigen Regelungen waren für die Stadt Trier in mehreren Fällen hilfreich. So wurden ehemalige französische Schulgebäude, zahlreiche Wohnungen und Gebäude für Senioreneinrichtungen und Kindertagesstätten von der Stadt Trier erworben.[84]

Mehrfach wurde ein Zwischenerwerb durch die Stadt Trier getätigt. Die entsprechende Liegenschaft wurde zunächst von der Stadt Trier erworben und so aus dem Angebot des Bundes herausgenommen. Das Grundstück oder das Gebäude wurde von der Stadt „vorgehalten", um dann später einen geeigneten privaten Erwerber zu berücksichtigen. Beispielhaft für ein solch strategisches Vorgehen war der Zwischenerwerb der Kaserne Castelforte in Trier-Nord, des Casinos am Kornmarkt[85] und der ehemaligen NATO-Siedlung „Auf der Bausch". Auch auf dem Petrisberg wurde das Gelände zunächst von der Stadt Trier erworben und dann später an die Entwicklungsgesellschaft Petrisberg (EGP) verkauft.

Schwierige Grundstücksverhandlungen – Private Interessen

Wenn die Stadt Trier das Interesse für ein Konversionsprojekt bekundete, bedeutete dies nicht, dass sich die Verhandlungen problemlos gestalteten. Die Preisvorstellungen der Verhandlungspartner waren oft sehr unterschiedlich. Die Verhandlungen zwischen der Bundesrepublik, vertreten durch das Bundesamt für Immobilienaufgaben Nebenstelle Trier (BImA), waren deshalb nicht immer einfach.

Die Konversion entwickelte sich, das wurde an der Verhandlungsdauer deutlich, schon in den 90er-Jahren des vorigen Jahrhunderts zu einem Dauerthema. Als die Franzosen im Mai 1999 Trier endgültig verließen und damit letztlich bis auf das Geländer Burgunderstraße alle Gebäude und Flächen zurückgaben, berichtete die Trierer Presse: „Au revoir amis – aber was wird aus eurem Erbe?"[86] Hinter den Kulissen „habe schon längst das große Tauziehen um die Hinterlassenschaft an Gebäuden und Flächen eingesetzt." Intensive Verhandlungen über einzelne Konversionsprojekte zwischen der Stadt Trier und dem Bundesvermögensamt begannen zeitlich bereits weit vor 1999. In der Septembersitzung-Sitzung des Stadtrates im Jahre 1992 „beauftragte das Bürgerparlament die Stadtverwaltung, in Verhandlungen die Voraussetzungen zu schaffen, dass die freiwerdenden Militärareale möglichst schnell zivil genutzt werden können. Dies betrifft insbesondere die Kaserne Castelforte und die Wohnungen französischer Militärangehöriger in Trier-Nord."[87]

Das Grundstück „Castelforte" wurde bis auf kleine Restflächen bereits 1992 zurückgegeben. Die notariellen Verträge für Castelforte in Trier Nord und der Wohnsiedlung „Auf der

Bausch" im Pfalzeler Wald wurden erst im Juni 1996 unterzeichnet. Die Verhandlungspartner hatten über einen längeren Zeitraum bei beiden Grundstücken andere Preisvorstellungen. „Castelforte: Preis ist noch zu heiß" beschrieb die Trierer Presse am 3. Februar 1996 die schwierigen Kaufverhandlungen. Natürlich spielte bei den Verkaufsverhandlungen die später vorgesehene Nutzung des Grundstücks eine wichtige Rolle. Kontroverse Einschätzungen über den Grundstückpreis bestimmten immer wieder die Diskussion. „Es war ein Ringen um Steuergroschen auf verschiedenen Ebenen", wurde der Präsident der Oberfinanzdirektion Koblenz Konrad Laube als Vertreter der Bundesvermögensverwaltung zitiert, als er am 18. Juni 1996 dem Trierer Oberbürgermeister die Schlüssel von Castelforte und „Auf der Bausch" überreichte. Über den Kaufpreis machte man bei diesem Anlass selbstverständlich keine Angaben. „Laube: ‚Über Geld spricht man nicht'. Jedenfalls war zu vernehmen, dass beide Seiten ‚kontrovers diskutiert haben' und keiner den anderen übervorteilt hat."[88]

Schwierige Verhandlungen wurden besonders beim Erwerb der Liegenschaft „Auf der Bausch" deutlich. „Gerangel um EX-US-Siedlung" hieß es am 7. Juni 1995 in der Trierer Presse. Die Stadt Trier hatte für das Gelände „Auf der Bausch" bereits frühzeitig Interesse bekundet. Geplant war, dieses Grundstück an die „Wohnungsbau und Treuhand AG, gbt" weiter zu veräußern. Eine für den Trierer Wohnungsmarkt verträgliche Nutzung sollte gesichert, eine Nutzung der 90 Wohnungen als Sozialwohnungen vermieden werden. Die abgeschiedene Lage zwischen Biewer und Ehrang barg nach Meinung der Stadt Trier erhebliche Probleme. Die Gefahr einer Ghetto-Bildung erschien sehr groß. Es gab aber auch mehrere Nachfragen privater Interessenten. Das Bundesvermögensamt hatte ein Wertgutachten erstellt und das Grundstück bundesweit zum Verkauf angeboten. Offensichtlich ergab diese Ausschreibung aber nicht das erhoffte Ergebnis, so dass die Verhandlungen zwischen dem Bund und der Stadt wieder aufgenommen wurden. Am 30. Mai 1996 beschloss der Stadtrat, das Grundstück „Auf der Bausch" für 9,5 Millionen DM zu erwerben. Am 5. September 1996 folgte in der Sitzung des Stadtrates der Beschluss, das Grundstück an die „gbt" weiter zu veräußern.

Für die Konversionsliegenschaften gab es von Anfang ein Interesse von privaten Investoren. Grundsätzlich war dies sehr erfreulich. Es gab aber immer wieder Diskussionen. Die von den privaten Interessenten vorgeschlagene Nutzung entsprach oft nicht den städtischen Entwicklungszielen. Privat veräußert wurde das Soldatenwohnheim in der Moltkestraße. Dort wurde eine ärztliche Nutzung (Pathologie) ermöglicht. 1999 wurde das ehemalige „Maison de France" an der Basilika mit Zustimmung der Stadt privat erworben und ein Einzelhandelsgeschäft (Modehaus Marx) großzügig erweitert. Die Eröffnung fand im August 2001 statt. Eine besondere Situation ergab sich im Bereich der ehemaligen Brückenbauschule (École de Ponts) am Teichweg. Das Gelände (9,5 Hektar) wurde 1999 zurückgegeben. Hier machte die Bundesrepublik Deutschland (Bundesverkehrsministerium) für einen Teilbereich Ansprüche geltend. Dieses Gelände wurde für den Ausbau der Moselschleuse, einer wichtigen Infrastrukturmaßnahme, benötigt. Eine weitere Fläche (2,1 Hektar) wurde als Retentionsraum ausgewiesen. Auch hier beanspruchte die Bundesrepublik das Gelände. 2,2 Hektar wurden an einen privaten Investor verkauft, der dort den vorher schon vorhandenen Gartenbaubetrieb erweiterte. Zusätzliche Arbeitsplätze wurden geschaffen.

In einigen Fällen konnte die Stadt Trier auf die Entwicklung der Liegenschaften durch einen städtebaulichen Vertrag Einfluss nehmen. Ein Beispiel ist die ehemalige französische Wohnsiedlung in Weismark-Feyen. Die Übernahme dieses großen Wohnbereiches durch einen privaten Investor ist exemplarisch für eine sehr positive Stadtentwicklung. Wie ein Riegel trennte dieses Wohnareal (ca. 410 Bestandswohnungen und 8 Einfamilienhäuser) die Stadtteile Weismark und Feyen. Der Stadtrat hatte beschlossen, auf den Erwerb dieser Liegenschaft durch die Stadt zu verzichten. Voraussetzung war ein städtebaulicher Vertrag, der mit dem privaten Erwerber geschlossen werden sollte. In ihm sollten die städtebauliche Entwicklung, der erforderliche Planungsprozess und die grundsätzlichen Aussagen zur Kostenregelung enthalten sein. Als Interessent verhandelte die Aachener Siedlungs- und Wohnungsbaugesellschaft GmbH mit dem Bundesvermögensamt über den Erwerb der Liegenschaft. Gleichzeitig wurden die Inhalte des städtebaulichen Vertrages mit der Stadt Trier festgelegt. Es entstanden durch Umbau und Sanierung 439 Eigentumswohnungen.

Das Kino-Forum [89]

Sollte die Stadt Trier eine Konversionsliegenschaft erwerben, oder sollte ein privater Erwerber den Vorrang haben? Diese Frage wurde besonders intensiv und kontrovers im Stadtrat über das ehemalige französische Kino-Forum in der Gerty-Spies-Straße (früher Hindenburgstraße) diskutiert. Das Gebäude wurde 1955/56 für die französischen Militärs erbaut und ist ein Kulturdenkmal, in Rheinland-Pfalz einer der wenigen erhaltenen Kinobauten der 50er-Jahre. Das Kino musste als Denkmal in „seiner äußeren und (seinem) Erscheinungsbild“ erhalten bleiben. Es kam hinzu, dass das Gebäude auch in einem Grabungsschutzgebiet lag. Reste des römischen Kapitols, des Haupttempels des römischen Trier, wurden dort mit Wahrscheinlichkeit vermutet.

Für das Gebäude gab es private Interessenten. Auch aus den Dezernaten des Rathauses wurden städtische Nutzungen vorgeschlagen. Das Bundesvermögensamt drängte auf einen kurzfristigen Verkauf. Eine Weiternutzung als Kino war ein weiterer Vorschlag. Dort sollten Filme gezeigt werden, die in einem Multiplex-Kino keine Berücksichtigung fänden. Der Vorstand der Tufa, des alternativen Kulturzentrums in Trier, entwickelte eine Konzeption, welche die Übernahme des Forums durch den Tufa-Dachverband vorsah. Um der Raumnot im Trierer Rathaus zu begegnen, wurde vorgeschlagen, im Forum städtische Sitzungsräume zu schaffen. Für das angrenzende Gymnasium wurde die Herrichtung des Filmsaales als Turnhalle angeregt. Natürlich wurde für das Trierer Theater das Kino-Forum als Standort für eine Probebühne vorgeschlagen. Auch der „Offene Kanal Trier“ meldete sich, um seine schwierige Standortsituation, damals noch im Exzellenzhaus in Trier-Nord, zu verbessern.

In mehreren Stadtratssitzungen wurde das Thema „Nutzung des Forums in der Zukunft“ diskutiert. Dabei hatte der Trierer Stadtvorstand dargestellt, dass aus seiner Sicht nicht vorgesehen sei, die Liegenschaft zu kaufen. Die Stadt Trier könne sich einen solchen Kauf und die für die vorgeschlagenen Nutzungen entstehenden Folgekosten nicht leisten. Eine weitere „überwiegend öffentliche kulturelle Nutzung des ehemaligen Forums“ wäre auch unter Berücksichtigung der vorhandenen kulturellen Infrastruktur der Stadt Trier nicht zu vertreten. Die bereits bestehenden Kultureinrichtungen in der Stadt Trier ständen auf Grund der schwierigen Haushaltslage der Stadt ohnehin auf dem Prüfstand. Am 4. April 2000 kam es zur abschließenden Behandlung des Themas im Trierer Stadtrat. Der Oberbürgermeister wies in der Diskussion darauf hin, „für die Stadt habe das Konversionsprojekt Kasino am Kornmarkt klare Priorität. Trier habe andere, vordringlichere Probleme als das Forum-Kino.“ [90] Der Antrag des Trierer Stadtvorstandes, „aus wirtschaftlichen und organisatorischen Gründen weder den Kauf noch eine städtische Nutzung des Forum-Kinos“ zu beschließen, fand danach eine Mehrheit. Damit waren die Zeichen für den Verkauf an einen privaten Pächter gestellt. Am 4. Dezember 2002 erlebte das Forum eine Wiedergeburt. Der Käufer hatte Pächter gefunden, die mit einer Mischung aus Gastronomie und kulturellen Angeboten ein Konzept vorlegten, das in den ersten Jahren nach der Wiedereröffnung erfolgreich war.

Castelforte im Widerspruch der Interessen [91]

Mit rund 15 Hektar war das Konversionsgrundstück „Castelforte“ [92] am Eingang der Stadt besonders bei privaten Investoren begehrt. „Aber es gibt auch Ärger – bei der Stadt, die sich ihre Vorstellungen jüngst in einem Architektenwettbewerb präzisieren ließ. Und bei Unternehmern, die gerne ein Stückchen vom Konversionskuchen abhätten“ [93], beschrieb die Trierer Presse die Situation. Castelforte war ein „Filetstück“. Und wenig überraschend gab es privates Interesse, dort ein SB-Warenhaus oder ein Multiplexkino zu errichten. Diese Nutzungen entsprachen aber nicht den Zielvorstellungen, wie sie im Rahmen des Stadtmarketing formuliert worden waren. Einzelhandel war seit Jahren ein zentrales Thema der Trierer Kommunalpolitik. Als eine der ersten Städte in der Bundesrepublik hatte die Stadt ein Einzelhandelsversorgungskonzept entwickelt, das der Stadtrat bereits im Dezember 1977 verabschiedete. Damals war schon die Ansiedlung von großflächigen Verbrauchermärkten „auf der grünen Wiese“ in der Bundesrepublik eine Herausforderung für die Kommunalpolitik. „Bundesweit hatten die Verbrauchermärkte im Jahre 1962 noch einen Marktanteil von null Prozent, der sich, so die Voraussage, bis 1980 auf 15 Prozent steigern werde. Gleichzeitig werde der Marktanteil der mittelständischen Einzelunternehmen von 41 Prozent im Jahre 1962 auf 18 Prozent im Jahre 1980 zurückgehen. [94]

Das 1977 verabschiedete Konzept, das in den Folgejahren fortgeschrieben wurde, war Ausdruck des politischen Willens, die Standortwahl von größeren Einzelhandelsprojekten (Verbrauchermärkten) so zu beeinflussen, dass schädliche Auswirkungen auf die gesamte Stadt, insbesondere die Innenstadt, vermieden würden. Zielaussagen des Konzeptes, so hieß es in der Stadtratsvorlage, waren „bei der Erarbeitung und Aufstellung der Bauleitpläne (Flächennutzungspläne und Bebauungspläne) und bei Investitionsentscheidungen der Stadt zu berücksichtigen.“ [95] Der Stadtrat hatte der Stadtverwaltung demnach eine politische Richtschnur vorgegeben. Entsprechend wurden alle Anträge von privaten Investoren, auf der Konversionsliegenschaft „Castelforte“ einen Einzelhandels-Verbrauchermarkt zu errichten, abgelehnt.

Das galt auch für die Errichtung eines Multiplexkinos. Ein großes Kino „auf der grünen Wiese“ widersprach dem beschlossenen Stadtentwicklungskonzept. [96]

Altlasten

Bei der Ermittlung des Verkehrswertes eines Gebäudes oder eines Grundstücks wurde zunächst geklärt, welche Nutzung in Zukunft möglich war. Lassen der Zustand und die Lage des Grundstücks eine geplante Nutzung zu? Ein Problemschwerpunkt war im Rahmen der Konversion aber auch die Altlastenfrage. Eine Untersuchung des Landes Rheinland-Pfalz aus dem Jahre 1999 ergab eine Gefahr durch Altlasten bei „fast jeder zweiten der bisher geräumten fast 500 Militär-Liegenschaften in Rheinland-Pfalz.“ [97] Durch die militärische Nutzung wiesen die zurückgegebenen Grundstücke Schadstoffbelastungen etwa mit Treibstoffen, Ölen oder anderen Chemikalien auf. Eine Sanierung war dringend geboten. Vor allem musste dies ordnungsgemäß vor dem Erwerb geklärt werden. Dabei spielte die Kostenfrage eine große Rolle: Wer trägt die Kosten der Sanierung bei der militärischen Konversion?

Diese Sanierung war zeitaufwendig; eine direkte Nutzung der zurückgegebenen Fläche war in der Regel nicht möglich. Auch in der Trierer Presse war dies ein Thema: „Alle, die drängen, können dies tun", sagt Schröer, „aber der Oberbürgermeister will nicht ins Gefängnis." Mögliche Altlasten ließen die Stadt mit Bedacht handeln. „Bevor die Stadt das Gelände übernimmt, muss diese Frage geklärt sein, um Regressansprüche zu vermeiden." [98]

In Trier war eine sachgerechte Bearbeitung der Grundstücksrisiken selbstverständlich. Der erste Schritt war, auf das Grundstück bezogen, eine historische Erkundung. Es folgte eine Detailuntersuchung, anschließend wurde ein Sanierungsplan erstellt. Ziel war ein saniertes Grundstück, das sich für eine geplante Folgenutzung eignete. In der Regel waren der Umfang und das Ausmaß einer Bodenbelastung zum Zeitpunkt der Wertermittlung noch nicht klar. Bei einem Verkauf eines möglicherweise belasteten Grundstücks haftete der Bund maximal bis zur Höhe des Kaufpreises. Dabei hatte sich der Käufer mit 10 Prozent an den nachträglichen Untersuchungs- und Sanierungskosten zu beteiligen. Die Klärung der Altlastenfrage war auch in Trier bei vielen Grundstücken eine erhebliche Herausforderung.

---

80 Vorlage für die Sitzung des Stadtvorstandes der Stadt Trier am 24. Februar 1992

81 Siehe dazu: Kapitel IV. „30 Jahre Stadtentwicklung in Trier – Instrumente und Handlungsmöglichkeiten", S. 36 ff.

82 Siehe dazu: Kapitel IX. 2. „Der Mattheiser Wald – Militärisches Übungsgelände wird Landschaftsschutzgebiet", S. 105 ff.

83 Siehe dazu: Kapitel IX. 10. „Hospital – Erfolgreiche Konversion,ein Glücksfall für die Universität", S. 193 ff.

84 Siehe dazu: Kapitel VIII. 2. „Chancen: Wohnungsmarkt, soziale Infrastruktur, Schulen", S. 84 ff.

85 Siehe dazu: Kapitel IX. 9. „Casino am Kornmarkt". S. 185 ff.

86 Trierischer Volksfreund vom 25. März 1999

87 Trierischer Volksfreund vom 14. September 1992: „Schröer: ‚Unsere Kreativität alleine reicht nicht ..."

88 Trierischer Volksfreund vom 19. Juni 1996: „Stadtareal 23 Hektar größer"

89 Siehe dazu: Kapitel V. „Stadtteilprägende Einflüsse – Militärische Vergangenheit wird sichtbar", S. 46 ff.

90 Trierischer Volksfreund vom 6. April 2000

91 Vgl. dazu Kapitel 5 und 6 „Castelforte: Ein attraktives Grundstück am Eingang der Stadt mit einer Arena" und „Castelforte – Eine Nachbetrachtung: Akteure der Stadtentwicklung – Wer entwickelt die Stadt?", S. 145 ff. und 159 ff.

92 Siehe dazu: Kapitel IX. 5. „Castelforte – Ein attraktives Grundstück am Eingang der Stadt mit einer Arena", S. 145 ff.

93 Trierischer Volksfreund vom 6. August 1994: „Castelforte: Um Filetstücke wird gestritten."

94 Siehe dazu: Stadtverwaltung Trier, Amt für Stadtentwicklung und Statistik: Zur Situation und künftigen Entwicklung des Einzelhandels in Trier. Trier 1976, S. 41

95 Vorlage für den Trierer Stadtrat 282/77, behandelt am 1. Dezember 1977

96 Ein Multiplexkino (Cinemaxx Kino) wurde in der Trierer Innenstadt am 15. Februar 2000 in der Moselstraße eröffnet.

97 Trierischer Volksfreund vom 5. Juli 1999: „Fast jedes zweite Areal in Verdacht"

98 Trierischer Volksfreund vom 6. August 1994: „Der Oberbürgermeister will nicht ins Gefängnis."

VIII. Chancen der Konversion

Am 17. Juli 1996 wurde die Stadt Trier offiziell über den endgültigen Abzug der französischen Streitkräfte informiert. Zufällig war an diesem Tag abends eine Sitzung des Trierer Stadtrates. Eine Information und einige grundsätzliche Einschätzungen waren durch den Oberbürgermeister notwendig. Seit Beginn der 90er-Jahre des vorigen Jahrhunderts waren schon einzelne französisch genutzte Flächen und Gebäude von den französischen Militärs zurückgegeben worden. Die offizielle Mitteilung über den endgültigen Abzug der französischen Einheiten war aber für die Stadt Trier ein historischer Einschnitt. Es war sicher an diesem Abend noch zu früh, diesen Schritt umfassend in seiner ganzen Tragweite bewerten zu können. Die Konsequenzen des angekündigten Abzugs aus Trier waren in ihrer Gesamtheit noch nicht zu überschauen. Es war aber vorauszusehen, dass die Betroffenheit in Trier sehr groß war. Die Franzosen waren in Trier seit Jahren Mitbürgerinnen und Mitbürger, keine „Fremdkörper" in der Stadt Trier. Die Franzosen waren ein Stück Europa in Trier. Die politische Entwicklung in den zurückliegenden Jahrzehnten hatte zu einem freundschaftlichen Miteinander von Trierern und Franzosen geführt.

Die Triererinnen und Trierer betrachteten die Entwicklung mit gemischten Gefühlen. Die Probleme und Risiken waren greifbar. Aber die Chancen? Das Ergebnis ist bekannt. Die Konversion war für die Stadt Trier eine große Chance. Darauf wies Oberbürgermeister Schröer in der Sitzung des Stadtrates am 17. Juli 1996 schon hin: „Die Standortaufgabe bietet mittel- und langfristig neue Chancen und Perspektiven für unsere Stadt. Ich erinnere in diesem Zusammenhang an die erfolgreiche Umwidmung der Eurener Flur von einem militärisch genutzten Gebiet zu einem modernen Industriegelände. Wir sollten also die Chancen sehen, die mit diesem historischen Schritt des Abzugs der Franzosen aus unserer Stadt auch verbunden sind."[99] Die Konversion war natürlich eine große Herausforderung. Ein Wandel in zahlreihen Bereichen der Stadt stand bevor. Dieser Wandel wurde in Trier als Chance begriffen.

VIII. 1. Chancen: Innenentwicklung statt Außenentwicklung

Beitrag zur sparsamen Verwendung von Grund und Boden

Die in Zukunft freiwerdenden ca. 500 Hektar, davon 105 Hektar Kasernen, 47 Hektar Wohnungen und öffentliche Einrichtungen und 353 Hektar Übungsplätze/Freigelände eröffneten für die Stadtentwicklung Triers neue Perspektiven. In Trier lagen aufgrund der historischen Entwicklung die Flächen in verschiedenen Stadtgebieten, weil jeweils bei neuen Kasernenanlagen im Laufe der Jahrzehnte diese in der Regel jeweils am Stadtrand errichtet wurden und die Stadt dann in der weiteren Entwicklung diese Flächen „umschloss".

In einer ersten Einschätzung der möglichen künftigen Nutzungen aus dem Jahr 1990 ergaben sich Nutzungspotentiale für Wohnen von 50 Hektar, Gewerbe 38 Hektar, Gemeinbedarfsflächen von 64 Hektar und 353 Hektar Grün- und Waldflächen.

Um den dringenden Bedarf an Wohnbauflächen zu decken hatte die Stadt Trier nach entsprechenden Bedarfsermittlungen und Voruntersuchungen im Jahr 1993 drei städtebauliche Entwicklungsmaßnahmen beschlossen: Tarforster Höhe, Ruwer Zentenbüsch und Brubacher Hof.

In der Diskussion über die künftige Entwicklung der Wohnbauflächen spielte eine wesentliche Rolle, dass neben den freiwerdenden militärisch genutzten Flächen auch ca. 1200 Wohnungen freigeräumt wurden. Dies entfachte die Diskussion darüber, ob es noch zielführend sei, die Städtebaulichen Entwicklungsmaßnahmen weiterzuführen.

Im Ergebnis wurden die Satzungen für die Maßnahmen Ruwer-Zentenbüsch und Brubacher Hof aufgehoben. Festgehalten wurde – weil schon die Planung weit fortgeschritten war – an der Entwicklungsmaßnahme Tarforster Höhe. Dies stellte sich auch später als richtig heraus, weil die Schaffung neuer Wohnbauflächen auf den bisher militärisch genutzten Arealen auch eine Vorlaufzeit von ca. fünf Jahren benötigte.

Durch die Aufhebung der Entwicklungssatzungen auf der Grundlage der Konversionsflächen leistete die Stadt Trier auch einen Beitrag zur sparsamen Verwendung von Grund und Boden.

Die Wiedernutzung freigegebener militärischer Liegenschaften wird grundsätzlich als wichtiger Beitrag zur Umsetzung des Flächensparziels des Bundes und der Länder eingestuft, wenn dadurch eine Flächenneuinanspruchnahme andernorts vermieden werden kann. Die Ausweisung von Bauland auf Konversionsflächen muss sich lokal jedoch an den Marktgegebenheiten,

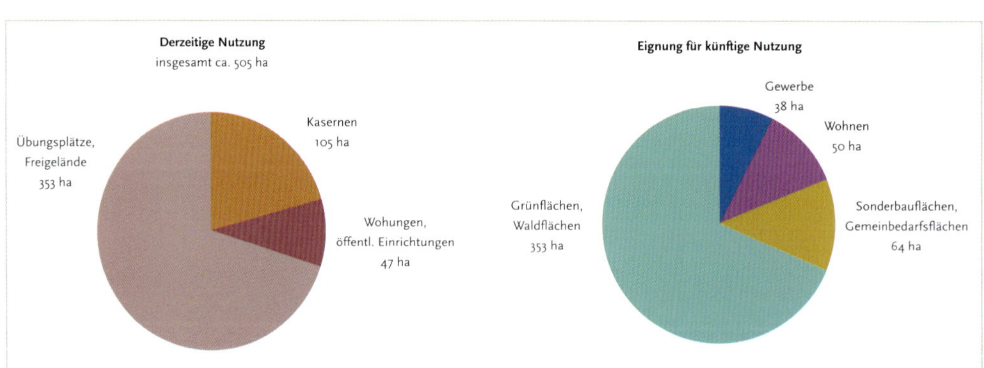

Abb. 1: Militärisch genutzte Flächen der französischen Streitkräfte in der Stadt Trier 1990
Derzeitige Nutzung ca. 505 Hektar/Eignung für künftige Nutzung

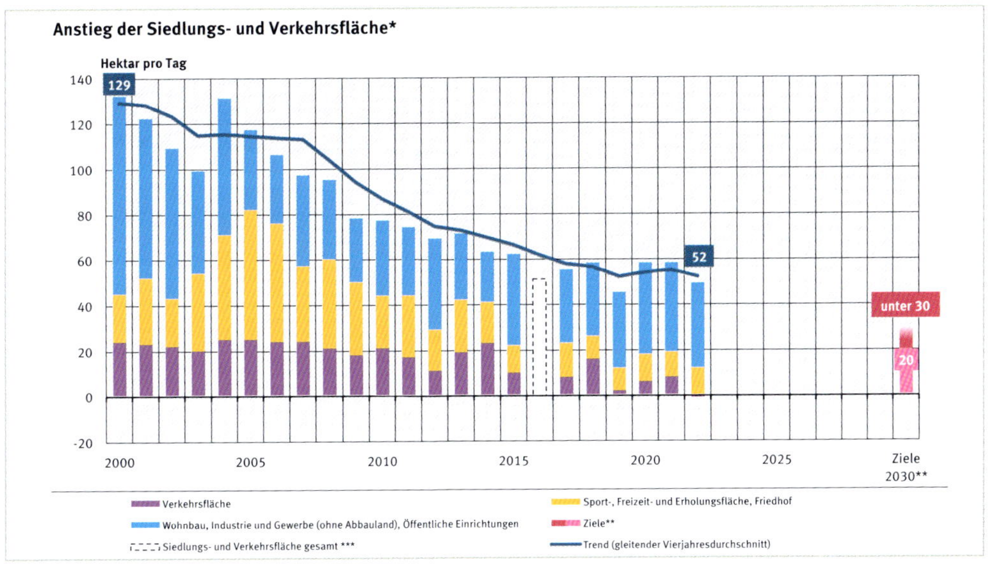

Abb. 2: Anstieg der Siedlungs- und Verkehrsfläche in Hektar pro Tag

am Bedarf und an der Wirtschaftlichkeit orientieren.

Die Priorisierung von Baulandreserven verfolgt das Ziel, entsprechend den Forderungen eines nachhaltigen Flächenmanagements die Innenentwicklung und eine ressourcenschonende Flächennutzung in der Kommune zu fördern und gleichzeitig bestehende Vermögenswerte zu bewahren und zu nutzen.[100]

Täglich werden in Deutschland rund 55 Hektar als Siedlungsflächen und Verkehrsflächen neu ausgewiesen. Fläche ist jedoch – wie auch der Boden – eine endliche Ressource, mit der der Mensch sparsam umgehen muss, um sich seine Lebensgrundlagen zu erhalten. Flächenverbrauch ist ein schleichendes Phänomen. Bürger und selbst politische Entscheidungsträger nehmen es kaum wahr. Daher mangelt es weithin am nötigen Problembewusstsein.[101]

Der „Flächenverbrauch" im Jahr 2021 betrug noch 55 Hektar pro Tag.[102] Er ist zwar in den letzten Jahren gesunken, allerdings noch weit entfernt vom Ziel auf einen Wert von unter 30 Hektar pro Tag zu kommen.[103]

Notwendig ist zum einen, den Flächenverbrauch wie geplant zu reduzieren. Zum anderen müssen bestehende Siedlungsflächen und Verkehrsflächen auch besser genutzt werden. Hierzu sind viele Maßnahmen denkbar. Zum Beispiel: Eine nachhaltige Siedlungsentwicklung, die dem Prinzip „Innen vor Außen" folgt. Statt des Neubaus auf der „grünen Wiese" suchen Kommunen ihren Außenbereich zu schonen, indem sie auf verträgliche Art und Weise ihre Möglichkeiten zur Innenentwicklung (Brachflächen, Baulücken, Leerstände) ausschöpfen. Trier hat die Flächennutzungsplanung und die Aufstellung der Bebauungspläne schon sehr früh an die neue Situation angepasst, nicht nur durch die Aufhebung der beschlossenen Entwicklungssatzungen, sondern auch durch neue Bedarfsberechnungen zum Wohnflächenbedarf. So zuletzt unter Berücksichtigung der bisher militärisch genutzten Flächen (Jägerkaserne und Castelnau-Mattheis (ehemaliges Projekt Handwerkerpark) im „Flächennutzungsplan 2030".[104]

VIII. 2. Chancen: Weiternutzung der zivilen Einrichtungen

Wohnungsmarkt, Soziale Infrastruktur, Schulen

Die Franzosen gaben schon Anfang der 90er-Jahre des vorigen Jahrhunderts zahlreiche Wohnungen in Trier zurück. Das hatte unmittelbare Auswirkungen auf den Trierer Wohnungsmarkt. Durch die Neunutzung ehemals französischer Liegenschaften und Gebäude konnten aber auch wichtige Ausbaumaßnahmen im Bereich der sozialen Infrastruktur und der Schulen durchgeführt werden.

Der Bevölkerung ein angemessenes Wohnungsangebot zu machen, hatte in der Stadt Trier stets eine hohe Priorität. Das ist nicht verwunderlich, hatte doch die Wohnungsversorgung unmittelbare Auswirkungen auf die Bevölkerungsentwicklung der Stadt Trier. Noch 1971 hatte die Stadt Trier 103.387 Einwohner. 1976 sank die Bevölkerungszahl unter die 100.000-Einwohnergrenze. Trier verlor den Status „Großstadt". Die Zahl ging in den Folgejahren weiter zurück; bis 1986 auf 93.076. Erst 2001 wurde wieder die Einwohnerzahl von 100.000 überschritten.[105]

Ein wichtiger Grund für diese negative Entwicklung war das fehlende Wohnungsangebot. Auch das angebotene Bauland für den privaten Wohnungsbau entsprach bei weitem nicht der Nachfrage. Die Rückgabe der von den Franzosen genutzten Wohnungen ist ein überzeugendes Beispiel, welche Chancen die Konversion bot. Der „Bericht zur Wohnungsbauentwicklung der Stadt Trier 1993" hatte eine große Nachfrage nach Wohnungen, insbesondere im Sozialen Wohnungsbau, aufgezeigt, der kein angemessenes Angebot gegenüberstand. So waren im Frühjahr 1993 in der Stadt Trier 1.240 Fälle registriert, die keine oder nur unzureichende Wohnungsunterkünfte hatten. Im Stadtrat sprach man von „Warteschlangen wie in den ersten Nachkriegsjahren".

In der Sitzung am 19. Dezember 1990 beschäftigte sich der Stadtrat bereits mit den zu erwartenden Folgen der geplanten Truppenreduzierungen. Erste Planungs- und Nutzungsüberlegungen (Zielvorstellungen) wurden vorgestellt: „Für die verschiedenen Gruppen auf dem Wohnungsmarkt soll ausreichender Wohnraum geschaffen werden; dies vor allem durch öffentlich geförderten Wohnungsbau, Stadterneuerung und bedarfsgerechte Wohnungsbelegung. Weiterhin durch Förderung des frei finanzierten Wohnungsbaus mit unterschiedlichen Wohn- und Eigentumsformen und durch planungsrechtliche Bereitstellung eines ausreichenden Flächenangebotes."[106]

Der gravierende Wohnungsmangel war auch das Thema der Juni-Sitzung 1991 des Stadtrates. Das städtische Parlament forderte ein „verstärktes Bemühen um die freiwerdenden Wohnungen der französischen Militärangehörigen." Ziel müsse es sein, „leerstehende Wohnungen in französischen Siedlungen kurzfristig an einheimische Suchende zu vergeben."[107]

Die Konversion bot eine große Chance: Im Bereich des „Sozialen Wohnungsbaus" konnte die Rückgabe der bis dahin französisch genutzten Wohnungen sehr schnell für eine spürbare Entlastung sorgen. Immerhin wurden insgesamt, einschließlich des Konversionsgebietes „Auf der Bausch", 1.340 Wohnungen zurückgegeben. Auch die Trierer Presse berichtete über die positiven Auswirkungen der Konversionswohnungen für den Trierer Wohnungsmarkt: „Der Trierer Wohnungsmarkt verändert sich. Über Jahre hinweg hatten vor allem kinderreiche Familien kaum Chancen, bezahlbare Wohnungen zu finden. Die Konversion – die Nutzung ehemaliger militärischer Liegenschaften für zivile Zwecke – bringt seit 1992 positive Veränderungen."[108]

Natürlich verhandelte die Stadt sehr schnell mit dem Bundesvermögensamt. Die Kaufverhandlungen wurden für die Stadt Trier auch deshalb einfacher, weil der Bund bei einer

Abb. 1: Wohnungsbau auf dem Konversionsgelände Petrisberg

Weiternutzung im Sozialen Wohnungsbau Kaufpreisnachlässe beschlossen hatte. Der Verkauf von Konversionswohnungen entwickelte sich aber dennoch in der Folgezeit nicht reibungslos. Zunehmend wurden beim Bundesvermögensamt finanzielle Überlegungen bestimmend. Auf dem freien Markt, das ergaben bundesweite Ausschreibungen, waren für die Wohnungen wesentlich höhere Verkaufserlöse zu erzielen.[109] Für die Stadt Trier war dies „ein bedenklicher und sozialpolitisch fragwürdiger Weg".[110] Die Gefahr war, dass der Verkauf zu Höchstangeboten letztlich zu kleinparzellierten und sehr teuren Eigentumswohnungen führte. Die Zahlung der Miete aus dem eigenen Arbeitseinkommen konnte sich dann ein Großteil der Mieter nicht mehr leisten. „Über das Wohngeld hinaus Sozialhilfe für die Zahlung der Miete zu verwenden", war keine Alternative. In der öffentlichen Diskussion wies die Stadt Trier darauf hin, dass die negativen sozialen Folgen einer solchen Verkaufspolitik sich später zeigen würden. Die Stadt Trier hatte bei der Vergabe der Wohnungen konkrete Vorstellungen zur Mieterstruktur und den Zielen der Integration in den entsprechenden Stadtteilen.

Dieses Vorgehen der Stadt war schon 1992 beim Kauf und der Umsetzung von 104 Wohnungen in der Zurmaiener Straße und in der Eurener Straße erfolgreich. Diese Wohnungen standen direkt für eine Vermietung zur Verfügung. Eine schnelle Weitervermietung ermöglichte ein Generalmietvertrag mit dem Bundesvermögensamt. Das hatte den Vorteil, dass die Wohnungsberatungsstelle der Stadt aufgrund dieses Vertrages bei der Vergabe der Wohnungen mitbestimmen konnte: „Bei der Vermietung der Wohnungen müsse die Stadt Trier auch deshalb mitsprechen, weil bereits eine Vielzahl von Bewerbungen vorlägen", hieß es in der Presse.[111]

Abb. 2: Modernisierung der französischen Konversionswohnungen in Trier-Feyen

Die Vermietung dieser Wohnungen in der Zurmaiener Straße erfolgte, obwohl ein erheblicher Instandsetzungsstau vorhanden war. Die Wohnungen wurden später von den Erwerbern, der Stadt Trier und der Wohnungs- und Treuhand AG -gbt-, saniert und modernisiert.
In den Jahren 1992 bis 1995 wurden vor allem in Trier-Nord zahlreiche Wohnungen freigegeben. Aus finanziellen Gründen trat die Stadt Trier hier und bei weiteren Fällen nicht als Käufer auf. Die meisten Wohnungen wurden in der Regel an Trierer Wohnungsbaugesellschaften veräußert und der Stadt Trier bei der Vermietung ein Mitsprachecht eingeräumt. Eine Wohnsiedlung in der Parkstraße (Trier-Nord) wurde im März 1995 zurückgegeben. Den Trierern war dieser Wohnbereich als „Holzhaussiedlung" bekannt. Diese Wohnanlage war 1948/49 vom Land Rheinland-Pfalz gebaut worden. Sie wurde im Rahmen der Konversion an das Land Rheinland-Pfalz zurückgegeben. Es gründete sich ein Verein „Wohnen mit Kindern e. V.", der sich familiengerechtes Wohnen in der Stadt als Ziel gesetzt hatte. Auch die „Wohnungsgenossenschaft Am Beutelweg eG" hatte ihr Interesse bekundet. Die Vergabe der 45 Wohnungen durch das Land berücksichtigte am Ende die Belange beider Interessenten.
Die ehemalige „Trier Family Housing Area", die amerikanische Wohnsiedlung, lag im Pfalzeler Wald, oberhalb der Stadteile Biewer und Ehrang. Das Areal war nicht jedem Trierer bekannt. Für viele war „die Bausch" ein weißer Fleck auf dem Stadtplan. Das Wohngebiet war mit einer kompletten Infrastruktur ausgestattet (Trafo-Station, Feuerwache, Tankstelle, Kaufhaus, Clubhaus, Heizzentrale, Schule/Kindergarten). Über die zukünftige Nutzung dieser Wohnanlage gab es eine ausführliche politische Diskussion. Der Stadtvorstand der Stadt Trier befürwortete nicht die zukünftige Nutzung der 90 Wohnungen als Sozialwohnungen. Die Gefahr eines weit von der übrigen Bebauung sich dann wahrscheinlich entwickelnden sozialen Brennpunktes erschien zu groß. Die Ausschreibung und der Verkauf an einen privaten Investor

wurden in langen Verhandlungen vermieden. Auch in diesem Fall war die Gefahr, dass nach dem privaten Erwerb die Verhältnisse auf dem Trierer Wohnungsmarkt nicht berücksichtigt worden wären, zu groß. Der Verkauf an die Trierer Wohnungsbaugesellschaft „gbt“ wurde unterstützt (1996). Ziel war es, dort Wohnungseigentum für breite Bevölkerungsschichten zu schaffen. Die Förderung durch das Land Rheinland-Pfalz schuf günstige Voraussetzungen, so dass für dieses Angebot auch eine Nachfrage vorhanden war. Eine Eigennutzung durch den Käufer war in den meisten Kaufverträgen vorgeschrieben.

Das Konversionsgelände Burgunderviertel, 8,5 Hektar groß, auf der Tarforster Höhe hat eine eigene Geschichte.[112] 196 Wohnungen standen den französischen Militärs und ihren Familien zur Verfügung. Dies auch nach dem 11. Mai 1999, als sich die Franzosen schon in einer großen Parade im Palastgarten aus der Stadt Trier verabschiedet hatten. Für die Region Trier war bereits 1996 als einziger französischer Standort die Stadt Saarburg festgelegt worden. Das Bundeskanzleramt hatte den Trierer Oberbürgermeister in einem Telefongespräch entsprechend informiert.[113] Für diese Saarburger Soldaten war das Wohnviertel Burgunderviertel bestimmt. Die Belegung mit französischen Militärs war zeitweise sehr gering. Das Wohngebiet der Franzosen präsentierte sich einige Jahre wie eine „Geisterstadt“. Erst im Jahre 2017 verkaufte der Bund das Gelände an die Entwicklungsgesellschaft Petrisberg (EGP) und an die Stadt Trier.

Das Gebiet der französische Wohnsiedlung Weismark-Feyen wurde von der Aachener Siedlungs- und Wohnungsbaugesellschaft“ gekauft. Die Stadt Trier hatte auf die Möglichkeit eines Zwischenerwerbs verzichtet und mit dem Erwerber einen städtebaulichen Vertrag abgeschlossen. Damit war sichergestellt, dass die Maßnahme dem städtischen Stadtentwicklungskonzept entsprach.[114] Das Wohngebiet (121.000 Quadratmeter) umfasste 43 Liegenschaften. Es entstanden 430 sanierte und modernisierte Wohnungen. Der Geschäftsführer der Aachener Siedlungs- und Wohnungsbaugesellschaft erläuterte in der Presse: „Wichtig ist uns, dass die Wohnungen an Selbstnutzer verkauft werden. Es sind vor allem junge Familien, die vom Eigentumsprogramm des Landes Rheinland-Pfalz profitieren.“ Damit wurde ein Teil des städtebaulichen Vertrags erfüllt. Festgelegt und umgesetzt wurden aber auch die Finanzierung der öffentlichen Infrastruktur (Grünflächen, Kinderspielplätze, Wohnumfeldverbesserung) und die Erweiterung des Kindergartens in Trier-Feyen. Der Stadtrat beschloss den Inhalt des städtebaulichen Vertrags am 12. Mai 1999; danach erfolgte der Verkauf an den privaten Investor. „Letzte Wohnung verkauft“ berichtete die Rathaus-Zeitung am 17. Juni 2008. Für die Wohnumfeldverbesserung und den Straßenbau hatte die „Aachener“ etwa 6,5 Millionen Euro ausgegeben. Insgesamt wurden in das Gebiet 60 Millionen Euro investiert.

Die Möglichkeit, neue Baugebiete auszuweisen und damit das Wohnungsangebot in der Stadt zu vergrößern, war eine weitere Chance, welche die Konversion bot. Auf die Bevölkerungsentwicklung hat ein fehlendes Baulandangebot, wie bereits dargestellt, sehr negative Auswirkungen. Die Stadt Trier hatte in den letzten Jahren und Jahrzehnten immer wieder Einwohner durch eine Stadt-Umland-Wanderung verloren. In einer Wohnungsmarktbeobachtung des Amtes für Stadtentwicklung hieß es 2004: „Mit den Instrumenten der Wohnungspolitik könnten die Wanderungsverluste der Stadt-Umland-Wanderungen eingedämmt werden, indem die Bildung von Wohneigentum in der Stadt weiter durch die Bereitstellung geeigneter Baugrundstücke und gezielter Angebote unterstützt wird.“[115] Auch im Flächennutzungsplan der Stadt Trier wird auf dieses Problem hingewiesen. Festzustellen sei zeitweise eine hohe Abwanderungsrate bauwilliger junger Familien.

„Dieser Prozess führt zu Einnahmeverlusten der Stadt Trier auf Grund fehlender Schlüsselzuweisungen sowie fehlender Anteile an der Einkommensteuer und schränkt Handlungsspielräume bei gleichbleibenden Kosten für kommunale Infrastruktur ein. Voraussetzung zur Vermeidung weiterer Stadt-Umland-Wanderung ist die Bereitstellung eines qualitativ hochwertigen, nachfragegerechten und möglichst kostengünstigen Angebots.“ [116]

Natürlich hatte die Stadt Trier auch vor der Konversion fortwährend neue Baugebiete ausgewiesen. Dabei war ein wichtiges Kriterium, Baugebiete zu planen, in denen die Stadt weitestgehend Eigentümer der Flächen war. Denn nur so konnte ein wirksames Angebot für bauwillige Nachfrager erreicht werden. In den 70er-Jahren des vorigen Jahrhunderts wurden vor allem auf der Tarforster Höhe neue Baugebiete erschlossen. Einzelne Konversionsgebiete boten dann ab den 90er-Jahren eine wertvolle Ergänzung des Baulandangebotes:

- Wohnbebauung innerhalb des Konversionsprojektes Castelforte
- Stadtentwicklungsmaßnahme Petrisberg (Kaserne Belvedere)
- Kaserne Quartier Castelnau
- Castelnau II – Wohnbebauung (ursprünglich Handwerkerpark)
- Kaserne Castel Feuvrier (Gendarmerie)
- Burgunderviertel (Belvedere)
- Irrbachquartier (Jägerkaserne/Busdepot der Stadtwerke Trier).

Die Konversion bot der Stadt Trier auch die Möglichkeit, auf frei gewordenen Flächen und Gebäuden unterschiedliche Nutzungen zu realisieren. Für die städtische Infrastruktur ergaben sich erhebliche Verbesserungen. Im Evaluierungsbericht des Amtes für Stadtentwicklung wird dieser Sachverhalt als „Multifunktionalität der Konversion“ bezeichnet. [117] Für das Konversionsgebiet „Castelforte“ werden als Nutzungen, welche durch die Konversion möglich wurden, Einzelhandel, Gewerbe/Dienstleistung, Wohnen, Bildung, Kultur, öffentliche Institutionen, Gesundheit/Freizeit/Sport aufgeführt.

Die neuen Möglichkeiten, wichtige Ausbaumaßnahmen zu realisieren, zeigten sich in der Qualifizierung der sozialen Infrastruktur. Schon 1991 hatten die Franzosen ein Gebäude in der Burgunderstraße zurückgegeben, welches die Stadt Trier für einen deutsch-französischen Kindergarten nutzte, der schon 1993 eröffnet wurde.

„Kevin gefällt's in der Offizierswohnung.“ Die Trierer Presse berichtete am 1. Juli 1998 über die langersehnte Erweiterung des Kindergartens in Trier-Euren. Die ehemalige französische Offizierswohnung in der Eurener Straße bot durch einen Umbau „freundliche und kindgemäße Räumlichkeiten“. Im ehemaligen Gebäude der amerikanischen Grundschule im Wohngebiet „Auf der Bausch“ wurde ein neuer Kindergarten geschaffen. Der bisherige Kindergarten der Pfarrei Christi Himmelfahrt [118] in Ehrang zog nach dem Umbau in die neue Eirichtung mitten im Trierer Stadtwald. In einem ehemaligen französisch genutzten Schulgebäude in der Karl-Grün-Straße (Trier-Nord) fanden die Kindertagesstätte „Sonnengarten“, die integrative Kindertagesstätte „Leuchtturm“ und die „Baby und Krabbelstube Trier-Nord“ eine neue Unterkunft. Die Baby- und Krabbelstube, deren Hauptaufgabe es ist, die Eltern zu beraten und zu unterstützen, zog aus einer Wohnung in Trier-Nord in ein umfassend saniertes Gebäude. Gemeinsam teilten sich die drei Einrichtungen in dem von der Stadt gekauften Gebäude einige Räume und den Hof.

Auf den Stadtteil Weismark-Feyen hatte die Konversion erhebliche Auswirkungen. Die Einwohnerzahlen stiegen von 3.609 im Jahre 1990 auf 6.034 im Jahre 2005. Ein Grund war die Sanierung und der Ausbau der ehemaligen französischen Wohnsiedlung. Das Angebot an Plätzen im Kindergarten der Pfarrei St. Valerius in der

Abb. 3: Ein Wohngebäude in der Gratianstraße wurde zu einem Kindergarten umgebaut.

Clara-Viebig-Straße reichte nicht mehr. Die Stadt Trier kaufte ein Grundstück in der Gratianstraße. Genutzt wurde das Gebäude in der Vergangenheit als französische Offiziersvilla. Nach der Sanierung und dem Umbau wurde dort der zweite Kindergarten der Pfarrei St. Valerius untergebracht. Träger der beiden Kindertagesstätten ist der Sozialdienst Katholischer Frauen.

Die Konversion bot auch die Chance, ein Langzeitwohnheim für wohnungslose Erwachsene, das Haus Lukas, einzurichten. Der Caritasverband erwarb aus diesem Grund ein Konversions-Wohngebäude in Trier-Nord. 1995 wurde in der Herzogenbuscher Straße das Hildegard von Bingen-Wohnheim eröffnet. Ein privater Investor hatte mit Zustimmung der Stadt das ehemalige französische Unteroffizierswohnheim gekauft und umgebaut.

Für zwei Sonderschulen für Lernbehinderte in der Stadt Trier erfüllte sich ein seit Jahren gehegter Traum. Die Montessorischule und die Deutschherrenschule waren in Trier an verschiedenen Standorten als Ganztagsschulen untergebracht. Seit Jahren wurde das Ziel verfolgt, beide Schulen zusammenzuführen und in einem Gebäude unterzubringen. Nachdem die Stadt Trier im Dezember 1999 das Gebäude des Lycée Ausone, des ehemaligen französischen Gymnasiums in Trier, erworben hatte, wurden die Gebäude für die Unterbringung der beiden Sonderschulen hergerichtet (2004/2005). Es entstand ein sonderpädagogisches Zentrum.

VIII. 3. Chancen: Impulse für die Wirtschaftsentwicklung

Arbeitsplätze gesichert – neue geschaffen

Die jährlichen Meldungen über die Arbeitslosigkeit in der Stadt Trier waren bis in die 90er-Jahre des vorigen Jahrhunderts hinein stets Schreckensnachrichten. Die Statistik zeigte es eindeutig: Die Stadt Trier war negativer Spitzenreiter, nicht nur in der Region. In Rheinland-Pfalz lag die Arbeitslosenquote Triers immer weit über dem Durchschnitt der zwölf kreisfreien Städte. 1990, der bevorstehende Abzug der Franzosen bestimmte die Diskussion, waren in der Stadt Trier 3.995 Menschen arbeitslos. Das entsprach einer Quote von 11 Prozent. In den kreisfreien Städten des Landes Rheinland-Pfalz betrug die Quote im Durchschnitt 7,3 Prozent.[119] Die hohe Arbeitslosigkeit in der Stadt Trier war ein Zeichen: Über Jahrhunderte war Trier eine wichtige Garnisonsstadt. Wirtschaftliche Investitionen, eine Voraussetzung für die Schaffung von Arbeitsplätzen, waren selten.

War es deshalb überraschend, dass der Erwartungshorizont in weiten Teilen der Trierer Bevölkerung zurückhaltend war, als in Folge der weltweiten Abrüstungsdiskussion auch in Frankreich die Heeresstruktur geändert wurde? Der Krieg als Mittel der Politik schien überflüssig zu sein. Und natürlich war Trier als die nach Paris zweitgrößte französische Garnison besonders von der Demilitarisierung betroffen. Das hatte, wenn es denn Wirklichkeit wurde, wirtschaftliche Auswirkungen, besonders für den Arbeitsmarkt.

Im Trierer Rathaus waren schon im September 1990 Zahlen der „Folgen der geplanten Truppenreduzierung in Trier für Arbeitsmarkt und Stadtentwicklung" ermittelt worden. Danach hatten zu diesem Zeitpunkt in der Stadt Trier 670 Zivilbeschäftigte mit deutschen Verträgen einen Arbeitsplatz bei den französischen Streitkräften. 600 Beschäftigte bei den Franzosen hatten französische Verträge. Errechnet wurden daneben die jährlichen Ausgaben der französischen Militärs für Investitionen, Dienstleistungen, Löhne der Zivilbeschäftigten und Konsumausgaben. Auf die Stadt Trier bezogen waren dies 140 Millionen DM. Diese Summe entsprach einem Sekundäreffekt auf dem Arbeitsmarkt in Höhe von 1.400 Beschäftigten. Die zusammengestellten Zahlen vermittelten schon sehr früh einen Eindruck über die Qualität des anstehenden Problems.

Aber entgegen der weitverbreiteten ängstlichen Stimmung in Teilen der Trierer Bevölkerung entwickelten sich in den Jahren um die Jahrtausendwende und in den Jahren danach die Arbeitslosenzahlen sehr positiv. Bereits 2007 lag die Stadt Trier mit einer Arbeitslosenquote von 7,6 Prozent leicht unter dem Landesdurchschnitt. Der Vergleich mit den zwölf kreisfreien Städten in Rheinland-Pfalz belegte, dass nur in den Städten Mainz, Landau und Neustadt an der Weinstraße die Arbeitslosenquote niedriger war als in Trier. Und die positive Entwicklung auf dem Arbeitsmarkt setzte sich fort. Im Jahre 2010 waren in Trier 3.218 Menschen arbeitslos. Das entsprach einer Arbeitslosenquote von 6 Prozent.

Natürlich ist in den Zeiten der Globalisierung kein Land mehr eine Insel; erst recht nicht eine Stadt. Insofern gab es positive Auswirkungen der guten konjunkturellen Entwicklung in dieser Zeit auf die Stadt Trier. Besonders beeinflusst wird der Trierer Arbeitsmarkt zusätzlich durch den „Arbeitgeber Luxemburg". Das hatte auch Auswirkungen auf die Entwicklung der Arbeitslosenzahlen in Trier. Die europäische Region wächst im Dreilandereck Frankreich, Luxemburg und Deutschland zusammen. Im März 2008 fanden 5.580 Beschäftigte aus der Stadt Trier ihren Arbeitsplatz in Luxemburg.[120]

Wurde über diese positiven Entwicklungen hinaus der Trierer Arbeitsmarkt auch durch die Konversion beeinflusst? Das Amt für Stadtent-

wicklung und Statistik der Stadt Trier hat in drei Berichten die Entwicklung der Zahlen der Erwerbstätigen auf den Konversionsflächen untersucht und eine überaus positive Bilanz ziehen können. Der Bericht über den Sachstand 2004 wurde im Jahre 2006 aktualisiert. Ein weiterer Bericht (Sachstand 2010) wurde im Jahre 2011 vorgelegt, allerdings nicht veröffentlicht.[121]
Die ermittelten Daten sollten über die Bewertung der Konversion hinaus auch die Bedeutung für die Entwicklung der Stadt Trier insgesamt darstellen. Die in den Konversionsgebieten ansässigen Nutzer wurden befragt, ob der Betrieb verlagert oder neu angesiedelt wurde. Entsprechend wurden Informationen über die verlagerten und die neu geschaffenen Arbeitsplätze erbeten. Auch nach privaten oder öffentlichen Investitionen wurde gefragt. Der Bericht 2004 hatte eine sehr gute Datenbasis. Die telefonische Befragung verzeichnete eine Rücklaufquote von 98 Prozent.
Im zweiten Bericht (Sachstand 2006) wurden die Zahlen des Jahres 2004 aktualisiert. Die Antwortquote der telefonischen Befragung betrug 90 Prozent. Die Aktualisierung des Berichtes von 2004 erforderte natürlich die Befragung der Betriebe, die bereits bei dem ersten Bericht beteiligt waren. Darüber hinaus wurden aber auch die seit 2004 neu angesiedelten oder verlagerten Betriebe und Institutionen gebeten, Informationen zu liefern. Bei diesem Bericht wurden zusätzlich Fragen zur Verlegung gestellt: Warum wurde der neue Standort in einem Konversionsgebiet gewählt? Und: Wie ist die Geschäftserwartung für die Zukunft auf dem neuen Standort?
Um für den Evaluierungsbericht des Jahres 2010 aussagekräftige Ergebnisse zu erhalten, wurde ein kurzer Fragebogen entwickelt. Die Unternehmen sollten im November 2010/2011 schriftlich Stellung nehmen. Die Rücklaufquote betrug immerhin noch fast 75 Prozent. Insbesondere, wenn man beachtet, dass die Zahl der befragten Unternehmen 2010 wesentlich größer war als 2004. Auch 2010 wurde nach der aktuellen und zukünftigen Geschäftslage gefragt.
Um die Entwicklung der Arbeitsplätze zu beschreiben, die auf den Konversionsflächen neu geschaffen wurden, ist der Bereich Petrisberg (einschließlich Wissenschaftspark) ein besonders eindrucksvolles Beispiel. Der „neue Petrisberg" hat sich zu einem attraktiven Standort für Betriebe, insbesondere für private Dienstleistungen entwickelt. Die Stadt Trier hatte den Fortgang des Gesamtareals an die Entwicklungsgesellschaft Petrisberg (EGP) übertragen.

Arbeitsplätze auf dem Petrisberg 2004, 2006, 2010[122]

	2004	2006	2010	Veränderung 2004 bis 2010 in %
Arbeitsplätze	352	727	990	+ 181,2
Verlagerte Arbeitsplätze	312	641	740	+ 137,2
Neue Arbeitsplätze	40	86	250	+ 525

Es zeigt sich: Nach der Landesgartenschau 2004 gab es offensichtlich eine sehr dynamische Entwicklungsphase. Die Wachstumsrate hat sich danach auf einem hohen Niveau konsolidiert.
Wie auch auf einigen anderen Konversionsflächen haben zahlreiche Betriebe in der Stadt Trier ihren Betrieb verlagert. So bot sich die Gelegenheit zur Expansion, neue Arbeitsplätze zu schaffen.

Die Konversion ist für die Stadt Trier insgesamt ein Erfolg. Dies lässt sich vor allem an der Entwicklung der Erwerbstätigen auf den Konversionsflächen von 2004, 2006 und 2010 nachweisen.[123]

Entwicklung der Erwerbstätigen auf den Konversionsflächen 2004, 2006 und 2010

Sozialversicherungspflichtige Beschäftigte am Arbeitsort Trier (09/2010)	2004	2006	2010	Veränderung 2004 zu 2006 (in %)	Veränderung 2006 zu 2010 (in %)	Veränderung 2004 zu 2010 (in %)
Erwerbstätige auf den Konversionsflächen in Trier insgesamt	2.444	3.060	3.804	+ 25,2	+ 24,3	+ 64,2
Verlagerte Arbeitsplätze auf den Konversionsflächen in Trier	1.607	2.068	2.220	+ 28,7	+ 7,4	+ 38,1
Neue Arbeitsplätze auf den Konversionsflächen in Trier	837	992	1.193	+ 18,5	+ 20,3	+ 42,5

Im Dezember 2010 arbeiteten 3.804 Erwerbstätige auf den Konversionsflächen in der Stadt Trier.[124] Gegenüber dem Sachstand 2004, als 2.444 Erwerbstätige gezählt wurden, ist dies eine Steigerung von 64,2 Prozent. Die Betriebe haben zunächst die schon vorhandenen Arbeitsplätze auf die neuen Standorte verlagert. Zahlreiche umgesiedelte Betriebe haben darüber hinaus zusätzliche Arbeitsplätze geschaffen. Daneben entstanden auch neue Arbeitsplätze durch Neuansiedlung oder Neugründung von Betrieben und Institutionen. 2010 wurden 1.193 neue Arbeitsplätze gezählt. Im Vergleich zu 2004, als bereits 837 Arbeitsplätze gemeldet wurden, ist dies eine beachtliche Steigerung von 42,5 Prozent.

Auch die Anzahl der Betriebe und Institutionen auf den Konversionsflächen hat deutlich zugenommen. Wurden 2004 bereits 92 Betriebe gezählt, konnte diese Zahl bis 2010 gegenüber 2004 auf 298 gesteigert werden. Dies entspricht einer Steigerung von 209 Prozent.

Der größte Teil der befragten Betriebe bewertete die Geschäftslage und Geschäftserwartung nach 2010 gut bis sehr gut. Auch die zukünftige Arbeitsplatzentwicklung wurde positiv eingeschätzt. Es wurde weitestgehend bestätigt, dass die angebotenen Konversionsflächen sehr gute Möglichkeiten der betrieblichen Weiterentwicklung geboten hätten. Insofern war die Konversion für zahlreiche Betriebe ein Glücksfall. Natürlich auch für die Stadt Trier, denn für die kommunale Wirtschaftsförderung ist ein attraktives Grundstücksangebot ein bestimmender Standortfaktor. Einzelne Betriebe und Institutionen konnten durch dieses Flächenangebot in Trier gehalten werden. Mehrfach stand der alte Standort in Trier zur Disposition, wurde aufgegeben. Eine Verlagerung aus Trier wäre die Folge gewesen. Die Konversion sicherte diese Arbeitsplätze und schuf die Möglichkeit, zu expandieren und neue Arbeitsplätze zu schaffen.

---

99 Protokoll der Sitzung des Trierer Stadtrates vom 17. Juli 1996, Tagesordnungspunkt „Mitteilungen"

VIII. 1.

100 1 Konversionsflächen stoßen regelmäßig auf eine bereits durch Stadt- bzw. Ortsentwicklungskonzepte und Bauleitpläne fixierte, priorisierte Flächenkonstellation, die jedoch auch vor dem Hintergrund des im § 1 Abs. 6 Nr. 10 BauGB verankerten Belanges der zivilen Anschlussnutzung von militärischen Liegenschaften auf ihre Gültigkeit zu überprüfen ist.

In der Fassung des Baugesetzbuches (BauGB) vom 27.08.1997 ist in § 1 Abs. 6 unter den Belangen, die bei der Erstellung von Bebauungsplänen zu berücksichtigen sind, unter Ziffer 9 nur aufgeführt: „Belange der Verteidigung und des Zivilschutzes". In der Fassung vom 23.09.2004 ist dann in § 1 Abs. 6 als Belang 10. aufgeführt: „die Belange der Verteidigung und des Zivilschutzes sowie der zivilen Anschlussnutzung von Militärliegenschaften"

101 Siehe dazu auch: https://www.bmuv.de/themen/nachhaltigkeit/strategie-und-umsetzung/reduzierung-des-flaechenverbrauchs

102 Quelle: Statistisches Bundesamt, Februar 2023/ siehe dazu auch: https://www.destatis.de/anstieg-suv.htnl

103 Bis zum Jahr 2030 will die Bundesregierung den Flächenverbrauch auf unter 30 Hektar pro Tag verringern. Diese gegenüber der Nachhaltigkeitsstrategie von 2002 verschärfte Festlegung wurde vom Bundeskabinett bereits im Januar 2017 in der „Deutschen Nachhaltigkeitsstrategie – Neuauflage 2016" festgelegt. Seit dem Klimaschutzplan vom November 2016, der die Leitplanken für ein grundsätzliches Umsteuern in Wirtschaft und Gesellschaft auf dem Weg zu einem treibhausgasneutralen Deutschland beschreibt, strebt die Bundesregierung bis 2050 sogar das Flächenverbrauchsziel Netto-Null (Flächenkreislaufwirtschaft) an.

104 https://www.trier.de/bauen-wohnen/stadtplanung/bauleitplanung/flaechennutzungsplan/
FNP 2030/Begründung Teil 3, Kapitel 5.1
In seiner Sitzung am 19. Juni 2018 hat der Stadtrat den Feststellungsbeschluss für den Entwurf des Flächennutzungsplans 2030 getroffen. Nach Beschlussfassung des Stadtrates konnte die Genehmigung gemäß § 6 Abs. 1 BauGB bei der Struktur- und Genehmigungsdirektion Nord (SGD Nord) als obere Landesplanungsbehörde beantragt werden. Die Genehmigung des Flächennutzungsplans 2030 wurde am 9. Januar 2019 von der SGD Nord erteilt. Mit der Bekanntmachung dieser Genehmigung am 5. Februar 2019 durch die Stadt Trier ist der Flächennutzungsplan rechtswirksam.

VIII. 2.

105 Quelle. Statistisches Landesamt Rheinland-Pfalz

106 Vorlage 43/90 für die Sitzung des Stadtrates am 19.12.1990; Anlage 3: „Zielvorstellungen für die Planung"

107 Trierischer Volksfreud vom 21. Juni 1991: „Hoffnungen ruhen auf 1.200 Franzosen-Wohnungen."

108 Trierischer Volksfreud vom 19./20. April 1997: „Stadt sieht ihren Einfluss schwinden."

109 Der Bund verkaufte Häuser in der Karl-Grün-Straße und in der Schurzstraße in Trier-Nord an einen privaten Investor.

110 Rathauszeitung vom 22. April 1997: „Erfolgreicher Weg gefährdet"

111 Trierischer Volksfreund vom 20. Mai 1992: „Stadt strebt Generalmietvertrag an."

112 Siehe dazu: „Siedlung Burgunderviertel", S. 203 ff.

113 Siehe dazu: Schröer, Helmut: „Trierer Weichenstellungen – Ein Beitrag zur jüngeren Trierer Stadtgeschichte", S. 193

114 Siehe dazu: Kapitel VII. „Voraussetzungen", S. 74 ff.

115 Stadt Trier/Amt für Stadtentwicklung und Statistik: „Wohnungsmarktbeobachtung für die Stadt und die Region Trier 2003". Trier 2004, S. 18

116 Stadt Trier/Flächennutzungsplan 2030, S. 54

117 Stadt Trier/Amt für Stadtentwicklung und Statistik: „Stadtentwicklung und Konversion in Trier – Evaluierungsbericht zur Konversion 2004". Trier 2005, S. 64 ff.

118 Die Pfarrei Christi Himmelfahrt wurde später Teil der Pfarrei St. Peter. Die Kirche wurde profanisiert. Dort wurde privater Wohnungsbau realisiert (17 Wohneinheiten). Träger des Kindergartens ist die Katholische Kita GmbH, Trier.

VIII. 3.

119 Quelle: Statistisches Landesamt Rheinland-Pfalz

120 Zählung der luxemburgischen Sozialverwaltung: 3/2008

121 Stadt Trier, Amt für Stadtentwicklung und Statistik: Stadtentwicklung und Konversion in Trier – Evaluierungsbericht zur Konversion in Trier, Sachstand 2004, März 2005.
Evaluierungsbericht zur Konversion in Trier, Aktualisierung – Sachstand 2006, Januar 2007
Evaluierungsbericht zur Konversion in Trier, Aktualisierung – Sachstand 2010, Juni 2011 (nicht veröffentlicht)

122 Evaluierungsbericht zur Konversion in Trier, a. a. O. S. 60

123 Evaluierungsbericht zur Konversion in Trier, a. a. O. S. 15

124 Die Rücklaufquote betrug 2010 fast 75 %. In 3. Evaluierungsbericht zur Konversion in Trier (Sachstand 2010) wird dargestellt, dass bei einer angenommenen Rücklaufquote von 100 % die „Anzahl der Beschäftigten in Betrieben auf militärischen Konversionsflächen gut über 4.000 Beschäftigten betragen dürfte."

IX. Leitprojekte

Als sich im Jahre 1990 die Rückgabe der militärischen Liegenschaften abzeichnete, ergab eine Aufstellung über 40 Gebäude, Grundstücke, Kasernen – über die ganze Stadt verteilt. Natürlich hatten die zurückgegebenen Liegenschaften sehr unterschiedliche Bedeutung für die Stadtentwicklung. Die städtische Infrastruktur erhielt teilweise eine neue Qualität; die Wettbewerbsfähigkeit der Stadt Trier wurde gesteigert:

- Ein neues Naherholungsgebiet wurde ausgewiesen.
- Die Universität erhielt einen neuen zusätzlichen Standort (Campus II).
- Die Trierer Innenstadt präsentiert sich durch den umgestalteten Kornmarkt und dem Casino als Platz der Bürgerbegegnung.
- Neue „Stadtteile" entstanden: der Petrisberg mit Wissenschaftspark, Castelforte und das neue Stadtteilzentrum Castelnau.
- Neue Wohnquartiere und Gewerbegebiete konnten ausgewiesen werden: Trier-Süd, Castelnau-Mattheis (Castelnau II), Burgunderviertel, Jägerkaserne, General-von-Seidel Kaserne.

Diese Projekte haben eine herausragende Bedeutung. Sie sind „Leitprojekte". Es wurde nicht nur entwickelt, geplant, sondern umgesetzt, gebaut. Über Jahre hinaus bestimmte die Konversion die ehrenamtliche Arbeit des Trierer Stadtrates, der regelmäßig durch Beratung und Beschlussfassung eingebunden war. So zum Beispiel:

- bei der Erarbeitung einer Stadtentwicklungskonzeption (Stadtmarketing);
- bei den Beschlüssen zu Stadtentwicklungsmaßnahmen;
- beim Grundstückserwerb oder Zwischenerwerb;
- beim Abschluss städtebaulicher Verträge;
- bei den Beschlüssen zu Bebauungsplänen;

Für einzelne Gebiete wurden Wettbewerbe durchgeführt, Gutachten erstellt, um eine gesicherte Planungsgrundlage zu schaffen.
Um einen Eindruck über die verschiedenen Planungsphasen und damit verbundenen Fragestellungen zu erhalten, sind diese „Leitprojekte" in den folgenden Kapiteln in unterschiedlicher Tiefe und Detailliertheit dargestellt. Damit wird auch deutlich, welchen Stellenwert das jeweilige Projekt im Rahmen der gesamtstädtischen Entwicklung hat.

Abb. 1: Industriegebiet Euren-Zewen-Monaise (1996)

Abb. 2: Industriegebiet Euren-Zewen-Monaise (2021)

Erste Erfahrungen mit der militärischen Konversion

1913	Anlage eines Flugfeldes auf der Eurener Flur
1916	Stationierung von Luftschiffern und Fliegern
1945	französische Armee belegt den Flugplatz
ab 1953	teilweise zivile Nutzung; Trierer Sportflieger; nach Gründung der Bundeswehr Mitnutzung (Wehrtechnische Dienststelle 41)
1967 (01.04.)	Teil des Flugfeldes wird als „Landeplatz Trier-Euren" für den öffentlichen Flugverkehr freigegeben
1969	Stadt Trier erwirbt das Hofgut Monaise von den Vereinigten Hospitien
1970	Weiterverkauf eines Teilgrundstücks des Hofgutes Monaise an die Firma Reynolds Tobacco GmbH
1974 (05.09.)	Stadt Trier kauft den Flugplatz
1974	Stadt Trier kauft den Michelshof in Föhren
1977 (24.01.)	Übergabe des neuen Flugfeldes in Föhren an den Bund durch die Stadt Trier

Die Konversion war für die Stadt Trier eine bedeutende Herausforderung. Es gab Sorgen und Befürchtungen; aber auch Aussagen, welche in dem Ende der Garnisonsstadt Trier neue Chancen sahen. Sehr häufig, insbesondere in offiziellen Reden, wurde auf die erfolgreiche Umwandlung des französischen Militärflugplatzes im Bereich der Eurener Flur in ein großflächiges Gewerbe- und Industriegebiet hingewiesen. In den Jahren von 1970 bis 2010 war es gelungen, diese ehemalige Militärfläche durch zahlreiche Umsiedlungen und Neuansiedlungen zum „Herzstück des wirtschaftlichen Lebens"[125] der Stadt Trier zu entwickeln. Allerdings waren beachtliche Unterschiede zwischen der aktuellen Konversion und der Umwandlung des französischen Militärflugplatzes deutlich. Allein die von den Franzosen ab 1991 zurückgegebenen Flächen umfassten mehr als 500 Hektar Stadtgebiet. Während das französische Flugplatzgelände „nur" rund 90 Hektar groß war.

Schwierige wirtschaftliche Rahmenbedingungen in der Region Trier

Entscheidend war aber auch, dass die Initiative, die Flugplatzfläche in Zukunft als ein Gewerbe- und Industriegebiet zu nutzen, von der Stadt Trier ausgegangen war. Um für ansiedlungswillige Betriebe Flächen anbieten zu können, um Arbeitsplätze zu sichern und neue zu schaffen, konnte die Stadt Trier damals kein Angebot unterbreiten.

Es kam hinzu, dass die wirtschaftliche Entwicklung der Stadt Trier und der Region Trier lange Zeit hinter der Entwicklung anderer Regionen in der Bundesrepublik zurückblieb. Es fehlte eine wirtschaftliche Infrastruktur, es fehlten beispielsweise Verkehrsanbindungen. Die Region Trier lag im „toten Winkel der deutschen Volkswirtschaft. Erst im Jahre 1975 wurde durch die Autobahn nach Koblenz (A 48) für Trier ein Autobahnanschluss hergestellt."[126] Die wirtschaftlichen Rahmenbedingungen waren in der Region Trier schwierig. Belegt wurde dies durch die Zahlen des Arbeitsmarktes. Das Thema „Arbeitslosigkeit" war bis weit in die 90er-Jahre des vorigen Jahrhunderts für viele Menschen in der Region ein existenzielles Problem. Zum Arbeitsplatz zu pendeln, war oft für viele der Normalfall.

Bei dieser schwierigen wirtschaftlichen Situation war es nicht verwunderlich, dass das erste „Regionale Aktionsprogramm", welches in Zusammenarbeit zwischen dem Bund und den Ländern als „Gemeinschaftsaufgabe" entwickelt wurde, bundesweit das „Programm Eifel-Hunsrück" war. Dieses Förderprogramm wurde im Frühjahr 1969 verabschiedet. Die Errichtung neuer Betriebe und die Erweiterung bestehender Betriebe konnten nunmehr gefördert werden. Hinzu kam, dass die Erschließung von Industriegelände ebenfalls ein für die Stadt Trier wichtiger Förderschwerpunkt war. War es doch eine vordringliche Aufgabe, neue Industrie- und Gewerbegebiete zu erschließen und Betrieben anbieten zu können.

Erster Schritt: Kommunale Gebietsreform 1969

Die Gebietsreform, im Jahre 1969 vom Landtag Rheinland-Pfalz beschlossen, konnte das Problem, ein größeres Flächenangebot für Betriebe anbieten zu können, nicht lösen. Durch die Eingemeindung von acht Umlandgemeinden wurde das Stadtgebiet Trier von 57,9 Quadratkilometer auf 117,4 Quadratkilometer fast verdoppelt. Das Oberzentrum Trier konnte nunmehr wichtige Flächen in die Stadtplanung einbeziehen. Die Gebietsreform schuf beispielweise die Voraussetzungen für den Bau der Universität auf der Tarforster Höhe. Die Entwicklung des Trierer Hafens in Ehrang-Pfalzel wurde ebenfalls gefördert. Aber eine größere Fläche, die sofort für eine aktive Wirtschaftsförderungspolitik zur Verfügung stand, war nicht vorhanden. Perspektiven ergaben sich allerdings im Bereich „Eurener Flur-Zewen-Monaise".[127] Denn hier lag, nunmehr durch die Eingemeindung, in der Stadt ein Militärflugplatz. Für die Entwicklung der Stadt war diese Situation nach der Gebietsreform zunächst unbefriedigend. Und nicht nur der Flugplatz, sondern sein weites Umfeld wurde durch militärische Beschränkungen einer sinnvollen städtischen Nutzung entzogen.

Der Militärflugplatz „Eurener Flur-Zewen-Monaise"

Um 1913 war das Flugfeld angelegt worden. Für Preußen war Trier in dieser Zeit eine wichtige Garnisonsstadt. Die in Trier stationierten Truppen bestimmten das Stadtbild; darunter auch Luftschiffer und Flieger. Sie waren auf der Eurener Flur untergebracht.

Das Kriegsgeschehen und die Besatzungszeiten nach den beiden Weltkriegen änderten dort die Situation. Nach dem Zweiten Weltkrieg wurde der Flugplatz von der französischen Armee belegt. In den Folgejahren nutzten die Bundeswehr (Wehrtechnische Dienststelle 41) und die Trierer Sportflieger zusätzlich das Flugfeld. Am 1. April 1967 wurde ein Teil des Flugplatzes als „Landeplatz Trier-Euren" für den öffentlichen Flugverkehr freigegeben. Weite Teile blieben aber weiterhin für die französische Armee reserviert. Sie dienten einem Hubschrauberbataillon der 1. französischen Panzerdivision als Übungsgebiet. Diese Nutzung wurde durch ein Zusatzabkommen zum NATO-Truppenstatut verbrieft.

Abb. 3: Zeppelinhalle in Euren (1916)

Immer wieder gab es in Trier Bemühungen, das 90 Hektar große Gelände zu einem wichtigen Teil der Trierer Stadtentwicklung auszuweisen. Eine schwierige, wie es lange schien, unlösbare Aufgabe. Dabei war dieses Gelände vor allem deshalb bedeutsam, weil auch in dem durch die Eingemeindung vergrößerten Stadtgebiet das Eurener Flugfeld die einzige größere zusammenhangende Fläche war, die sich als Gewerbe- und Industriegebiet eignete. Da eine Rückgabe des Flugplatzes nicht möglich war, das französische Militär beanspruchte auch für die Zukunft ein Übungsgebiet, konnte das Problem nur durch eine Verlagerung gelöst werden.

Die Jahrhundertaufgabe: Kauf des Flugplatzes und Verlagerung

Der ehemalige Bürgermeister der Stadt Trier, Hans König, beschreibt in seinem Buch „… und dennoch hat's mir Spaß gemacht. Erinnerungen und Ähnliches aus (m)einem öffentlichen Leben"[128] sehr anschaulich und beeindruckend die schwierigen, jahrelangen Bemühungen der Stadt Trier, den Flugplatz in Euren zu kaufen und dann zu verlagern. Dies war eine Jahrhundertaufgabe. Für die Stadt Trier war es ein glücklicher Umstand, dass der Trierer Bundestagsabgeordnete Karl Haehser im Frühjahr 1974 Parlamentarischer Staatssekretär im Bundesfinanzministerium wurde. Trier war eine „arme Stadt". Und es schien bis zu diesem Zeitpunkt in den Verhandlungen unmöglich zu sein, die Forderungen der französischen Streitkräfte und auch der Bundeswehr zu finanzieren. Auf einem neuen Gelände mussten zusätzlich neue Großbauten erstellt werden. Aber bereits am 5. September 1974 wurde im Trierer Rathaus eine Vereinbarung unterzeichnet. Eine entscheidende Hilfe war, dass der Bund, der für die französischen Ersatzforderungen zuständig war, seine Ansprüche beträchtlich reduzierte. Zusätzlich wurde die Verlegung erleichtert, weil die Bundesrepublik die Verlegungskosten mitfinanzierte.

Wohin sollte der Flugplatz verlegt werden? Es war ein Glücksfall, dass der Reichsgraf von Kesselstatt den Michelshof, ein Hofgut gelegen in Föhren, verkaufen wollte. Für ein neues Gelände für die deutschen und französischen

Militärs wurden, einschließlich der Hochbauten, 42 Hektar benötigt. Das hatte ein luftfahrttechnisches Gutachten ergeben. Der Hof hatte eine Gesamtfläche von 94 Hektar. Da der Erwerb einer Teilfläche nicht möglich war, kaufte die Stadt Trier 1974 die Gesamtfläche, einschließlich der Tierbestände und des Gutsgebäudes.

Dieser Erwerb war für die Stadt Trier unter finanziellen Gesichtspunkten eine außerordentliche Herausforderung. Zusätzlich musste auch der Flugplatz in Trier-Euren, der im Eigentum des Bundes war, gekauft werden. Die Stadt Trier zahlte insgesamt 21,5 Millionen DM. Hinzu kamen noch 13,5 Millionen DM des Bundes und weitere 12,5 Millionen DM des Landes Rheinland-Pfalz. Am 24. Januar 1977 fand die Verlagerung ihren Abschluss. Oberbürgermeister Dr. Carl-Ludwig Wagner übergab an diesem Tag den neuen Flugplatz in Föhren zur Nutzung für die deutschen und französischen Streitkräfte an den Bund.

Standortverlagerung der Firma Reynolds GmbH von Trier-Süd nach Monaise

Bereits im Jahre 1970 hatte die Stadt Trier an die Firma Reynolds Tobacco GmbH 20 Hektar im Bereich des ehemaligen Hofgutes Monaise verkauft. Diese Firma hatte am 28. März 1960 die Kölner Zigarettenfirma Haus Neuerburg („Overstolz") übernommen, die eine Betriebsstätte in Trier Süd hatte. Durch diese Übernahme gehörte der Trierer Betrieb zu einem großen, weltweit operierenden internationalen Zigarettenkonzern. Der Grundstücksverkauf war möglich geworden, weil die Stadt Trier bereits 1969 das Hofgut Monaise (38 Hektar), unmittelbar neben dem Flugplatz Trier-Euren gelegen, von den Vereinigten Hospitien erworben hatte. Dazu gehörte auch das Schloss Monaise, ein bedeutendes nationales Denkmal im Louis-Seize-Stil, das 1783 fertiggestellt wurde. Durch Leerstand und unterwertige Nutzungen und Kriegseinflüsse machte das Bauwerk schon bei der Übernahme durch die Stadt Trier einen verwahrlosten Eindruck. Die schwierige finanzielle Situation der Stadt Trier erlaubte es der Stadt nicht, tätig zu werden. Eine Sanierung war für die Stadt über Jahre nicht möglich.[129] Der Erwerb des Hofgutes Monaise und der Weiterverkauf einer Teilfläche an die Firma Reynolds Tobacco war die Voraussetzung, dort eine hochmoderne Zigarettenfabrik zu errichten. Vor der Umsiedlung arbeiteten in Trier-Süd 300 Mitarbeiterinnen und Mitarbeiter. Im Jahre 1999 wurde die Firma an den Tabakkonzern Japan Tobacco International (JTI) verkauft. Die Firma investierte weiter in Trier auf dem Gelände des ehemaligen Flugplatzes Trier-Euren und beschäftigte im Jahre 2007 mehr als 1.500 Mitarbeiterinnen und Mitarbeiter. In den modernen Maschinen wurden im Jahr rund 50 Milliarden Zigaretten produziert. JTI entwickelte sich zum größten privaten Arbeitgeber in der Stadt Trier.

Chancen für die Trierer Wirtschaftsförderung und die Stadtentwicklung

Durch die Verlegung des Flugplatzes in Trier-Euren hatte die Stadt Trier erstmals nach langer Zeit wieder für die Ansiedlung von Betrieben ein attraktives Flächenangebot. Die finanziellen Hilfen im Rahmen der „Gemeinschaftaufgabe" ermöglichten auch die Erschließung des großen Geländes. Im Wettbewerb um ansiedlungswillige Betriebe war die Stadt Trier in den Folgejahren sehr erfolgreich. Auch die angrenzenden Flächen der Diedenhofener Straße und der Gottbillstraße, ebenfalls an der Luxemburger Straße gelegen, wurden durch das neue Gewerbe- und Industriegebiet aufgewertet. Dieses Gesamtgebiet umfasste eine Fläche von mehr als 200 Hektar. Bis zum Jahre 1999 waren dort 130 Betriebe angesiedelt worden, in denen 5.900 Menschen beschäftigt waren.[130] Bis zum Jahre 2007 wurden diese Zahlen weiter gesteigert. In rund 150 Betrieben arbeiteten zu diesem Zeitpunkt bereits mehr als 6.500 Beschäftigte.

Abbildung 4: „Firmenschilderwald“ am Eingang des Industriegebietes Euren-Zewen-Monaise

Einzelne Umsiedlungen auf die Eurener Flur waren auch vor allem aus Sicht der Stadtentwicklung und des Städtebaus von besonderer Bedeutung. Zahlreiche Firmen gaben ihren Standort in der Stadt Trier auf. Es entstanden Chancen für attraktive Nutzungen auf dem bisherigen Betriebsgelände, die zu einer Aufwertung der Innenstadt und einzelner Stadtteile führten. Beispielhaft können die Firmen Sektkellerei Faber (später Schloss Wachenheim AG),

Abb. 5: Die Ehemalige Start- und Landebahn ist Haupterschließungsstraße

Abb. 6: Innerstädtisches Wohnen auf dem ehemaligen Gelände Neuerburg in Trier-Süd

die Firma Heintz van Landewyck GmbH, die Volksfreund-Druckerei Nikolaus Koch GmbH & Co. KG und die Firma Reynolds-Tobacco (später JTI – Japan Tobacco International) genannt werden.

Die Zigarettenfirma Reynolds Tobacco wechselte von Trier-Süd in das Industriegebiet auf der Eurener Flur. Im Süden der Stadt wurden neue Wohnungen gebaut. Das Finanzamt Trier erhielt dort einen neuen, attraktiven Standort. Die Firma Heinz van Landewyck hatte ihren Standort in der Frauenstraße, Die Umsiedlung ermöglichte dort den Bau von Wohnungen und einer ansprechenden Seniorenresidenz, mitten in der Stadt Trier. Die Umsiedlung der Volksfreund Druckerei Nikolaus Koch GmbH & Co. KG in das neue westliche Industriegebiet der Stadt Trier eröffnete die Chance, durch eine neue Nutzung des alten Betriebsgeländes in der City eine bemerkenswerte Aufwertung der Innenstadt zu erreichen. Das Volksfreund-Medienhaus siedelte im Mai 2000 um. Am alten Standort wurde ein modernes Hotel errichtet. Das Umfeld am Frankenturm erhielt durch diesen Neubau eine neue Stadtqualität. Die Sektkellerei Faber hatte ihr ursprüngliches Betriebsgelände in der

Karthäuserstraße in Trier-Süd, in unmittelbarer Nähe des Trierer Hallenbades. Die Firma stellte dort rund 30 Millionen Flaschen Sekt und Schaumwein her. Die steigenden Umsatzzahlen forderten eine Erweiterung auf einem neuen Standort. Die Verlagerung ermöglichte am ursprünglichen Standort verschiedene Betriebserweiterungen. Die Konversionsmaßnahme „Flugplatz-Euren" war die Grundlage für zahlreiche neue Arbeitsplätze. Ein hochwertiger Nebeneffekt entstand in vielen Fällen der Umsiedlung durch die neue Nutzung der Altgrundstücke. Wichtige Aufgaben in der Stadt konnten ausgebaut und qualifiziert werden.

Die Konversionsmaßnahme „Flugplatz Trier-Euren" ist eine Erfolgsgeschichte. Dieses Beispiel zu Beginn der Konversion ab 1990 hervorzuheben, war sicher gerechtfertigt. Selbst dann, wenn der Vergleich grundlegende Unterschiede verdeutlichte. Die Ergebnisse dieser Konversionsmaßnahme machten Mut. Sie belegten überzeugend, dass ein Wandel auch als Chance begriffen werden kann. Die Trierer Presse erinnerte im Jahre 2004, dreißig Jahre nachdem die Stadt Trier den ehemaligen Militärflugplatz übernommen hatte, an dieses für die Stadt wichtige Ereignis: „Der Traum vom neuen Mammut-Arbeitgeber in Euren erfüllte sich nicht, es blieb aber die erfolgreiche Rolle als Entwicklungsfläche für expansionswillige Unternehmen aus Stadt und Region. Und es ist nur eine Frage der Zeit, wann auch noch die letzten Spuren des alten Flugplatzes verschwunden sein werden." [131]

---

125 Trierer – Wirtschaft heute, Jahreszeitschrift 1980, S. 22

126 Schröer, Helmut: „Arbeitsplätze über alles". In: Trierer Weichenstellungen – Ein Beitrag zur jüngeren Stadtgeschichte. Trier 2009, S. 52.

127 Vgl. dazu Welter, Adolf: Der Flugplatz Trier-Euren. Vom Exerzierfeld zum Industriegebiet. Trier 2004.

128 König, Hans: „... und dennoch hat's mir Spaß gemacht". Erinnerungen und Ähnliches aus (m)einem öffentlichen Leben. Trier 1990.

129 Der Trierer Stadtrat fasste erst am 24. September 1992 den Beschluss, das Schloss zu sanieren. Baubeginn war am 7. Mai 1993. Die offizielle Wiedereröffnung wurde am 30.Mai 1997 gefeiert. Die Sanierung und der Ausbau kosteten 10,2 Millionen DM. Die Deutsche Stiftung Denkmalschutz, die Bundesrepublik Deutschland und das Land Rheinland-Pfalz förderten die Wiederherstellung des Schlosses.
Dazu: Schröer, Helmut: „Schloss Monaise: 1997 – das Ende des Dornröschenschlafes". In: Trierer Geschichten, Band 2. Trier 2018, S. 111 – 135

130 Trierer Wirtschaft – heute, Jahreszeitschrift 1997/1998/1999, S. 73

131 Trierischer Volksfreund vom 8. September 2004: „Es hätte auch schief gehen können."

Dokumentation KON30 Konversion in Trier
Maßnahme Kaserne Flugplatz Euren / Zeitleiste und Ereignisse

Abb. 1: Militärisches Übungsgelände

Abb. 2: Naturschutzgebiet (2003)

Militärisches Übungsgelände wird Landschaftsschutzgebiet [132]

1887	Schießanlagen werden im Mattheiser Wald angelegt
1938	Ausweitung der militärischen Nutzung
ab 1939	Mattheiser Wald wird militärisches Übungsgebiet der Deutschen Wehrmacht
ab 1949	französische Truppen übernehmen die Kaserne in Trier-Feyen und das angrenzende militärische Übungsgelände
1999 (Juni)	Rückgabe des Mattheiser Waldes durch die Franzosen an den Bund
2003 (25.03.)	Mattheiser Wald wird als Landschaftsschutzgebiet ausgewiesen

Als die Stadt Trier am 12. Juli 1996 offiziell über den endgültigen Abzug der französischen Streitkräfte in Trier informiert wurde, wurde es ernst. Zwar waren schon in der Zeit seit 1990 zwanzig französisch genutzte Flächen und Gebäude zurückgegeben worden, dies waren aber bis Januar 1995 nur rund 63 Hektar (etwa 10 Prozent), der militärisch genutzten Flächen in Trier. Es stellte sich die Frage, wie die ab 1999 bevorstehende Umwidmung aller Konversionsflächen bewältigt werden konnte. Ein langfristiger Prozess war absehbar, zumal durch die im Stadtmarketingkonzept diskutierten und festgelegten Ziele der Stadtentwicklung eine hohe Qualität gefordert war. „Die 1999 freiwerdenden militärischen Liegenschaften werden im Rahmen der Stadtentwicklung von Trier in den kommenden 20 bis 30 Jahren eine zentrale Bedeutung erhalten", heißt es im Bericht über den Workshop „Stadtentwicklung und Konversion", der am 01./02. Juli 1997 in Trier stattfand. [133]

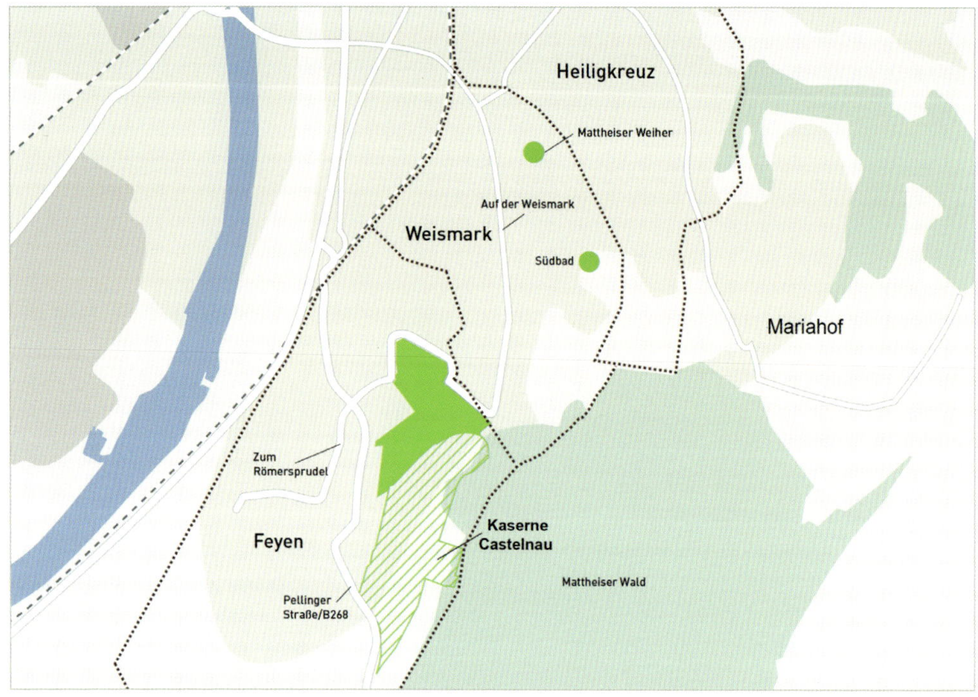

Abbildung 3: Der Mattheiser Wald in der Nähe der Stadtteile Mariahof und Feyen

Eine qualifizierte Vorbereitung war nötig. In dem Workshop erarbeiteten Architekten und Stadtplaner, Vertreter der Wirtschaft, der Wissenschaft und der Politik gemeinsam mit Mitarbeitern des Trierer Rathauses, einzelner Ministerien der Mainzer Landesregierung und dem Bundesvermögensamt erste Vorstellungen über die freiwerdenden Liegenschaften:

- Welchen Stellenwert hat eine Konversionsfläche für die Entwicklung der Gesamtstadt?
- Welche Funktion hat der Konversionsstandort für die Stadt Trier?
- Welchen realistischen Bedarf gibt es für die Entwicklung der Liegenschaft Mattheiser Wald?

In Arbeitsgruppen wurden die wichtigsten Schwerpunktbereiche der Konversion in Trier diskutiert.

Eine Gruppe behandelte das Gebiet Feyen/Mattheiser Wald. Die Aussagen im Bericht über den Mattheiser Wald waren im Vergleich zu den übrigen Teilgebieten des Konversionsbereichs Feyen[134] kurz und eindeutig: „Der Mattheiser Wald hat eine über den Stadtteil Feyen hinausgehende Funktion als Naherholungsgebiet: Das Potential dieses Bereiches besteht in einer Aufwertung (Wegenetz, Abräumen der Militäreinrichtungen) für die extensive Erholung, aber auch als möglicher Standort für intensive Freizeiteinrichtungen wie z. B. Golf, Tennis und Reitanlagen. Erforderlich ist eine Bewertung des ökologischen Potentials, Arten- und Biotopschutzflächen etc."[135]

Die zukünftige Naherholungsfunktion der Konversionsfläche Mattheiser Wald und ihre entsprechende Nutzung waren problemlos. Alternative Nutzungsvorschläge gab es nicht. Auch die in der Dokumentation des Workshops angedeuteten „Intensiven Freizeiteinrichtungen“ sollten in der weiteren Realisierungsphase keine Rolle mehr spielen. Oft sind es ähnliche Überlegungen, mitunter sogar Ängste, die an die Oberfläche gespült werden, dann aber in der weiteren Diskussion überhaupt keine Rolle spielen.
Die sehr früh festgelegte Entwicklung des Mattheiser Waldes vom Truppenübungsplatz zu einem Naherholungsgebiet bedeutete jedoch nicht, dass eine schnelle Umsetzung möglich war. Der Weggang der Franzosen vollzog sich, wie bereits erwähnt, ab 1990 in mehreren Etappen. Und ein Ergebnis war, dass zwei französische Regimenter vorerst in Trier blieben; in Trier-Feyen und auf dem Petrisberg. Sie sollten Teil des Euro-Corps werden. Soldaten waren demnach noch in der Kaserne Castelnau. Für das dort stationierte Pionierregiment 13 war der Mattheiser Wald wie in der Vergangenheit auch nach 1995 ein wichtiges Übungsgebiet. Insofern erfüllte sich die Hoffnung vieler Triererinnen und Trierer nicht, eine Freigabe des Waldgebietes und eine Nutzung als attraktives Naherholungsgebiet ständen unmittelbar bevor. Der Mattheiser Wald blieb zunächst weiter militärisches Sperrgebiet.

Nutzung als militärisches Übungsgelände

Die langjährige militärische Nutzung hatte dem Gebiet bei vielen Triererinnen und Trierern einen eigenen Namen gegeben: Sie nannten es „Franzosenwald“. Der Mattheiser Wald wurde in Richtung Feyen bereits im 19. Jahrhundert militärisch genutzt. Schon 1887 wurden Schießanlagen angelegt. Eine erhebliche Ausweitung erhielten die militärischen Anlagen im Jahre 1938, als die Kaserne Feyen gebaut wurde. Am 19. Februar 1939 zogen deutsche Soldaten des Infanterie-Regimentes 124 in die Kaserne ein.

Abb. 4: Der Mattheiser Wald als Truppenübungsplatz

Am 2. März 1945 marschierten die amerikanischen Streitkräfte unter General Patton in die zerstörte Stadt Trier. Die Stadt wurde dann im Juli 1945 an die französische Besatzungsmacht übergeben. Erst 1949 übernahmen die französischen Truppen die Kaserne in Trier-Feyen und das angrenzende Truppenübungsgelände Mattheiser Wald. In der Folgezeit gab es hier bis in die 60er-Jahre hinein umfangreiche Ausbaumaßnahmen: Weitere Schießstände wurden gebaut, ein Netz breiter Panzerstraßen und Fahrschulstrecken angelegt, große Munitionslager errichtet. Bis zur Übergabe des Geländes im Jahre 1999 wurde der Mattheiser Wald für Schießübungen (auch mit Panzern) sowie für Fahrübungen genutzt. Errichtet wurde auch das „Spanische Dorf“, ein Gefechtsdorf, das dem Hauskampftraining diente.
In einem Bericht der Oberfinanzdirektion Hannover wird die militärische Nutzung des Mattheiser Walds dargestellt.[136] Schießübungen mit „Hand- und Bordwaffen“ gehörten zur täglichen Praxis. Das Gelände bot über die angelegten Trassen auch gute Bedingungen für Übungen militärischer Fahrzeuge. Einzelne Flächen dienten als Zielgebiete für Schießübungen: „Zielgebiet für Schießanlage für Maschinengewehre 7,62 mm und 7,5 mm (Bordwaffen, Panzer). Der Schießbetrieb wird so abgewickelt, dass unterhalb einer Berghöhe über ein Tal hinweg auf

den gegenüberliegenden Berghang, über eine Distanz bis zu 800 m auf bewegliche und feste Endziele geschossen wird."

Auswirkungen auf die angrenzenden Stadtteile

Der Mattheiser Wald wurde als militärisches Übungsgebiet ausgiebig genutzt. Besonders die angrenzenden Wohnbereiche in den Stadtteilen Mariahof und Feyen hatten ein militärisches Gelände direkt vor der Haustür. Und sie erlebten die regelmäßig stattfindenden Übungen akustisch mit. Sie waren stets dabei. Insbesondere ab 1995 verstärkten sich die kritischen Stellungnahmen zahlreicher Bürgerinnen und Bürger. Das Thema Abrüstung bestimmte zunehmend die politische Diskussion. Davon war im Bereich des Mattheiser Waldes wenig zu spüren: Der Mattheiser Wald war immer noch „Franzosenwald". In Gesprächen mit den Franzosen war zwar erreicht worden, dass an einzelnen Wochenenden das Gelände für zivile Besucher und Wanderer geöffnet wurde. Dieser Kompromiss wurde aber nicht als ein entscheidender Fortschritt gesehen. „Freigabe am Wochenende" war eine beschönigende Formulierung für die Gesamtsituation. Zumal Warnschilder weiter sehr eindringlich auf Lebensgefahr bei Betreten des Mattheiser Waldes hinwiesen. Außerdem war der aufgebaute Zaun ein deutlicher Hinweis darauf, dass dieses Gelände von den Triererinnen und Trierern nicht ohne besondere Vorsicht genutzt werden konnte. In zahlreichen Leserbriefen forderte man die Freigabe des Mattheiser Waldes: „Jetzt ist die Zeit der offiziellen Entmilitarisierung unseres Stadtgebietes gekommen. Da ist es richtig, den Mattheiser Wald als Gefahrengbiet zu entschärfen. Und nicht neu aufzurüsten, ihn vielmehr als Naherholungsgebiet zu entwickeln." [137]

Abb. 5: Die Natur erobert den Mattheiser Wald zurück

Abb. 6: Feuchtbiotop

Als der Vertreter der französischen Streitkräfte in Trier, Leutnant-Colonel Perrier, offiziell im Juli 1996 die Stadt Trier über den endgültigen Abzug der französischen Streitkräfte informierte, traf diese Nachricht die Stadt nicht unvorbereitet. Das galt auch für die Konversionsliegenschaft Mattheiser Wald. Der 1997 für den gesamten Bereich der Konversion durchgeführte Workshop hatte ja schon ergeben, was als künftige Nutzung des Waldgeländes vorgegeben war. Das Gebiet sollte der Naherholung dienen.

Rückgabe der Konversionsfläche „Mattheiser Wald"

Die Aufhebung der militärischen Zweckbindung erfolgte im Juni 1999. Der „Standortübungsplatz Mattheiser Wald" mit den militärischen Einrichtungen ohne die Kaserne Castelnau umfasste eine Fläche von 336 Hektar. Eigentümer des Mattheiser Waldes waren nach der Rückgabe durch die französischen Militärs das Land Rheinland-Pfalz und die Bundesrepublik Deutschland. Und selbstverständlich hatte die Stadt Trier nicht die Absicht, das Waldgelände zu kaufen.

Vor der späteren Nutzung eines Konversionsgrundstücks waren wichtige Fragen zu klären. Bedeutsam war stets das Thema „Altlasten". Mögliche Bodenverunreinigungen, aber auch Munitionsreste, erforderten umgehendes Handeln. Wenig überraschend war, dass bei der Liegenschaft Mattheiser Wald die Entmunitionierung besonders zu klären war. Im Jahre 2000 wurde ein umfangreiches Standortgutachten erstellt, das die Munitionsbelastung der Flächen und der vorhandenen Teiche feststellen sollte. Die Pfahlweiher im Gelände, in denen in „französischer Zeit" Munition versenkt worden war, waren ebenso „kontaminationsverdächtig" wie der Bereich der Schießstände. „Die

Notwendigkeit einer Beräumung hängt unmittelbar von der Nachnutzung der Liegenschaft und der damit verbundenen Gefährdung ab", heißt es in dem Gutachten der Altlastenerkundung.[138]

Der Mattheiser Wald sollte ein attraktives Naherholungsgebiet werden. Deshalb war eine sorgfältige Entmunitionierung selbstverständlich. Damit war auch entschieden, dass eine sofortige Öffnung für die Bevölkerung ohne Einschränkungen nicht möglich war. Die Sehnsucht der Trierer war beträchtlich, den Wald als Wandergebiet zu benutzen. Dies belegen die Stadtteilrahmenpläne der benachbarten Stadtteile Mariahof und Feyen: Der Mattheiser Wald werde in Zukunft die Stadteile prägen. Naherholung im Einklang mit dem Naturschutz könne für die Stadtteile zu einem wichtigen Standortfaktor werden.

Naturschutzgebiet mit Wanderwegenetz

Die Stadt Trier hatte frühzeitig mit dem Land Rheinland-Pfalz das Verfahren zur Ausweisung des Mattheiser Waldes als Naturschutzgebiet eingeleitet. Am 25. März 2003 wurde die Rechtsverordnung erlassen. Seit 2004 ist der Mattheiser Wald auch ein von der EU anerkanntes Flora-Fauna-Gebiet. Damit wurde die Vielfalt der seltenen Pflanzen und Tiere als wertvolle Besonderheit in diesem städtischen Naherholungsgebiet hervorgehoben.

Insgesamt umfasst das Naturschutzgebiet Mattheiser Wald etwa 447 Hektar. Die ursprüngliche Konversionsliegenschaft (336 Hektar) wurde durch weitere Waldgebiete ausgeweitet. Ein kleinerer Teil des Naturschutzgebietes ist Bundesforstforst, und 380 Hektar sind Landeswald (Staatsforst). 10 Hektar sind in Privatbesitz und Gemeindewald (Konz).

Nicht zum Naturschutzgebiet zählen das an der Pellinger Straße gelegene ehemalige Manövergelände mit einem Übungsdorf („Spanisches Dorf) und die Panzerrampen (Panzerplatte). Für dieses 30 Hektar große Gelände war zunächst eine Gewerbefläche für Handwerksbetriebe („Handwerkerpark") vorgesehen. Diese Planungen wurden im Jahre 2009 aufgegeben. Die EGP (Gesellschaft für urbane Projektentwicklung) erwarb im Jahre 2011 dieses Gelände. Sie hatte bereits im Jahre 2010 das Gelände der ehemaligen Kaserne Castelnau gekauft. Innerhalb weniger Jahre wurde aus dem Kasernenbereich ein attraktives, lebendiges Stadtquartier. Dieser Wohnbereich wird durch das Gelände der ehemaligen Panzerplatte wertvoll ergänzt. Dort, wo noch in den 90er-Jahren des 20. Jahrhunderts die Panzer dominierten, wo im „Spanischen Dorf" der Häuserkampf das tägliche Thema war, entstanden neue Wohnquartiere. Eine „grüne Pufferzone" leitet in Feyen über in das hochwertige Naherholungsgebiet Mattheiser Wald. Bereits im Jahre 2002 diskutierte der Ortsbeirat Mariahof mit dem Forstamt Trier die Ausschilderung der möglichen Wanderwege im Mattheiser Wald. Am 9. Mai 2004 wurden das Wegesystem und die Schautafel mit den zwei Rundwanderwegen der Öffentlichkeit vorgestellt.

Die Stadt Trier erhielt durch das Naturschutzgebiet Mattheiser Wald eine Aufwertung, eine weitere Qualität. Für zahlreiche Triererinnen und Trierer war es eine neue, eine besondere Erfahrung, den ehemals verbotenen Pfaden zu folgen. Es war ein Naturschutzgebiet entstanden, das die Triererinnen und Trierer als ihr persönliches Naherholungsgebiet empfinden. Für sie ist das Wandern durch den Mattheiser Wald inzwischen „Premiumpilgern".

Abb. 7: Schautafel am Gut Mariahof

---

132 Dazu: Schröer Helmut: „Der Mattheiser Wald – Vom militärischen Standortübungsplatz zum Landschaftsschutzgebiet“. In: Trierer Geschichten, Band 4. Trier 2023, S. 25–39

133 Stadt Trier: Workshop Stadtentwicklung und Konversion am 01. und 02. Juli 1997 in Trier, Stadtentwicklungspolitische Ziel- und Strategievorstellungen, Oktober 1997 S. 65

134 Die Arbeitsgruppe Feyen/Mattheiser Wald behandelte das Wohngebiet Weismark mit ca. 450 Wohnungen, die Kaserne Castelnau und das Truppenübungsgelände Mattheiser Wald.

135 Stadt Trier: a. a. O., S. 11

136 „Altlastenerkundung auf Liegenschaften der Bundesvermögensverwaltung. Standortübungsplatz Mattheiser Wald in Trier“, Hannover vom 14.12.2000, S. 7 und S. 9 ff.

137 Trierischer Volksfreund vom 1. Februar 1995: „Was ist denn geschehen?“ (Leserbrief)

138 Altlastenerkundung auf Liegenschaften des Bundesvermögensamtes. Standortübungsplatz Mattheiser Wald Trier. a. a. O., S. 19

Dokumentation KON30 Konversion in Trier
Maßnahme Mattheiser Wald / Übungsgelände / Zeitleiste und Ereignisse

Abb. 1: Luftbildaus dem Jahr 2002 – Start der Entwicklungsmaßnahme Petrisberg

Abb. 2: Luftbild aus dem Jahr 2022 – Entwicklung Projekt Petrisberg abgeschlossen

IX. 3. Petrisberg – Kaserne Belvédère

Landesgartenschau als Motor der Entwicklung

1937	Bau der Kemmelkaserne
1939 (ab)	STALAG XII D Lager für Kriegsgefangene
1945 (16.11.)	Beginn der Stationierung französischer Truppen
1999 (31.05.)	Endgültiger Abzug der französischen Truppen
1996 (16.12.)	Stadtrat Beschluss Voruntersuchungen „Städtebauliche Entwicklungsmaßnahme“
1998 (15.07.)	Stadtrat Grundsatzbeschluss Bewerbung Landesgartenschau
1999 (21.12.)	Angebot der Stadt zum Ankauf der Flächen
2000 (19.06.)	Beschluss Stadtrat – Förmliche Festlegung des Entwicklungsbereiches
2000 (02.12.)	Kauf des Geländes Petrisberg für 16,1 Millionen DM
2001 (25.01.)	Entwicklungskonzept Petrisberg
2001 (29.03.)	Aufstellungsbeschlüsse zu den B-Plänen BU 18/BU 19/BU 20
2002 (14.10.)	Gründung Entwicklungsgesellschaft Petrisberg (EGP) (notarieller Vertrag)
2004 (22.04.)	bis (24.10.) Landesgartenschau

Dieser Beitrag befasst sich mit der Entwicklungsgeschichte des Petrisbergs und der Umwandlung der Kaserne Belvédère im Rahmen einer Städtebaulichen Entwicklungsmaßnahme, die eine Landesgartenschau integrierte. Grundlage für diese zusammenfassende Darstellung der Entwicklung sind verschiedene Dokumentationen, die dazu im Internet aufgerufen werden können und zwei Bücher aus dem Jahr 2004 zum Petrisberg und zur Landesgartenschau.[139] In den jeweiligen Fußnoten sind die LINKS enthalten, die dann direkt zur jeweiligen Dokumentation führen.

VORGESCHICHTE 1937 – 1945 – 1999

Entwicklungsgeschichte

Die Kemmelkaserne war eine Kaserne in Trier, die in den Jahren 1936/37 im Zuge der Aufrüstung der Wehrmacht erbaut wurde. Benannt wurde sie nach der im Ersten Weltkrieg völlig zerstörten Ortschaft Kemmel in Flandern, am Höhenzug Kemmelberg, der bei der Schlacht von Armentieres schwer umkämpft war. Die Kaserne liegt im Stadtteil Trier-Kürenz auf dem Petrisberg, in Verlängerung der Sickingenstrasse.
Während des Krieges lag neben der Kaserne ab Februar 1941 das Stammlager Stalag XII D. Der

bekannteste Insasse war der französische Philosoph und Schriftsteller Jean-Paul Sartre. Nach dem Krieg wurde sie von der französischen Armee bis zu ihrem Abzug 1999 genutzt. Danach wurde die Kaserne Konversionsgelände.
Schon bei der ersten Bestandsaufnahme der militärisch genutzten Flächen in Trier im Jahr 1990 stand der Bereich der Kaserne Bélvèdere im Mittelpunkt der Diskussion zu künftigen Nutzungen.[140]
Im Juli 1991 gab es vom Befehlshaber der französischen Streitkräfte in Deutschland eine Pressekonferenz mit der Bekanntgabe, welche Einheiten aus Deutschland (und Trier) in den nächsten Jahren abgezogen werden. Dabei wurde auch nach dem damaligen Stand erwähnt, dass die Kaserne Belvédère im Jahr 1994 frei werden könne. Dies war auch Grundlage für die frühzeitigen Überlegungen der Stadt Trier die Konversionsmaßnahmen im Rahmen eines Gesamtkonzeptes zu koordinieren, wobei der Petrisberg im Rahmen der Gesamtentwicklung auf der Tarforster Höhe in Verbindung mit der Universität eine wichtige Rolle spielte.
Diese ersten Überlegungen wurden jedoch ausgebremst, weil in den folgenden drei Jahren die Debatte von der Frage beherrscht war, ob Trier als Standort eines deutsch-französischen Korps in Frage komme. Dies führte dazu, dass es insbesondere für den Bereich Petrisberg keine klaren Aussagen gab und so Überlegungen zurückgestellt werden mussten. Hinzu kam, dass die französische Seite keinen Dialog über die Standortfrage eines Eurocorps in Trier zuließ.[141, 142]
Im Juli 1996 kam dann die auch aus stadtplanerischer Sicht positive Nachricht, dass die in Trier stationierten Truppen vollständig bis 1999 abgezogen würden. Dies war die Grundlage für eine gezielte Erarbeitung eines Entwicklungskonzeptes für den Petrisberg.

VORLAUFPHASE 1996 – 2002

Vorbereitende Untersuchungen zu einer städtebaulichen Entwicklungsmaßnahme

In seiner Sitzung am 16.12.1996 fasste der Stadtrat für den Bereich Petrisberg den Beschluss über die Durchführung von vorbereitenden Untersuchungen zur Festlegung des Gebietes als städtebauliche Entwicklungsmaßnahme (Drucksache Nr. 298/96).[143]
Dieser Beschluss des Stadtrates war auch Grundlage für eine umfassende öffentliche Diskussion zum künftigen Konzept für den Petrisberg. In diesem Rahmen fanden auch verschiedene Informationsveranstaltungen der Stadtverwaltung statt, bei denen es insbesondere um die Möglichkeiten eines Wissenschafts- und Technologieparks und um das Thema Wohnen auf dem Petrisberg ging.[144]
Die vorbereitenden Untersuchungen wurden durch die DSK (Deutsche Stadt- und Grundstücksentwicklungsgesellschaft mbH) in Zusammenarbeit mit der Stadtverwaltung durchgeführt. Beauftragt für die Rahmenplanung war das Büro BPB (Bachtler Böhme + Partner – Planungsbüro-Stadtplanung-Landschaftsplanung, Kaiserslautern). Dazu fanden zahlreiche Koordinationsbesprechungen statt, um jeweils die weiteren Schritte abzustimmen. Die Zwischenergebnisse zum Rahmenplan einschließlich der Untersuchung der Wirtschaftlichkeit der Maßnahme waren auch Grundlage für eine Entscheidung des Landes Rheinland-Pfalz, entsprechende Fördermittel für das Projekt Petrisberg einzuplanen.[145]
In seiner Sitzung am 19.06.2000 nahm der Stadtrat den Bericht zum Projekt Petrisberg zur Kenntnis und beschloss die förmliche Festlegung des städtebaulichen Entwicklungsbereichs „Petrisberg" gemäß § 165 Abs. 6 Baugesetzbuch als Satzung.[146]

Entwicklung des Strukturkonzeptes

Im Rahmen der vorbereitenden Untersuchungen wurde ein Strukturkonzept in mehreren Varianten sowie eine Kosten- und Finanzierungsübersicht als Grundlage für die Verkaufsverhandlungen mit den zuständigen Dienststellen des Bundes erarbeitet. Es erfolgte im Rahmen der vorbereitenden Untersuchungen auch die landesplanerische Anpassung, die Beteiligung der Träger öffentlicher Belange und die Beteiligung der Grundstückseigentümer, um dann die Festlegung des Konversionsgebietes als städtebaulichen Entwicklungsbereich abzuschließen.

Um eine zügige Vorbereitung und Durchführung der Maßnahme zu gewährleisten, wurde ebenfalls der Flächennutzungsplan in dem betreffenden Bereich an die neuen Zielvorstellungen angepasst und ein förmliches Änderungsverfahren durchgeführt. Grundlage hierfür waren die im Rahmen der Strukturplanung entwickelten Zielvorgaben.[147]

Die Erarbeitung des Strukturkonzeptes erfolgte in verschiedenen Entwicklungsstufen, ausgehend von den vorbereitenden Untersuchungen (1999); weiterentwickelt auf der Grundlage der Diskussion zum Wissenschaftspark (2000) und schließlich in der Fassung Mai 2001 als Grundlage für den Stadtratsbeschluss zur Gründung einer Entwicklungsgesellschaft und der nachfolgenden Detaillierung[148] als Basis für die Wirtschaftlichkeitsrechnung und die formelle Gesellschaftsgründung.

Der Rahmenplan für die städtebauliche Entwicklungsmaßnahme vom Mai 2001, erarbeitet von der Arbeitsgemeinschaft der beiden Büros Bachtler, Böhme + Partner (Stadtplaner) und Bielefeld + Gillich (Landschaftsarchitekten), war Basis für die weitere Ausgestaltung der Verträge zur Gründung der Entwicklungsgesellschaft durch die Gesellschafter. Dabei stellte dieser Rahmenplan auch klar, welche Nutzungen in welchem Flächenumfang verbindlich sein sollten. Dies war damit auch die Grundlage für die Aufstellung der verschiedenen Bebauungspläne.

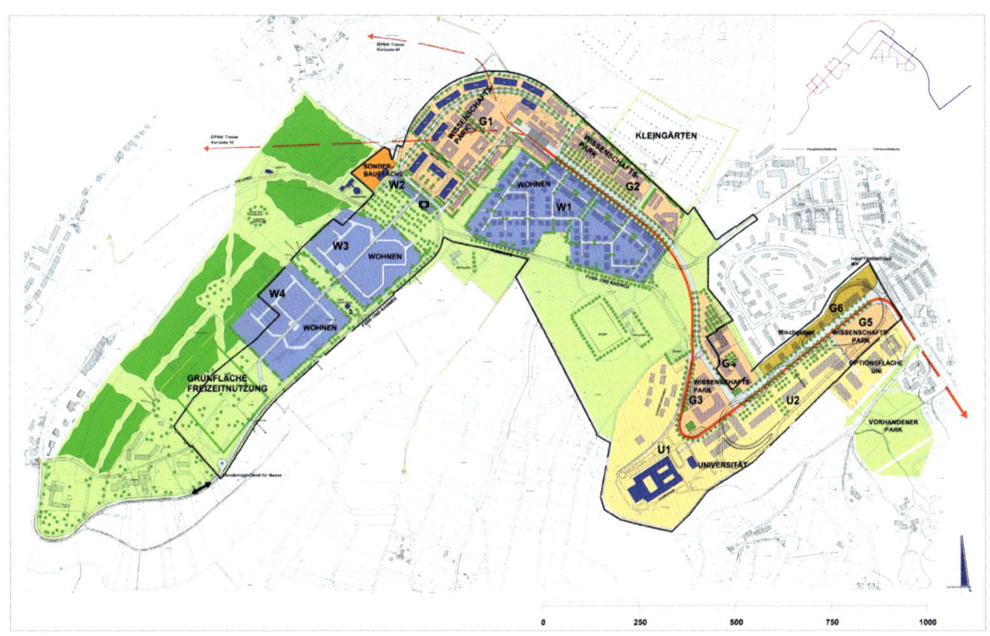

Abb. 3: Entwicklung des Strukturkonzeptes – Städtebaulicher Rahmenplan Stand Mai 2001

Die Flächenbilanz schloss mit diesem Rahmenplan wie folgt ab (in qm):
755.600 Bruttobaufläche
128.100 Rotes U – Erschließung abgeschlossen
46.900 Verkehrsflächen (übergeordnet)
230.000 Grünflächen (übergeordnet)
350.000 „Entwicklungsfläche"
davon 52.590 interne Erschließung/Grün 15 %
davon 298.010 Nettobauland (Wohnen und Gewerbe)

Überlegungen zur Umsetzung der Städtebaulichen Entwicklungsmaßnahme

Das Instrument der städtebaulichen Entwicklungsmaßnahme wurde durch die Stadt Trier bereits bei der Maßnahme Tarforster Höhe eingesetzt. Bei diesem Projekt wurde jedoch kein Projektentwickler eingeschaltet. Es erfolgte die Umsetzung der Maßnahme mit den vorhandenen Ressourcen der Verwaltung in der bestehenden Organisationsstruktur unter Einschaltung externer Dienstleister. Vor dem Hintergrund der zahlreichen Projekte im Zusammenhang mit den Konversionsmaßnahmen wurde daher überlegt, die neue Maßnahme Petrisberg in einer anderen Organisationsform durchzuführen. Dabei gab es verschiedene Überlegungen, insbesondere zur Gründung einer neuen Gesellschaft, an der die Stadt Trier entscheidend mitbeteiligt ist.
Im Anfangsstadium der Diskussion wurden auch verschiedene Modelle der Beteiligung Privater an Entwicklungsabschnitten erörtert. Allerdings zeigte sich sehr bald, dass eine wichtige Voraussetzung war, eine gesamtheitliche Entwicklung durchzuführen, was konsequenterweise nur durch eine Gesellschaft ermöglicht würde.

Projekt „Wissenschaftspark" – Integration in die Entwicklungsgesellschaft

Von Beginn an war das Thema „Wissenschaftspark" Bestandteil der Überlegungen zum Konzept Petrisberg in der Verknüpfung mit der Universität und Hochschule. Schon bei den ersten Überlegungen zum Gesamtareal Petrisberg war das Ziel, eine gemischte Nutzung von Wohnen, Arbeiten, Studieren und Freizeit zu realisieren. Als wesentlicher Bestandteil sollte der Wissenschaftspark in das Gesamtkonzept integriert werden. Dabei ging es einmal um die Frage, in welchem Bereich der Wissenschaftspark entstehen soll und zum anderen darum, ob der Wissenschaftspark durch eine eigenständige Gesellschaft errichtet, finanziert und betrieben werden sollte.
Den Abschluss fand dieser über drei Jahre dauernde Prozess mit der Entscheidung, den „Wissenschaftspark" von der Errichtung über die Finanzierung bis zur Organisation im „Projekt Petrisberg" zu integrieren. In einem gemeinsamen Workshop aller Beteiligten, wurden, auf der Grundlage eines zusammenfassenden Berichts der Fa. Drees & Sommer, die Sachstände und Ausgangsbedingungen für die verschiedenen Themenkomplexe dargestellt und erörtert. Dabei ging es um eine integrierte Darstellung von Entwicklungsmaßnahme, Wissenschaftspark und Landesgartenschau. Besonders wichtig waren die Darstellungen zu den wirtschaftlichen Rahmenbedingungen sowie das Termingerüst mit den Meilensteinen.[149]

Suche nach Partnern zur Gründung einer Entwicklungsgesellschaft

Ziel der Stadt Trier war, einmal die vor Ort agierenden Institutionen zu beteiligen, zum anderen aber auch durch externe Beteiligungen Knowhow und Sachverstand heranzuziehen. Dabei gab es verschiedene Ansätze, den Kreis der Gesellschafter zu bestimmen bzw. Gesellschafter für das Entwicklungsprojekt zu gewinnen. Neben der Stadt Trier, für die das Projekt von höchster entwicklungspolitischer Bedeutung war und den stadtnahen Gesellschaften wie Sparkasse, Stadtwerke Trier und gbt (gbt Wohnungsbau und Treuhand AG, an der die Stadt Trier mit 37,64 Prozent beteiligt ist), ging es auch darum,

andere einzubinden, um das Projekt auf eine sichere Grundlage zu stellen.
Dabei wurden unterschiedliche Überlegungen angestellt, wobei es das Ziel der Stadt Trier war, eine einheitliche Gesellschaft zu gründen, bei der alle Gesellschafter den Erfolg (und nicht nur Teilerfolge) des Projektes im Auge haben. Daher waren die Überlegungen zur Wirtschaftlichkeit der Gesamtmaßnahme, verbunden mit der Abschätzung der Risiken im Jahr 2002 ein entscheidendes Thema.
Nach Absage der gbt, sich an der neuen Gesellschaft zu beteiligen, stellten sich dann die Beteiligungen wie folgt dar:

- 35 % (Stammeinlage 350.000 €) Stadt Trier
- 20 % (Stammeinlage 200.000 €) Sparkasse Trier
- 10 % (Stammeinlage 100.000 €) Stadtwerke Trier
- 10 % (Stammeinlage 100.000 €) Drees & Sommer Projektmanagement GmbH Stuttgart
- 25 % (Stammeinlage 250.000 €) GIU Gesellschaft f. Innovation u. Unternehmensförderung mbh & Co., Saarbrücken

Diese Gesellschafter gründeten mit notariellem Vertrag am 14.10.2002 die Entwicklungsgesellschaft Petrisberg (EGP).
Im Oktober 2001 waren die strukturellen Fragestellungen insoweit geklärt, dass es künftig nur eine Gesellschaft gibt, die als Entwicklungsgesellschaft (EGP) die Entwicklung des Gebietes nach den Zielvorgaben der städtebaulichen Rahmenplanung und auf der Grundlage verschiedener Verträge übernimmt.[150]

Lenkungsausschuss Konversion und Stadtentwicklung

Der Lenkungsausschuss Konversion und Stadtentwicklung wurde 1998 eingerichtet. Dieser umfasste neben den Fachdezernaten der Stadtverwaltung, insbesondere dem Wirtschaftsdezernat (IV) (bis 1999 Dr. Norbert Neuhaus und ab 1999–2007 Christiane Horsch) und dem Baudezernat (V) (bis 2007 Peter Dietze) auch die Vertreter der verschiedenen Ministerien und nachgeordneten Behörden des Landes Rheinland-Pfalz und fallweise auch Gäste

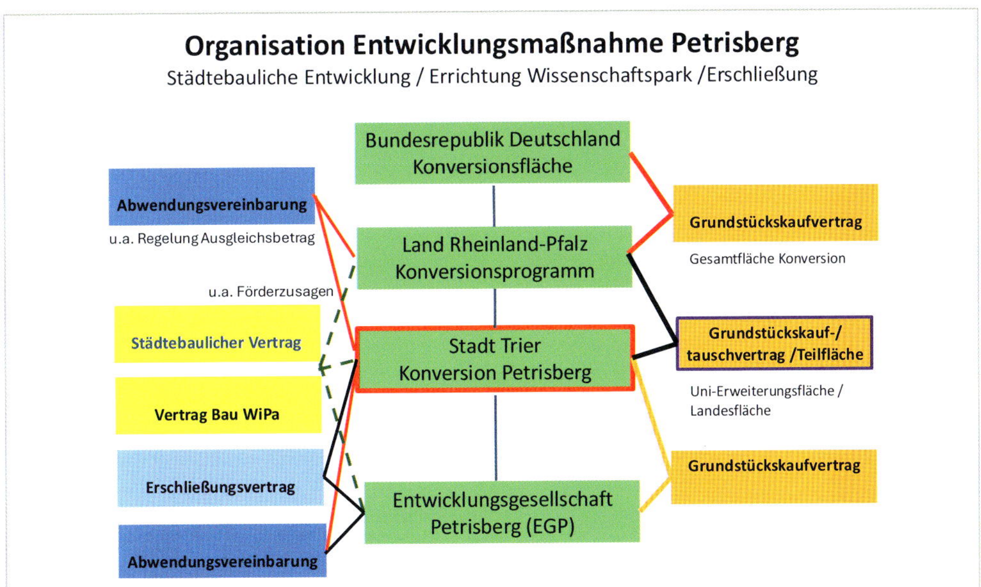

Abb. 4: Organisation der städtebaulichen Entwicklungsmaßnahme Petrisberg – Verträge zwischen den Beteiligten

zu bestimmten Themen und Fragestellungen. Den Vorsitz hatte Oberbürgermeister Helmut Schröer; die Geschäftsführung lag beim Amt für Stadtentwicklung und Statistik.

Die Hauptaufgabe bestand darin, die vielen verschiedenen Konversionsmaßnahmen in der Stadt Trier abzustimmen, Prioritäten zu erörtern und sich über Zielsetzungen auszutauschen. Bei den Sitzungen des Lenkungsausschusses ging es jeweils auch darum, die Zuständigkeiten für die einzelnen Arbeitsschritte abzustimmen. Ein wichtiger Punkt war auch das Projekt Wissenschaftspark, weil dies einmal ein wesentlicher Baustein für das Entwicklungsvorhaben Petrisberg war und zum anderen eine enge Verknüpfung zu allen anderen Themenbereichen bestand.

EGP – Gesellschaftsvertrag und Gründung

Die Erarbeitung des Gesellschaftsvertrages über einen Zeitraum von fast zwei Jahren (September 2000 bis September 2002) gestaltete sich sehr schwierig, weil verschiedene Handlungsstränge zu koordinieren waren. Dabei ging es einmal um das Projekt Wissenschaftspark mit der Fragestellung der Gesellschaftsform und der Einbindung in die Entwicklungsgesellschaft, um die fortlaufende Weiterentwicklung der Rahmenplanung einschließlich Varianten der Wirtschaftlichkeitsrechnungen, die Landesgartenschau, die nach der Entscheidung für das Jahr 2004 in das Projekt zu integrieren war und schließlich die unterschiedlichen Interessen der Gesellschafter, sich in dieser Gesellschaft „wiederzufinden“ bzw. die bereits durch die Stadt eingeleiteten und beauftragten Maßnahmen als Vorfestlegung für die Entwicklungsgesellschaft zu akzeptieren.

Einen wesentlichen Beitrag zur Strukturierung leistete dabei die Fa. Drees & Sommer, die mit dem Projektmanagement beauftragt war. Sie hat zwischen August 2001 und Februar 2002 auf Basis der vorliegenden Untersuchungen und Planungen das Projekt hinsichtlich der terminlichen, organisatorischen und wirtschaftlichen Situation geprüft. In Zusammenarbeit mit der Stadt Trier wurden die Rahmenbedingungen aktualisiert und in einem Bericht zusammengefasst. Parallel hierzu hat Drees & Sommer gemeinsam mit den beteiligten Behörden und Planungsbüros die Planungskoordination begonnen. Mit dem Zuschlag für die Landesgartenschau 2004 war dann ein wichtiger Meilenstein für die Gesamtentwicklung auf dem Petrisberg gesetzt. Ziel der Stadt Trier war es, einer Entwicklungsgesellschaft die Aufgaben für die Entwicklung des Gesamtareals zu übertragen, und zwar für die Bereiche:[151]

- Grundstücksvorbereitung
- Städtebau/Baurecht
- Infrastruktur
- Hochbau (Modernisierung Gebäude Krone)
- Vermarktung und Verkauf

Gegenstand der Gesellschaft war die Entwicklung des Petrisbergs und des Wissenschaftsparks Petrisberg in der Stadt Trier, insbesondere durch Erwerb, Erschließung, Entwicklung und Vermarktung von bebauten und unbebauten Grundstücken sowie Konversionsliegenschaften. Der Gesellschaft waren alle Rechtsgeschäfte gestattet, die der Erreichung des Gesellschaftszweckes dienlich sind, dabei waren die Entwicklungsziele gem. § 1 des städtebaulichen Grundvertrages zu beachten.[152]

Die Arbeit der Gremien auf der Grundlage des Gesellschaftsvertrages

Der Stadtrat war durch die verschiedenen erforderlichen Beschlüsse zur städtebaulichen Entwicklungsmaßnahme in den Prozess eingebunden. Was die Gründung der Gesellschaft betraf, entzündete sich eine Diskussion an der Frage, wie der Stadtrat in den laufenden Prozess nach Gründung der Entwicklungsgesellschaft eingebunden werden könne.

In der nicht-öffentlichen Beratung der Stadtratsvorlagen für den 30.04.2002 am 17.04.2002 war die Frage der Einsetzung eines Aufsichtsrates Hauptthema bei der Erörterung des Gesellschaftsvertrages. So wurde seitens der Verwaltung zunächst der Standpunkt vertreten, dass angesichts der Sachlage kein Aufsichtsrat erforderlich sei. Ein Kompromiss wurde dann dergestalt gefunden, dass im Gesellschaftsvertrag festgelegt wurde, dass es einen Aufsichtsrat gibt, der nach Beratungen Empfehlungen an die Gesellschafterversammlung gibt über die dann in der Gesellschafterversammlung abschließend zu entscheiden ist.

Einvernehmlich erfolgte jeweils die Wahl der Stadtratsmitglieder für den Aufsichtsrat. Auch bei geänderter Zusammensetzung des Stadtrates nach Kommunalwahlen wurden alle Fraktionen einbezogen. Dies führte dazu, dass in der Regel der Aufsichtsrat immer am gleichen Tage vor der Gesellschafterversammlung tagte und seine Empfehlungen zu den anstehenden Entscheidungen aussprach, wobei die Gesellschafterversammlung die Aufgabe hatte, diese Empfehlungen bei ihren endgültigen Entscheidungen in die Abwägung einzubeziehen.

Zusätzlich erfolgte im Fachausschuss des Baudezernates eine regelmäßige Berichterstattung zum Fortgang des Prozesses. Über die Beratungen der jeweiligen, durch den Stadtrat zu beschließenden Bebauungspläne war ebenfalls die inhaltliche Einbindung des Stadtrates gegeben.

Projekt Petrisberg – im Spiegel der Beratungen des Trierer Stadtrates

Unabhängig von der Mitwirkung von Stadtratsmitgliedern im Aufsichtsrat der EGP war der Stadtrat seit 1996 durch seine Beratung von Beschussvorlagen zu wichtigen Eckpunkten stets eingebunden. Die Beschlussvorlagen selbst bezogen sich auf die Entwicklungsmaßnahme, die Umsetzung durch die Schaffung von Baurecht (Bebauungspläne), die Landesgartenschau und den *Petrisbergaufstieg.*

- Stadtratsvorlage 298-1996 (19961216) Entwicklungsmaßnahme Voruntersuchungen
- Stadtratsvorlage 001-1998 (19980715) Landesgartenschau Bewerbung
- Stadtratsvorlage 150-1999 (19990512) Wissenschaftspark
- *Stadtratsvorlage 068-2000 (20000420) ÖPNV-Quertrasse*
- Stadtratsvorlage 579-2000 (20010125) Städtebauliche Entwicklungsmaßnahme
- Stadtratsvorlage 116-2002 (20020430) Städtebaulicher Vertrag
- Stadtratsvorlage 072-2001 (20010329) B-Pläne Petrisberg
- Stadtratsvorlage 177-2001 (20010530) Bewerbung Landesgartenschau
- Stadtratsvorlage 492-2001 (20011218) Landesgartenschau Durchführungshaushalt
- Stadtratsvorlage 020-2002 (20020221) Petrisberg 49. FNP-Änderung
- Stadtratsvorlage 408-2002 (20021127) Petrisberg Erschließung Baubeschluss
- Stadtratsvorlage 127-2003 (20030617) Petrisberg Baulandumlegung
- Stadtratsvorlage 398-2003 (20031218) Schenkung Turm Luxemburg
- Stadtratsvorlage 146-2004 (20040330) BU 17
- Stadtratsvorlage 406-2004 (20041125) Landesgartenschau
- Stadtratsvorlage 047-2006 (20060302) LGS-Folgegesellschaft
- Stadtratsvorlage 215-2005 (20050623) LGS-Folgegesellschaft
- *Stadtratsvorlage 518.2009 (20100128) Petrisbergaufstieg*
- Stadtratsvorlage 545-2011 (20120131) BU 16 53. FNP-Änderung
- Stadtratsvorlage 208-2012 (20120531) BU 16-3
- Stadtratsvorlage 055-2015 (20150130) BU 16 3. Änderung
- Stadtratsvorlage 262-2015 (20150721) BU 16 3. FNP-Änderung

- Stadtratsvorlage 618-2018 (20190321) Stellplatzanlage 1. FNP-Änderung
- *Stadtratsvorlage 484-2019 (20191112) Petrisbergaufstieg*
- Stadtratsvorlage 651-2021 (20211215) Petrisberg Sanierung
- Stadtratsvorlage 266-2022 (20220712) BU 26
- *Stadtratsvorlage 410-2022 (20221110) Petrisbergaufstieg*
- *Stadtratsvorlage 589-2022 (20221208) Anfrage Petrisberg*
- Stadtratsvorlage 607-2022 (20230118) BU 16 Petrisberg

Zusammenarbeit mit der Landesgartenschau-Gesellschaft

Als Bestandteil der städtebaulichen Entwicklungsmaßnahme Petrisberg gestaltete die Landesgartenschau GmbH unter Einbezug der bereitgestellten Investitionsmittel für die Grün- und Freiflächen der Entwicklungsmaßnahme hochwertige öffentliche Freiräume. Diese wurden zwischen den neu entstehenden Nutzungsfeldern und auf angrenzenden Flächen entwickelt. Durch eine kompakte Ausweisung der notwendigen Freiraumfunktionen für das Siedlungsgebiet zwischen den Nutzungsfeldern und den umgebenden Siedlungsrändern wurde eine effiziente Nutzung der Bauflächen ermöglicht bei gleichzeitiger Sicherung der schnellen Erreichbarkeit hochwertiger Erholungsräume für das gesamte Gebiet.

Von der Landesgartenschau wurden entscheidende Impulse für die Umsetzungsqualität und zeiträumliche Beschleunigung der Entwicklung der Konversionsmaßnahme Petrisberg erwartet. Durch die beschleunigte Entwicklung der Infrastruktur, insbesondere für den ÖPNV und den Individualverkehr, wurde die Konversionsfläche zu einem attraktiven Standort in der Verknüpfung von Wohnen, Arbeiten, Lernen und Lehren in einer neuen städtischen Funktionsvielfalt.

Mit Beschluss des Stadtrates vom 29.11.2001, Drucksache 445/2001, wurde zur Durchführung der Landesgartenschau die Landesgartenschau GmbH gegründet.[153] Der im Rahmen der Erstellung der Bewerbungsunterlagen aufgestellte Kosten- und Finanzierungsplan des Durchführungshaushaltes der Landesgartenschau GmbH bildete die Grundlage für die Erstellung des Wirtschaftsplanes der in Gründung befindlichen Gesellschaft.

Nachdem der Ministerrat des Landes Rheinland-Pfalz am 23.10.2001 entschieden hatte, dass die Stadt Trier den Zuschlag für eine Landesgartenschau 2004 erhält, konnte auf alle Vorüberlegungen zur Integration der Landesgartenschau in das Projekt Petrisberg zurückgegriffen werden. Auf dieser Grundlage wurde auch die Organisation der LGS GmbH entwickelt. Diese war für alle Investitionen im Bereich des Landesgartenschaugeländes, die in enger Abstimmung mit der zu diesem Zeitpunkt noch nicht gegründeten Entwicklungsgesellschaft erstellt werden sollten, zuständig; ebenfalls für den sogenannten Durchführungshaushalt der nichtinvestiven Ausgaben, insbesondere des Veranstaltungsjahres.

Bei den Überlegungen zur Zusammenarbeit der LGS GmbH und der Entwicklungsgesellschaft im Rahmen der gesamten Projektorganisation und Projektsteuerung wurde das Modell entwickelt, dass die EGP die übergeordnete Erschließung so rechtzeitig erstellt, dass die LGS im Jahr 2004 durchgeführt werden kann. Auf der anderen Seite sollte die LGS GmbH die gesamten Grünflächen, Freiflächen und Flächen für die Oberflächenentwässerung erstellen und dabei in dem Gesamtbudget von der EGP GmbH die „Sowieso"-Kosten, die für diese Infrastruktur auch ohne Landesgartenschau zu erstellen wäre, von der EGP „erstattet" bekommen.

Dieses Grundmodell ist dann durch entsprechende vertragliche Regelungen umgesetzt worden.

Finanzierung des Projektes Petrisberg

Vor Gründung der Entwicklungsgesellschaft Petrisberg waren schon Maßnahmen durchgeführt worden, die die Stadt im Vorgriff finanziert hatte, so zum Beispiel die Modernisierung von drei Bestandsgebäuden. Die Übergabe des operativen Geschäftes an die EGP mit der Übernahme aller Vorlaufkosten erfolgte dann zum 31.12.2003.

In einem städtebaulichen Vertrag verpflichteten sich die Vertragspartner Land Rheinland-Pfalz, Stadt Trier und Entwicklungsgesellschaft Petrisberg mbH, die Entwicklungsmaßnahme entsprechend den Vorgaben in einem bestimmten Zeitraum – innerhalb von 10 Jahren – gemeinsam zu verwirklichen.

Das Land Rheinland-Pfalz war in den Vertrag eingebunden und verpflichtete sich zur Mitfinanzierung sowohl in der Höhe als auch im zeitlichen Zahlungsfluss. Während das Land Zuschüsse zur Durchführung der Maßnahme nach Städtebauförderrecht und GVFG/FAG zusagte, musste die Stadt sich verpflichten, städtische Eigenmittel zur Verfügung zu stellen. Die nicht durch Zuschüsse und städtische Eigenmittel gedeckten Kosten hatte die EGP zu erbringen bzw. zu erwirtschaften.

Die EGP verpflichtete sich, die Flächen für die Landesgartenschau der Landesgartenschaugesellschaft mbH zu übergeben und dies in einem gesonderten Vertrag zu regeln.

Der Wirtschaftsplan der EGP umfasste ein Investitionsvolumen von rd. 97 Millionen Euro. Die avisierten Landeszuschüsse beliefen sich auf rd. 16 Millionen Euro, wovon rd. 4 Millionen Euro zur Modernisierung bzw. Umbau der vorhandenen Gebäude im Wissenschaftsparkbereich einzusetzen waren. [154]

Der Wirtschaftsplan wurde auf der Grundlage dieser Eckwerte (siehe Abb. 5 und Abb. 6) aufgestellt. Eine wesentliche Kalkulationsgrundlage waren die Flächenbilanz mit der Ableitung des zu schaffenden Nettobaulandes und gestaffelte Verkaufspreise. Es sollten nach Plan ca. 300.000 qm Nettobauland geschaffen werden, was zu Verkaufserlösen von ca. 36 Millionen Euro führen sollte.

Die Erlöse aus dem Gebäudeverkauf von modernisierten Bestandsgebäuden waren mit ca. 24 Millionen Euro kalkuliert. Der dritte große Posten bei den Erlösen waren Kostenerstattungen und Mieterträge, die bei den modernisierten Gebäuden im Verlauf der zehnjährigen Realisierung der Maßnahme zu erwarten waren.

Dies ergab dann insgesamt Einnahmen von ca. 103 Millionen Euro.

Die wichtigsten Posten bei den Ausgaben waren der Grunderwerb (Kauf des Geländes von der Stadt Trier) mit ca. 17 Millionen Euro, die Hochbaumaßnahmen an den Bestandsgebäuden mit ca. 18 Millionen Euro und als größter Posten die Ordnungsmaßnahmen mit ca. 35 Millionen Euro.

Diese umfassten:

- Altlastensanierung
- Freilegung
- sonstige Bodenordnung
- Baugebietserschließung

Im Rahmen des Modells der Zusammenarbeit zwischen der Stadt Trier, der Entwicklungsgesellschaft Petrisberg und der Landesgartenschau GmbH erfolgte eine abgestimmte Umsetzung der Maßnahmen zur Baugebietserschließung, wobei im Rahmen eines Erschließungsvertrages zwischen Stadt und EGP die zentrale Verkehrserschließung und die zentralen Entwässerungsanlagen – die nach Fertigstellung in das Eigentum der Stadt Trier übergingen – erstellt wurden. Ein Vertrag zwischen der EGP und der LGS regelte für das Gartenschaugelände die innere Verkehrserschließung, die Entwässerung und die Grünanlagen. Für die innere Erschließung der Baugebietsfelder mit kalkulierten ca. 12 Millionen Euro war die EGP allein verantwortlich. (Siehe dazu Abb. 9.)

I. Flächen innerhalb des Entwicklungsbereiches			
Teilfläche	**Nettobauland Flächebilanz Drees & Sommer**	**Abzug für innere Erschließung und Grün 15%**	**Summe Bruttobaufläche gerundet**
W1	70.125	12.375	82.500
W2 (inkl. Fläche Kindergarten)	8.500	1.500	10.000
W3i	36.635	6.465	43.100
W4i	30.430	5.370	35.800
G1	79.305	13.995	93.300
G2	24.565	4.335	28.900
G3	13.005	2.295	15.300
G4i	7.650	1.350	9.000
G5	10.200	1.800	12.000
G6	12.240	2.160	14.400
SO / Kasino	6.300	0	6.300
Zwischensumme	**298.955**	**51.645**	**350.600**
II. Flächen außerhalb Entwicklungsbereich (zukünftig einzubeziehen, sobald verfügbar)			
W3a	1.190	210	1.400
W4a	5.270	930	6.200
G4a	8.160	1440	9.600
Zwischensumme	**13.430**	**2.580**	**17.200**
Gesamtsumme	**312.385**	**54.225**	**367.800**

Abb. 5: Nettobauland in den Teilflächen

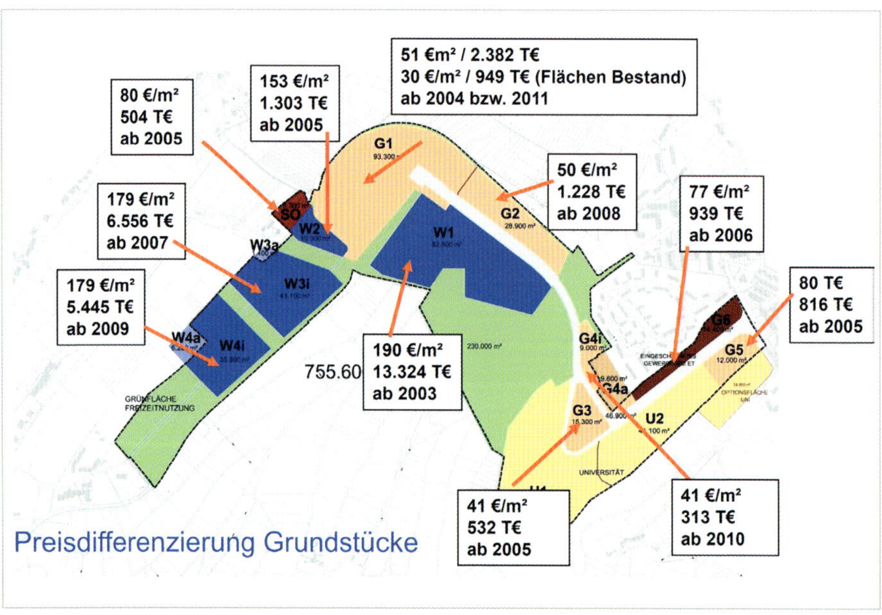

Abb. 6: Preisdifferenzierung der Grundstücke in den Teilflächen

Einnahmen		
B.I	Grundstücksverkauf (Preisdifferenzierung)	36.073 T€
B.II	Stammeinlage der Gesellschafter	0 T€
B.III	Erlöse aus Gebäudeverkauf (Kenndaten)	24.294 T€
B.IV	Kostenerstattungen und Mieterträge	42.680 T€
B.V	Kreditaufnahme / Rückführung	0 T€
Summe Einnahmen		103.047 T€

Einnahmen			
B.IV	Kostenerstattungen und Mieterträge		42.679,7 T€
davon:			
1.	Kosten Ordnungsmaßnahmen (ohne Erst.Bund)		21.628,4 T€
	A. Städtebaufördermittel (ohne Mod.)	9.647,2 T€	
	Anteil Stadt	1.020,0 T€	
	B. GVFG-Mittel Trasse	968,0 T€	
	Anteil Stadt	242,0 T€	
	C. Ausgleichsbeträge EGP	7.665,2 T€	
	D: Ausgleichsbeträge Land (Uni)	2.068,0 T€	
2.	Erstattung Bund Bodensanierung		1.408,6 T€
3.	Kostenerstattung Stadt Geb.Modernisierung		4.040,1 T€
4.	Kostenerstattung Stadt an EGP f. Betrieb WiPa		182,0 T€
5.	Vorsteuerrückerstattung Geb.Mod.		2.436,7 T€
6.	Mieterträge WiPa		12.983,9 T€

Abb. 7: Einnahmen: Grundstücksverkauf/Erlöse aus dem Gebäudeverkauf/
Kostenerstattungen und Mieterträge

Ausgaben		
A.I	Bisherige Vorbereitung	0 T€
A.II	Weitere Vorbereitung	1.373 T€
A.III	Grunderwerb	17.185 T€
A.IV	Ordnungsmaßnahmen	34.556 T€
A.V	Hochbaumaßnahmen	18.415 T€
A.VI	Ausgleichsbeträge	7.665 T€
A.VII	Folgekosten Gebäudeveräußerung	914 T€
A.VIII	Sonstige Kosten	10.576 T€
Finanzierungskosten		6.923 T€
Summe Ausgaben		97.607 T€

Abb. 8: Ausgaben

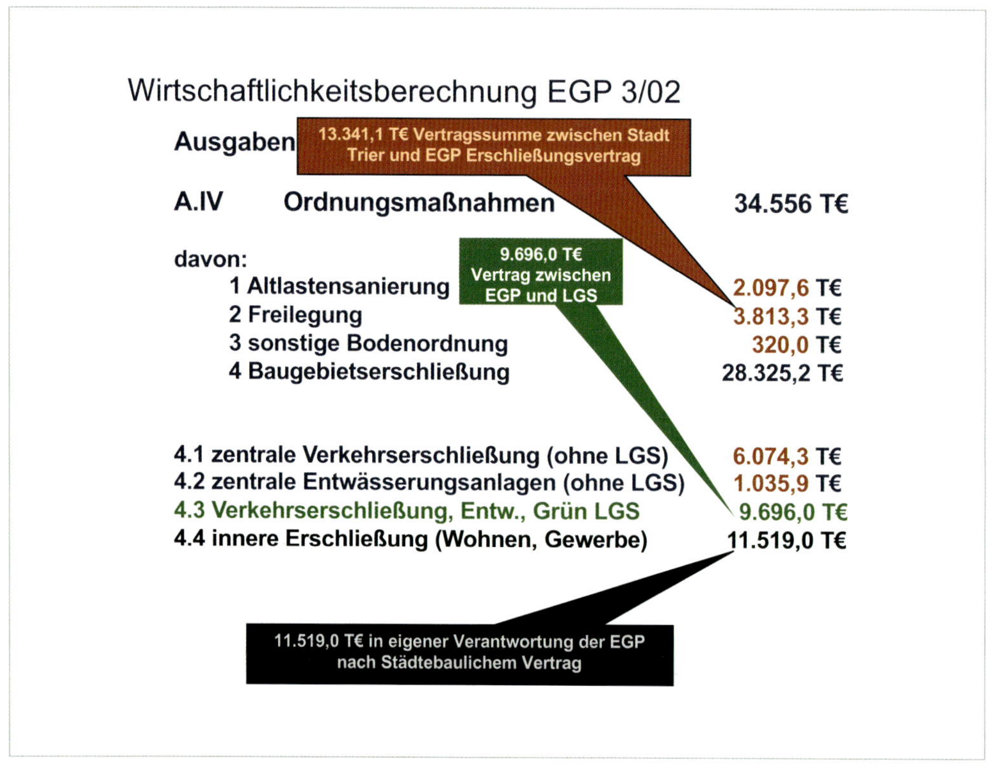

Abb. 9: Ausgaben: Wer trägt welche Kosten?

Der Wirtschaftsplan zum Start der Entwicklungsgesellschaft Petrisberg zeigte im Ergebnis bei Einnahmen von ca. 103 Millionen Euro und Ausgaben von ca. 98 Millionen Euro einen Überschuss nach zehn Jahren von ca. 5 Millionen Euro.

Die Einnahmen und Ausgaben über den Zeitraum von 2001 bis 2010 sind im Cashflow in Abb. 10 dargestellt.[155]

Natürlich unterliegt die Umsetzung eines solchen komplexen Projektes vielen Einflussgrößen über den gesamten Entwicklungsverlauf, die nicht alle vorhergesagt werden können. Entscheidend für die erfolgreiche Umsetzung des Projektes war aber, dass dieser Wirtschaftsplan im Rahmen eines permanenten Controllings vierteljährlich fortgeschrieben wurde und Grundlage für alle Beratungen und Beschlüsse des Aufsichtsrates waren. So konnte das Projekt im Jahr 2012 erfolgreich wie geplant abgeschlossen werden.

Zusammenfassende Bewertung der Vorlaufphase 1996–2002

Wenn auch die Organisation von vielen Faktoren abhängig war, lassen sich folgende Gründe für die lange Vorlaufzeit zum Projekt nennen:

1. Es gab eine sehr lange Zeit der Unsicherheit, welche Liegenschaften wann frei werden würden. Das hat erheblich dazu beigetragen, dass in den Anfangszeiten der Konversion der Petrisberg nicht im Fokus stand. Die vorbereitenden Untersuchungen zur städtebaulichen Entwicklungsmaßnahme konnten erst begonnen werden, als der Zeitpunkt der Freigabe (1999) im Jahr 1996 bekanntgegeben wurde.

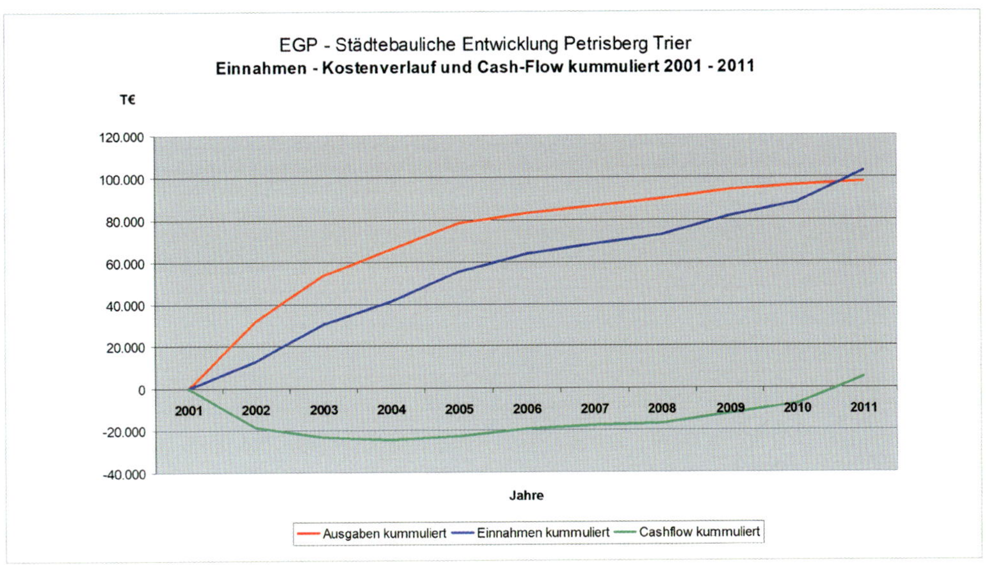

Abb. 10: Einnahmen – Ausgaben – Cash-Flow 2001–2011

2. Das Projekt Wissenschaftspark hat lange Zeit die Diskussion beherrscht. Dabei waren die Grundstücks-, Finanzierungs- und Organisationsfragen ungeklärt. Im Vorgriff auf ein städtebauliches Gesamtkonzept wurden immer wieder neue Standortvarianten diskutiert, die Anpassungen der Entwicklungsmaßnahme erforderten. Hinzu kam die Vorstellung, eine eigene Gesellschaft für die Errichtung des Wissenschaftsparks mit eigenem Budget zu gründen – später wurde daraus (nur noch) eine unabhängige Betreibergesellschaft. Am Ende wurde folgerichtig das Projekt Wissenschaftspark in die städtebauliche Entwicklungsmaßnahme integriert und die Zielsetzung der Errichtung eines Wissenschaftsparks im städtebaulichen Vertrag festgeschrieben.

3. Die Durchführung der Landesgartenschau wurde zusätzlich in die Entwicklungsmaßnahme integriert. Dies erforderte ebenfalls Anpassungen im Ablauf des Projektes, war aber insgesamt ein entscheidender Impuls zur Bereitschaft der verschiedenen Mitwirkenden, Kompromisse zu suchen, da das gemeinsame termingebundene Ziel der Eröffnung der Landesgartenschau im April 2004 im Mittelpunkt stand.

4. Hinzu kam, dass sich die Suche nach Gesellschaftern, die bereit waren, eine solche Entwicklungsmaßnahme als ein gemeinsames Projekt anzusehen, äußerst schwierig gestaltete. Am Anfang war der interessierte Kreis der Gesellschafter eher darauf ausgerichtet, zu prüfen, welche Vorteile die Beteiligung an der Entwicklungsgesellschaft für die eigene Geschäftstätigkeit haben könnte. Es war dann folgerichtig, dass sich am Ende ein Gesellschafterkreis herausbildete, der aus fachlicher Sicht und im Bewusstsein, eine integrierte Projektentwicklung voranzutreiben, engagiert war.

5. Wenn man die danach erfolgte Entwicklung betrachtet, so ist festzustellen, dass diese „nach Plan" und ohne Friktionen verlaufen ist. Dies ist bestimmt auch darauf zurückzuführen, dass in den intensiven Diskussionen in der Vorbereitungsphase (insbesondere in den Jahren 2000 – 2001 – 2002) alle Aspekte und Alternativen erörtert und abgeglichen wurden.

Der am 30.12.2002 geschlossene städtebauliche Grundvertrag war zwar Basis für alle weiteren Entscheidungen – auf der anderen Seite war die Zusammenarbeit der Beteiligten darauf gerichtet, auch auf veränderte Rahmenbedingungen reagieren zu können. Dies hat schließlich zum erfolgreichen Abschluss des Projektes geführt.
Vielleicht war die Realisierung des Projektes „Petrisberg" auch deshalb so erfolgreich, weil gerade die Vorlaufzeit (ungewollt) lange gedauert hat?

PROJEKTENTWICKLUNG 2002–2012

Rahmenterminplan

Die LGS setzte die Maßstäbe für die Organisation der Entwicklungsmaßnahme und die einzelnen Realisierungsabschnitte. So war mit dem Eröffnungsdatum der LGS im April 2004 ein Eckpunkt festgelegt. Es ging also darum, alle erforderlichen Maßnahmen untereinander zu koordinieren, damit die Voraussetzungen für das Veranstaltungsjahr gegeben waren. Dies umfasste die Realisierungs- und Rückbauplanung, die Planung und Ausführung der übergeordneten Erschließung, die Schaffung von Baurecht und natürlich alle Baumaßnahmen (Grünflächen, Wegebau etc.) für die Landesgartenschau.
Grundlage war, dass alle Investitionen in Verbindung mit der Landesgartenschau bereits vorlaufende Maßnahmen für die Gesamtentwicklung sind und nach der Landesgartenschau die Grün- und Freiflächen schon entwickelt sind und genutzt werden können.
Wichtig war auch, das Element Wasser in die Gesamtentwicklung, durch das Wasserband und die Gebiete der Regenwasserversickerung einzufügen. Weiterhin sollte die LGS nicht die Entwicklung durch „eine Unterbrechung" von einem Jahr verzögern, sondern fördern. So wurde schon für die LGS das WIP-Center errichtet, das Wohnen am Wasserband in einem ersten Abschnitt realisiert und erste Maßnahmen des Wohnungsbaus im Gebiet W1 Nord umgesetzt.

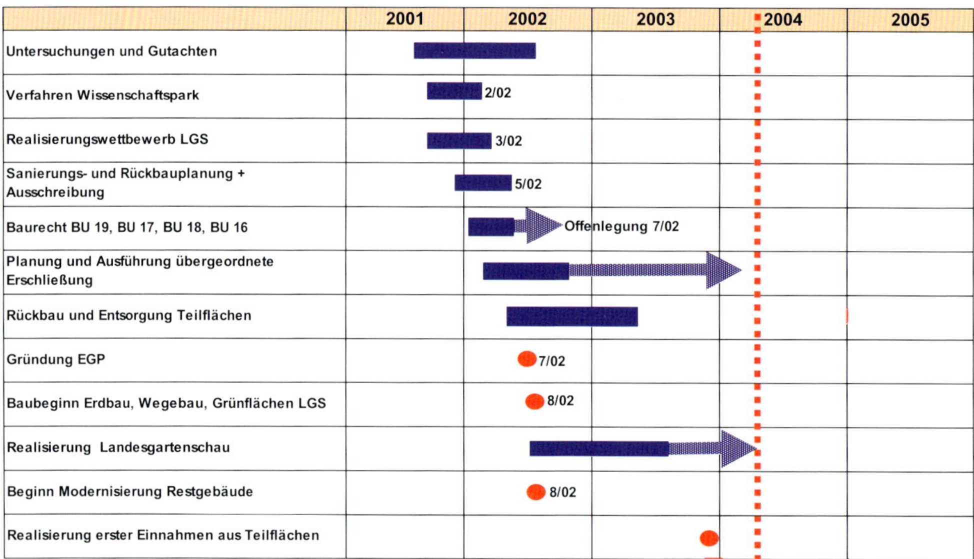

Abb. 11: Rahmentermine bis zur Eröffnung der Landesgartenschau im April 2004[156]

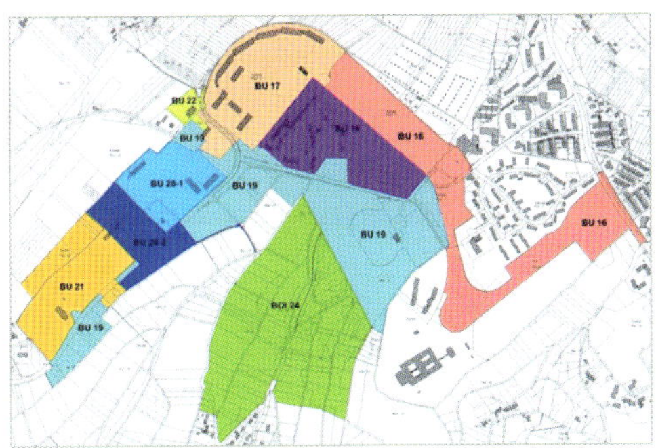

Abb. 12: Aufteilung Bebauungspläne 2001

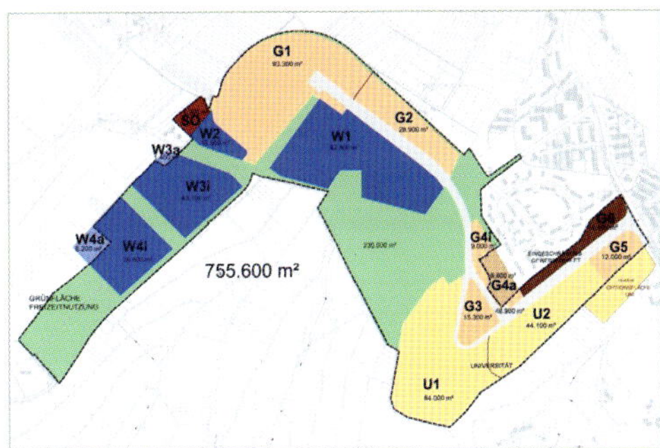

Abb. 13: Bebauungspläne im Entwicklungsbereich (Abschluss)

Schaffung von Baurecht

Die Sicherung der Entwicklung durch die Schaffung von entsprechendem Baurecht war eine wesentliche Grundlage für die fristgemäße Umsetzung der LGS und der weiteren Gebiete nach Abschluss der Landesgartenschau nach dem Jahr 2004.[157]

Eine wichtige Rolle spielte bei der Schaffung von Baurecht das Thema Verkehrserschließung, insbesondere wegen der Zunahme des Verkehrs in der Kohlenstraße und auch in Olewig. Schwierig war die Diskussion auch deswegen, weil das Projekt einer leistungsfähigen ÖPNV-Anbindung bisher auch nicht umgesetzt werden konnte (Petrisbergaufstieg).

ÖPNV-Erschließung – Petrisbergaufstieg

In das Verkehrskonzept der Rahmenplanung 2002 integriert war die mittel- bis langfristige Option einer ÖPNV-Querachse von der Talstadt zum Tarforster Plateau. Berücksichtigt waren die 1998 im Rahmen einer standardisierten Bewertung untersuchten Varianten.

Die Konzeption sah innerhalb des städtebaulichen Entwicklungsbereichs eine Trassenführung weitgehend parallel zur Haupterschließungsstraße vor; lediglich im Bereich des Geozentrums der Universität schwenkt die ÖV-Trasse von der Sammelstraße ab, um hier eine Erschließung der universitären Einrichtung in sehr kurzer Distanz zu ermöglichen.

Die standardisierte Bewertung zeigte auf, dass das Vorhaben im Grundsatz förderfähig ist. Die Folgekostenberechnung machte deutlich, dass ein wirtschaftlicher Betrieb der ÖPNV-Trasse angenommen werden kann.[158]

Zusammenfassend war aber Ende 2005 festzustellen, dass die Rahmenbedingungen für eine Förderung der Maßnahme derzeit eine wirtschaftliche Umsetzung ohne Förderung nach GVFG nicht zulassen, weil zurzeit keine Systeme auf dem Markt sind, die als „Bahn besonderer Bauart" anerkannt, eingeführt und nach GVFG förderfähig sind.[159]

Erneut aufgegriffen wurde das Projekt im Jahr 2009 auf der Grundlage einer Fortschreibung der Rahmenbedingungen. Zusätzlich wurde in die Diskussion als Alternative zur direkten

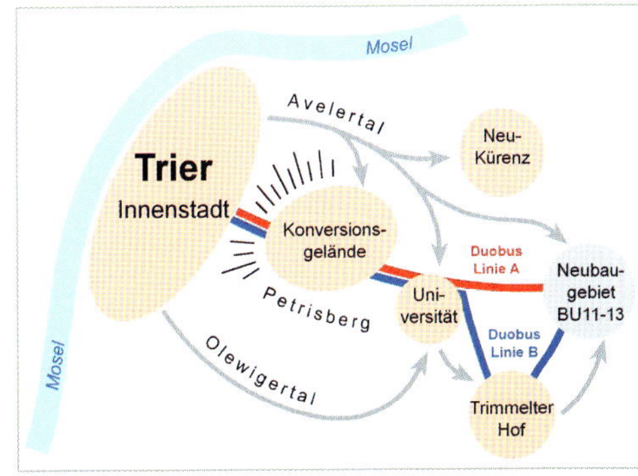

Abb. 14: Konzeption ÖPNV-Querachse

Bustrasse eine Seilbahnlösung vom Hauptbahnhof bis auf die Tarforster Höhe eingebracht, was schließlich zu einem Beschluss des Stadtrates am 28.01.2010 führte, eine Potentialanalyse zu einer Seilbahnlösung zu beauftragen.[160]
Nach Vorlage der Potentialuntersuchung im Jahr 2012, die zum Ergebnis hatte, dass ein Bussystem gegenüber der Seilbahnlösung eine bessere Erschließungswirkung hat, befasste sich der Stadtrat erneut am 28.06.2012 mit dem Projekt und beschloss, dass ein Projekt Seilbahn nicht weiterverfolgt wird, aber eine Bustrasse gesichert bzw. offen gehalten werden soll.[161] Dies ist auch in dem Flächennutzungsplan so geschehen.[162]
Zuletzt befasste sich der Stadtrat mit diesem Projekt am 10.11.2022[163] auf der Grundlage eines Gutachtens, welches vergleichend auch Seilbahnlösungen untersuchte[164], und fasste den Beschluss, dass als Zielkonzept für das ÖPNV-System der Stadt Trier für die Zeit nach 2030 das Schienennetz auf der Ost- und Westseite der Mosel für den schienengebundenen Verkehr sowie das Straßennetz für das Bus-System zugrunde gelegt werden. Das Gesamt-ÖPNV-System basiert somit auch langfristig nur auf diesen beiden Komponenten. Eine Seilbahnlösung wurde verworfen, weil alle vergleichenden Bewertungen für das System Schienenverkehr kombiniert mit einem Busverkehr sprachen.
Weiterhin beauftragte der Stadtrat die Verwaltung zur Umsetzung des Projektes die Vorbereitung und Vergabe einer Machbarkeitsstudie für die ÖPNV-Querachse, die Führung von Verhandlungen mit dem Land Rheinland-Pfalz über die Bezuschussungsmöglichkeiten und die Vorlage eines Berichtes zur Machbarkeitsstudie mit Kostenschätzung und möglichem Finanzierungsplan unter Berücksichtigung der Zuschussmöglichkeiten bis Ende 2024.
Die Frage einer leistungsfähigen ÖPNV-Erschließung des Petrisberges und der Tarforster Höhe bleibt damit weiterhin, trotz zahlreicher „Anläufe" in den letzten 20 Jahren, ungelöst.

Durchführung der Investitionsmaßnahmen im Vorgriff auf die Tätigkeit der Entwicklungsgesellschaft

Die Realisierung und Finanzierung von Baumaßnahmen ab dem Jahr 2002 erfolgte durch die Stadt Trier im Vorgriff auf die Aufnahme der Geschäfte durch die Entwicklungsgesellschaft Petrisberg (EGP).
Aufgrund des sehr engen Zeitrahmens zur Herrichtung der Flächen für die Landesgartenschau im Jahr 2004 (noch ca. 16 Monate Bauzeit) ergaben sich notwendige vorbereitende und ergänzende Baumaßnahmen auf dem Gelände Petrisberg, die durch die Stadt im Vorfeld der Gesellschaftsgründung beauftragt und begonnen werden mussten. Nur so konnte das Ziel Landesgartenschau 2024 gehalten werden.
Der Entwicklungsbereich Konversion Petrisberg, mit Wohnbebauung und Wissenschaftspark, sollte nach dem städtebaulichen Rahmenplan, im Anschluss an die sich im Bau befindliche Haupterschließungsstraße durch den Neubau der Straße an der Krone weiter erschlossen werden. Die Detailplanung und Umsetzung der Einzelmaßnahmen erfolgte über den Bebauungsplan BU 17 „Konversion Petrisberg – Belvedere Nord".
Die Fertigstellung dieser Erschließungsmaßnahme musste bis zur Eröffnung der Landesgartenschau im April 2004 erfolgen. Die Stadt Trier blieb bis zum Abschluss der Baumaßnahme in der Bauherrenfunktion. Die Abrechnung der Maßnahme erfolgte mit der EGP nach tatsächlich angefallenen Kosten[165], da die Straße an der Krone Bestandteil der Entwicklungsmaßnahme Petrisberg ist.

Landesgartenschau

Die zeitliche Einbettung der Landesgartenschau mit dem festgesetzten Datum der Eröffnung im April 2004 erforderte bei der Umsetzung aller Investitionen eine besondere Abstimmung. Die nachfolgenden Darstellungen zeigen auf der Zeitachse, was bis zur Gartenschau entwickelt wurde, damit diese fristgemäß stattfinden konnte.

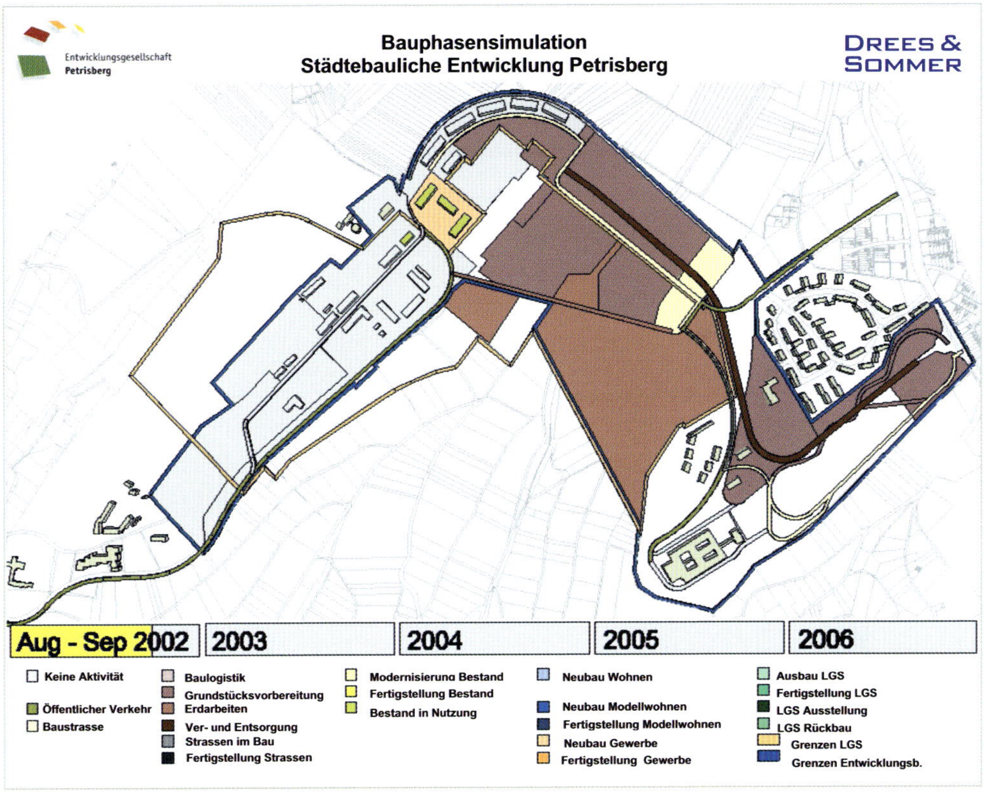

Abb. 15: Vorbereitende Arbeiten Aug – Sep 2002

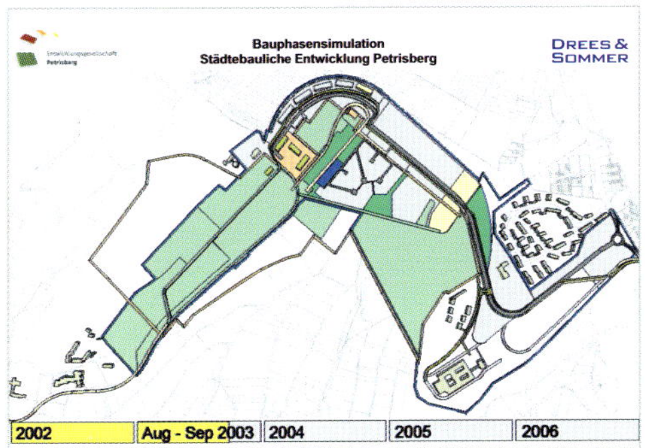

Abb. 16: Abschluss der Arbeiten zur Landesgartenschau

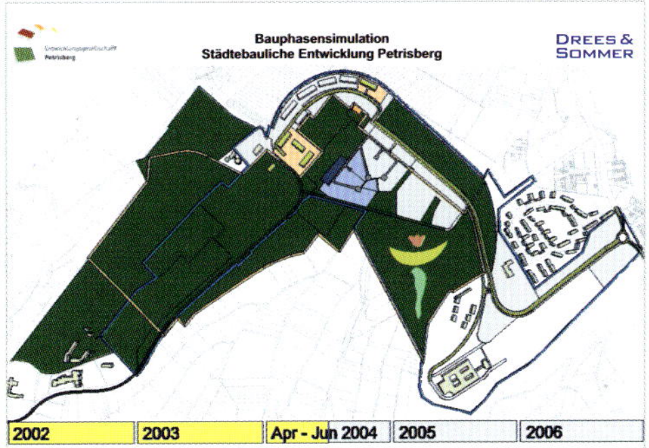

Abb. 17: Das Landesgartenschaugebiet

Abb. 18: Informationsplan zur Landesgartenschau

Nach der Landesgartenschau erfolgte dann die abschnittsweise Umsetzung der Entwicklungsmaßnahme, die sich an den folgenden Abbildungen ablesen lässt. Bedeutsam ist, dass durch die Schaffung der übergeordneten Erschließungs- und Entwässerungsanlagen sowie den Anlagen für Grün, Freizeit und Erholung „Baufelder“ geschaffen wurden, die in einem schon entwickelten Gebiet „eingebettet“ waren. Hier zeigt sich, welche Impulse für die Umsetzung durch die Landesgartenschau ausgegangen waren.

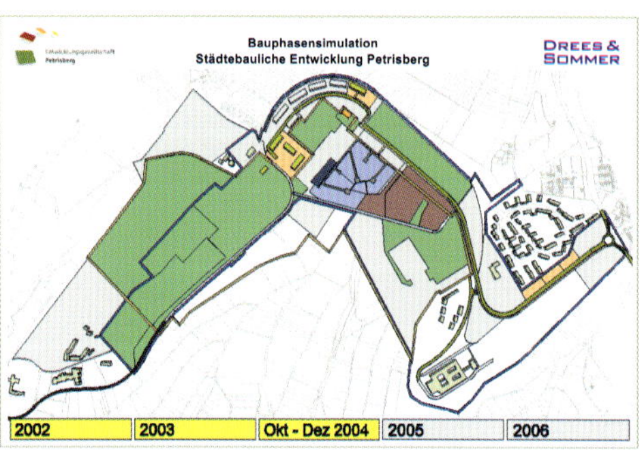

Abb. 19: Rückbau der Landesgartenschau bis Ende 2004

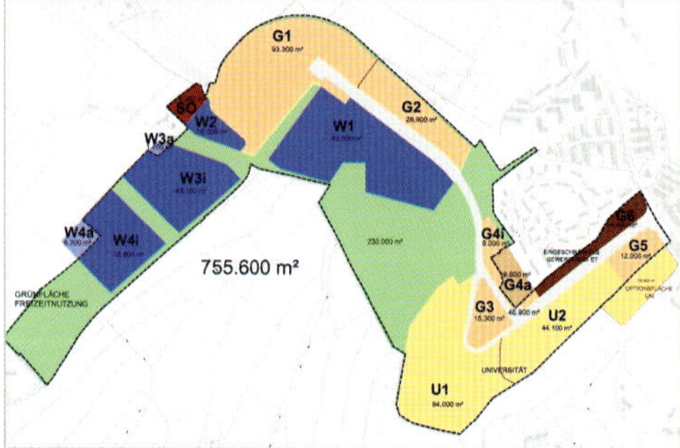

Abb. 20: Entwicklungsabschnitte ab 2005

Abb. 21: Simulation Entwicklung 2005

Abb. 22: Simulation Entwicklung 2006

Abb. 23: Simulation Entwicklung 2008

Abb. 24: Simulation Entwicklung 2011

Abb. 25: Ergebnis Petrisberg – Luftbild 2013

NUTZUNGSPHASE 2012–2022

Die letzten zehn Jahre haben gezeigt, dass auf dem Petrisberg eine nachhaltige Entwicklung gelungen ist. Dies kann man daran ersehen, dass selbst strukturelle Wechsel und Mieterwechsel zu keine Leerständen geführt haben. Der Freizeitbereich zeigt sich – auch nach fast 20 Jahren – in einem hervorragenden Zustand und ist unverändert für die Trierer Bevölkerung attraktiv.

WOHNEN

https://www.petrisberg.de/das-projekt/wohnen

Mit rund 272 Einfamilienhäusern, über 500 Eigentumswohnungen und 492 Studentenwohnungen zzgl. der Wohnheime Behringstraße des Studierendenwerkes gehört der Petrisberg zu einem der beliebtesten Wohnquartiere in Trier. Ca. 2.500 Einwohner im Statistischen Bezirk 4021 (2022)

ARBEITEN

https://www.petrisberg.de/das-projekt/arbeiten

Für über 180 Unternehmen mit ca. 1.350 Mitarbeitern bietet der WIP mit seinen repräsentativen Büro- und Gewerbeflächen, seiner Nähe zur Universität und seiner guten Erreichbarkeit optimale Bedingungen für Unternehmen.

FREIZEIT

https://www.petrisberg.de/das-projekt/freizeit

Attraktive Freizeitmöglichkeiten auf dem Petrisberg werden geboten, die dank der LGS entstanden sind. Bei der Entwicklung des Petrisbergs wurde besonderen Wert auf ein lebenswertes Umfeld gelegt. So laden viele Fuß- und Radwege, Promenaden, Spiel- und Sportplätze, Beachvolleyballfelder, die Skaterbahn, das Wasserband oder der Maronenhain zum Verweilen ein.

Petrisberg in Zahlen

- 70 ha Fläche Gesamtareal
- 15 ha veräußerbare Wohnbauflächen
- 10 ha veräußerbare Gewerbeflächen
- 45 ha Erschließungs- und Freizeitflächen

Beeindruckend sind Eckwerte zur Entwicklung des Gebietes:

- 183 Unternehmen mit ca. 1.360 Mitarbeitern (Stand 2017)
- Bürovillenpark: Gewerbefläche: 27.898 qm; insgesamt 11 Grundstücke
- G2 – Das Kreativquartier: Gewerbefläche 19.483 qm; insgesamt 32 Grundstücke
- Kronengebäude 6 „Rotes U“: 8 ehemalige Kasernengebäude: Büromietfläche: ca. 25.000 qm
- Parkplätze: Über 900 Stellplätze auf Stellplatzanlagen im WIP; weitere 136 Stellplätze in Planung

Abb. 26: Wohnen auf dem Petrisberg

Abb. 27: Arbeiten auf dem Petrisberg

Geschaffene Wohneinheiten:
272 Einfamilienhäuser, über 500 Eigentumswohnungen und 492 Studentenwohnungen
Investitionen seitens der EGP:
Gesamtareal: ca. 124,5 Millionen Euro (Baureifmachung, Erschließung, Infrastruktur)
WIP-Wissenschaftspark: ca. 24 Millionen Euro (Kronengebäude)

Zusammenfassende Bewertung

Nach einer langen Vorlaufzeit des Projektes von insgesamt fast 6 Jahren (1996 – 2002) ist es gelungen, diese umfangreiche Entwicklungsmaßnahme im Zeitraum von 10 Jahren – so wie geplant – umzusetzen.

Es ist ein neues Quartier für Wohnen, Arbeiten und Freizeit entstanden, wobei die im Rahmen der Landesgartenschau erstellten Freizeitanlagen eine gesamtstädtische Bedeutung haben. Der Petrisberg ist auch ein Ziel für viele Bürger, gerade an den Wochenenden. Nicht gelungen ist eine den Nutzungen entsprechende ÖPNV-Erschließung, die durch das Projekt „Petrisbergaufstieg“ die Verknüpfung zwischen der Stadt in der Tallage und der Tarforster Höhe einen entscheidenden Impuls gebracht hätte. Dadurch hat sich in den letzten fünf Jahren die Nachfrage nach Parkplätzen für die dort ansässigen Unternehmen, gerade auch solchen mit einem umfangreichen Besucherverkehr (Ärzte), so erhöht, dass nun am Rande der Kronenbebauung eine Stellplatzanlage gebaut wird.[166] Vor dem Hintergrund der angestrebten Förderung des ÖPNV eine Fehlentwicklung.

Abb. 28: Freizeitgestaltung auf dem Petrisberg

[139] https://www.petrisberg.de/ – Der neue Petrisberg, Website der EGP GmbH 2023
https://www.petrisberg-dokumentation.de/ – Dokumentation zur städtebaulichen Entwicklungsmaßnahme Petrisberg/EGP GmbH Gesellschaft für urbane Projektentwicklung
https://konversion-in-trier.de – KON30 TRIER 30 Jahre militärische Konversion in Trier/Dokumentation/stadtplanung-dietze.de
Der Petrisberg in Trier. Vom Römerlager zum Wissenschaftspark. Herausgeber: Baudezernat der Stadt Trier, Landesgartenschau Trier 2004 GmbH, Entwicklungsgesellschaft Petrisberg mbH. Verlag Weyand, Trier 2004 (ISBN 3-935 281-29-3)
Dietze, Peter, Heckel, Christoph, Mikuda-Hüttel, Barbara, Neubert, Rainer, Reuther, Eva M., Schröer, Helmut: Landesgartenschau Trier. Von der Kulturgartenschau zum Lebens- und Erholungsraum. Herausgeber: Baudezernat der Stadt Trier, Landesgartenschau Trier 2004 GmbH, Entwicklungsgesellschaft Petrisberg mbH. Verlag Michael Weyand, Trier 2004 (ISBN 3-935 281-33-1)

[140] Schon 1970 war dieser Bereich im Zusammenhang mit der Suche nach einem Standort für die zukünftige Universität in dem Gutachten „Spengelin" in Standortalternativen einbezogen worden. Diese Alternative konnte wegen des Vorrangs der militärischen Nutzung aber nicht weiterverfolgt werden.

[141] Petrisberg Dokumentation/Überlegungen zur Umsetzung Städtebauliche Entwicklungsmaßnahme Petrisberg/Vorlaufphase 1996 –2002/Gesellschaftsgründung - https://www.petrisberg-dokumentation.de/
https://www.petrisberg-dokumentation.de/artikel/ueberlegungen-zur-umsetzung-staedtebauliche-entwicklungsmassnahme-petrisberg-vorlaufphase

[142] 18.02.1993 Franzosen lehnen die Wünsche Triers ab/Pressebericht/Stadtvorstand enttäuscht über Nichtbeachtung städtischer Interessen beim Verbleib von zwei Regimentern.

[143] 16.12.1996 Städtebauliche Entwicklungsmaßnahme ‚Petrisberg'/Beschluss über die Durchführung der vor der förmlichen Festlegung erforderlichen Voruntersuchungen (Stadtratsvorlage 298-1996)
https://konversion-in-trier.de/zeitleiste/1996-2000#event-106

[144] 12.05.1998 Diskussion um Petrisberg/Pressebericht/(Informationsveranstaltung im Rathaus) (Trierischer Volksfreund)
https://konversion-in-trier.de/zeitleiste/1996-2000#event-118

[145] 21 Millionen für den Petrisberg/Trierischer Volksfreund vom 01.02.2000
https://www.petrisberg-dokumentation.de/ereignis/tv739p

[146] Städtebauliche Entwicklungsmaßnahme „Petrisberg" – Bericht über die vorbereitenden Untersuchungen – Satzungsbeschluss/Stadtratsvorlage 255/2000 vom 19.06.2000
https://petrisberg-dokumentation.de/sites/default/files/atoms/file/vorlage_255-2000.pdf

[147] 49. Änderung des Flächennutzungsplans Stadtratsvorlage 124/2000 vom 04.04.2000
https://www.petrisberg-dokumentation.de/ereignis/vorlage-124-2000

[148] Stadt Trier. Städtebauliche Entwicklungsmaßnahme Entwicklung des Strukturkonzeptes – Städtebaulicher Rahmenplan. Stand Mai 2021

[149] Städtebauliche Entwicklungsmaßnahme Petrisberg/Tischvorlage Workshop 22.10. und 23.10.2001
https://www-petrisberg-dokumentation.de/ereignis/dok011022

[150] Organisation Entwicklungsmaßnahme Petrisberg/Dokumentation Petrisberg/18.10.2001
https://www.petrisberg-dokumentation.de/ereignis/dok011018

[151] Entwicklungsgesellschaft Petrisberg EGP/Dokumentation Petrisberg/02.04.2002
https://www.petrisberg-dokumentation.de/ereignis/dok0204021

[152] Städtebaulicher Vertrag zur Entwicklung des Petrisbergs mit der EGP/Stadtratsvorlage 116/2002 vom 30.04.2002
https://www-petrisberg-dokumentation.de/ereignis/vorlage-116-2002

[153] https://info.trier.de/bi/to020.asp?TOLFDNR=4323
Landesgartenschau 2004 in Trier/Stadtratsvorlage 491/2001 vom 18.12.2001

[154] https://info.trier.de/bi/vo020.asp?VOLFDNR=1317

[155] https://petrisberg-dokumentation.de/sites/default/files/atoms/file/doc20160211152122.pdf
https://petrisberg-dokumentation.de/sites/default/files/atoms/file/doc20160211153537.pdf

[156] 29.08.2001 Städtebauliche Entwicklungsmaßnahme Petrisberg/Tischvorlage zur Gesellschaftersitzung am 28. September 2001 (Präsentation Drees & Sommer)

[157] Bebauungsplanverfahren im Entwicklungsbereich
https://www.petrisberg-dokumentation.de/artikel/projekt-petrisberg-im-spiegel-der-beratungen-des-trierer-stadtrates

[158] ÖPNV-Quertrasse von der Talstadt zu den Höhenstadtteilen/Stadtratsvorlage/Petrisbergaufstieg – Durchführung einer standardisierten Bewertung (Stadtratsvorlage 068/2000)
https://lab.pp-dok.de/ereignisse/stadtratsvorlage-068-2000200004200epnv-quertrasse

159 Beschluss des Stadtrates vom 31.01.2006 (Stadtratsvorlage 010/2006)
https://konversion-in-trier.de/massnahmen/kaserne-belvedere-petrisberg/zeitleiste#event-1085
https://info.trier.de/bi/vo020.asp?VOLFDNR=3267

160 28.01.2010 ÖPNV-Querachse Trier-Petrisberg-Aufstieg/Grundsatzbeschluss und weiteres Verfahren (Stadtratsvorlage 518/2009)
https://konversion-in-trier.de/massnahmen/kaserne-belvedere-petrisberg/zeitleiste#event-1087

161 28.06.2012 Petrisbergaufstieg: Ergebnis der Potenzialstudie Seilbahn sowie weiteres Vorgehen/(Stadtratsvorlage 162/2012) https://konversion-in-trier.de/ereignisse/stadtratsvorlage-162-201220120628petrisbergaufstieg
https://info.trier.de/bi/vo020.asp?VOLFDNR=6665

162 Flächennutzungsplan Trier 2030
https://www.trier.de/bauen-wohnen/stadtplanung/bauleitplanung/flaechennutzungsplan/
https://www.trier.de/File/fnp2030-begruendung-04-kapitel-55-58.pdf Seite 11 (Seite 162)

163 10.11.2022 Petrisbergaufstieg/ÖPNV-Querachse/ rundsatzbeschluss und weiteres Vorgehen/Zielkonzept ÖPNV-System Stadt Trier 2030 (Stadtratsvorlage 410/2022) https://info.trier.de/bi/vo020.asp?VOLFDNR=13222
https://konversion-in-trier.de/massnahmen/kaserne-belvedere-petrisberg/zeitleiste#event-1058

164 Petrisbergaufstieg – ÖPNV-Querachse - Gutachterliche Stellungnahme/Verfasser: Dipl.-Ing. Peter Dietze/Dipl.-Ing. Frank Birkhäuer/Trier, Dezember 2020
https://info.trier.de/bi/vo020.asp?VOLFDNR=13222

165 27.11.2002 Entwicklungsmaßnahme Petrisberg/Erschließung Straße „An der Krone" (Kaserne Belvédère) – Baubeschluss (Stadtratsvorlage 408/2002)
https://konversion-in-trier.de/massnahmen/kaserne-belvedere-petrisberg/zeitleiste#event-237

166 26.09.2019/Stellplatzanlage Wissenschaftspark Petrisberg/Stadtratsvorlage

Dokumentation zur städtebaulichen Entwicklungsmaßnahme Petrisberg / EGP GmbH

Der neue Petrisberg. Website der EGP GmbH 2023

KON30 TRIER 30 Jahre militärische Konversion in Trier/ Dokumentation/stadtplanung-dietze.de

Petrisberg Dokumentation/ Überlegungen zur Umsetzung Städtebauliche Entwicklungsmaßnahme Petrisberg/ Vorlaufphase 1996 – 2002/ Gesellschaftsgründung

Städtebaulicher Vertrag zur Entwicklung des Petrisbergs mit der EGP/ Stadtratsvorlage 116/2002 vom 30.04.2002

Petrisberg Dokumentation: Projekt Petrisberg – im Spiegel der Beratungen des Trierer Stadtrates

„Petrisbergaufstieg / ÖPNV-Querachse – Grundsatzbeschluss und weiteres Vorgehen/Zielkonzept ÖPNV-System Stadt Trier 2030" – Stadtratsvorlage 410-2022. Als Anlage 1 zur Vorlage dort: Petrisbergaufstieg – ÖPNV-Querachse – Gutachterliche Stellungnahme/Verfasser: Dipl.-Ing. Peter Dietze/Dipl.-Ing. Frank Birkhäuer/Trier, Dezember 2020

Abb. 1: Petrisberg während der Landesgartenschau 2004

Abb. 2: Turm Luxemburg – das Wahrzeichen der Landesgartenschau

IX. 4. Landesgartenschau in Trier im Jahre 2004[167]

Eine spannende Geschichte mit gutem Ausgang

1997 (01.03.) Workshop „Landesgartenschau in Trier“

1998 (15.07.) Grundsatzbeschluss des Trierer Stadtrates

2000 (14.10.) Ende der 1. Landesgartenschau in Kaiserslautern

2000 (02.12.) Kauf des Geländes Petrisberg

2001 (25.01.) Stadtrat beschließt Entwicklungskonzept Petrisberg

2001 (30.05.) Trierer Stadtrat beschließt in einer Sondersitzung die Bewerbung zur Landesgartenschau Rheinland-Pfalz im Jahre 2004[168]

2001 (20.08.) Präsentation des Trierer Konzepts in Mainz

2001 (23.10.) Ministerrat in Mainz entscheidet sich für Trier als Veranstaltungsort der 2. Landesgartenschau Rheinland-Pfalz

2001 (05.12.) 1. Sitzung des Aufsichtsrates der Durchführungsgesellschaft Landesgartenschau

2002 (02.03.) Realisierungswettbewerb „Landesgartenschau 2004“ – Entscheidung des Preisgerichts

2002 (01.08.) Spatenstich für die Landesgartenschau auf dem Petrisberg

2001 (Febr.) Paul Helminger, der Bürgermeister der Stadt Luxemburg, informiert die Stadt offiziell über die Beteiligung Luxemburgs an der Landesgartenschau

2003 (02.02.) Stadt Luxemburg stellt in Trier das Geschenk zur Gartenschau vor: den Turm Luxemburg

2004 (24.04.) Eröffnung der 2. Landesgartenschau Rheinland-Pfalz in Trier

2004 (24.10.) Ende der Landesgartenschau

2004 (07.12.) Pressekonferenz in Mainz: Landesgartenschau in Trier war ein großer Erfolg

Das Thema „Landesgartenschau in Rheinland-Pfalz" war ein Thema der Koalitionsverhandlungen in Mainz nach der Landtagswahl 1996. Als Ergebnis wurde eine Landesgartenschau Rheinland-Pfalz vereinbart, die in der Westpfalz, und hier in Kaiserslautern, durchgeführt werden sollte.

„Landesgartenschau" – ein Thema für Trier

In Trier war das Thema Landesgartenschau ebenfalls schon früh auf der Tagesordnung. Die Stadt Trier war sehr interessiert. Weniger, um Standort einer „Blümchenschau" zu werden. Eine solche Veranstaltung, richtig geplant und durchgeführt, konnte durchaus Strukturverbesserungen in der Stadt einleiten. Allerdings bewarb man sich nicht für die beschlossene erste Ausstellung in Rheinland-Pfalz; zumal sich die Landesregierung schon auf die Stadt Kaiserslautern als Veranstaltungsort festgelegt hatte. Außerdem erschien der zeitliche Vorlauf bis zur Ausstellung im Jahre 2000 als zu gering.
Dennoch bereitete man sich in der Stadt Trier sehr intensiv auf das Thema Landesgartenschau vor. Vom 28. Februar bis zum 1. März 1997 fand in Trier unter der Leitung des Baudezernenten Peter Dietze ein Workshop „Landesgartenschau in Trier" statt, um das Thema „kreativ zu untersuchen und damit einen ersten Impuls für weitere Entwicklungen für politische und planerische Entscheidungen zu geben."[169] Im Workshop wurden sechs Teilgebiete in der Stadt Trier als Veranstaltungsort untersucht. In der Diskussion gab es eine „gewisse Präferenz und Projektneigung" für das Konversionsgebiet „Petrisberg". Daneben erschien auch der Bereich „Altbachtal/Olewig" als möglicher Standort geeignet.
Bereits am 15. Juli 1998 bekundete der Trierer Stadtrat sein großes Interesse an einer Landesgartenschau in Trier und fasste einen Grundsatzbeschluss. Die Verwaltung wurde beauftragt, Bewerbungsunterlagen für die Ausrichtung einer Landesgartenschau in Trier zu erarbeiten. Als mögliches Ausstellungsjahr wurde das Jahr 2005 genannt. In der Diskussion des Stadtrates wurde dieses Vorgehen der Stadt Trier teilweise kritisiert. Eine Gartenschau in Trier sei ein „Schubladenprojekt", das Arbeitskräfte binde und letztlich zu diesem frühen Zeitpunkt schon finanzielle Mittel erfordere.
Es kam hinzu, dass eine Landesgartenschau mit wechselnden Veranstaltungsorten von der Landesregierung noch nicht beschlossen worden war. Zielsetzung war zunächst eine Landesgartenschau auf Dauer in Kaiserslautern. Eine endgültige Entscheidung über zukünftige weitere Landesgartenschauen wollte die rheinland-pfälzische Landesregierung von den gewonnenen Erfahrungen in Kaiserslautern abhängig machen. Diese abwartende Haltung wurde von den rheinland-pfälzischen Städten und Gemeinden kritisiert. Man wollte, dass in einem bestimmten Rhythmus auch in anderen Landesteilen eine Landesgartenschau durchgeführt werden sollte. Der politische Druck nahm zu. Und es war keine Überraschung, dass am 23. März 2001 interessierte Städte in Rheinland-Pfalz aufgefordert wurden, sich um die Ausrichtung einer Landesgartenschau im Jahre 2004 zu bewerben. Im Hinblick auf das Ausstellungsjahr 2004 war das sehr spät. Eine erfolgreiche Bewerbung der Stadt Trier wäre kaum möglich gewesen, wenn es nicht durch die frühzeitigen Diskussionen und den Grundsatzbeschluss des Stadtrates schon wichtige Vorarbeiten gab. Das „Schubladenprojekt" hatte sich bewährt.

2001: Bewerbung – Die Landesgartenschau als Teil der Entwicklungsmaßnahme Petrisberg

In einer Sondersitzung im Mai 2001 beschloss der Trierer Stadtrat die Bewerbung für die 2. Landesgartenschau Rheinland-Pfalz in Trier. Diese Bewerbung des Trierer Stadtrates hatte es in sich. Wurde doch nicht nur beschlossen, sich für die nächste Landesgartenschau zu bewerben, sondern es wurde zusätzlich die Gründung einer

Durchführungsgesellschaft (Landesgartenschau GmbH) und die Auslobung eines Ideen- und Realisierungswettbewerbs festgelegt. Weiter verpflichtete sich die Stadt Trier „zur Übernahme des nicht gedeckten Anteils der Betriebskosten der Landesgartenschau GmbH". In dem Bewerbungsbeschluss wurde auch die Gesamtinvestitionssumme für die Landesgartenschau festgeschrieben: Insgesamt sollten 34,66 Millionen DM investiert werden.

Diese außergewöhnliche Summe wies darauf hin, dass sich die Argumentation der Stadt Trier durchgesetzt hatte: Die Landesgartenschau sollte als ein wichtiger Baustein der weiteren Entwicklung der Konversionsflächen auf der Tarforster Höhe geplant werden. Diese ehemals französisch genutzten Gebiete sollten im Rahmen einer städtebaulichen Entwicklungsmaßnahme einer neuen Nutzung zugeführt werden. Bereits 1997 und 1998 waren dazu erste Leitvorstellungen entwickelt worden. In weiteren Diskussionen wurde in Trier zunehmend der Gedanke entwickelt, das Projekt „Landesgartenschau in Trier" mit dieser Entwicklungsmaßnahme auf dem Petrisberg zu verknüpfen. Ein Ziel der Stadt Trier war es auch, die weitere Entwicklung des Gesamtareals auf dem Petrisberg einer Gesellschaft zu übertragen. Die positiven Erfahrungen, welche die Stadt Trier bei der Konversionsmaßnahme „Castelforte" mit Public-Private-Partnership gemacht hatte, waren hier hilfreich. Dies bedeutete einen Rückzug der Stadt Trier und die Übergabe des Grundstücks an die neu gegründete „Entwicklungsgesellschaft Petrisberg" (EGP). Die Stadt Trier hatte die Konversionsliegenschaften auf dem Petrisberg vorher vom Bundesvermögensamt erworben.

Die inhaltliche Verknüpfung der Landesgartenschau mit der Entwicklung auf dem Petrisberg hatte einige Vorteile. In Trier war der Petrisberg über eine sehr lange Zeit fast in Vergessenheit geraten. Durch eine erfolgreiche Landesgartenschau ergab sich die große Chance, dieses Stadtgebiet wieder ins Bewusstsein der Triererinnen und Trierer zu bringen. Insofern war die Landesgartenschau in Trier eine Marketingmaßnahme für den Petrisberg, für die dort vorgesehenen Nutzungen Wohnen, Arbeiten (Wissenschaftspark), Studieren und Naherholung. Der Petrisberg und die Gesamtentwicklung dort erhielten durch die Landesgartenschau eine erhebliche Aufwertung. Ein weiterer Vorteil der Verknüpfung der Landesgartenschau mit der Gesamtentwicklung auf dem Petrisberg waren die finanziellen Auswirkungen. Für die Gartenschau standen nicht nur die Gelder für die Gartenschau zur Verfügung, sondern zusätzlich Mittel aus der Entwicklungsmaßnahme Petrisberg.

Standortentscheidung für Trier und die Rolle der Stadt Luxemburg

Als der Stadtrat im Jahre 2001 die Bewerbung um die Landesgartenschau 2004 beschloss, gab es noch keine Standortentscheidung der Landesregierung. Die Zuversicht in Trier war aber sehr groß. Hatte doch die Westpfalz durch den Veranstaltungsort Kaiserslautern die erste Gartenschau veranstaltet. Also, so argumentierte die Stadt Trier, sei 2004 eine andere Region naheliegend. Zumal strukturpolitische Gründe für den Standort Trier sprachen und die Jahrhundertaufgabe Konversion durch eine Landesgartenschau besser bewältigt werden konnte. Außerdem unterstützte die gesamte Region Trier und die Stadt Luxemburg die Trierer Bewerbung.

Letztlich präsentierte neben der Stadt Trier auch die Stadt Ludwigshafen am 20. August 2001 im Mainzer Wirtschaftsministerium ihr Konzept. Hier galt es, durch einen überzeugenden Plan diesen „Wettbewerb" zu gewinnen. Oberbürgermeister Helmut Schröer, Beigeordneter Peter Dietze und der Trierer Landschaftsarchitekt Christoph Heckel stellten den in vielen Sitzungen und Fachgesprächen erarbeiteten Beitrag vor. Die Stadt Trier konnte darauf hinweisen, dass durch die frühzeitige Einschaltung

Abb. 3: Das Symbol der Landesgartenschau 2004 Trier

Abb. 4: Das Baumhaus

des Stadtrates, eine breite Bürgerbeteiligung und eine umfangreiche Berichterstattung in den Medien in der Stadt Trier eine sehr positive Erwartungshaltung geschaffen worden sei. Einen großen Eindruck hinterließ die angekündigte Beteiligung der Stadt Luxemburg an der Landesgartenschau in Rheinland-Pfalz. Im Februar 1991 hatte Paul Helminger, der Bürgermeister der Stadt Luxemburg, den Trierer Oberbürgermeister über eine Beteiligung der Stadt Luxemburg informiert. Diese „europäische Ausweitung" der rheinland-pfälzischen Landesgartenschau wurde zu einem wichtigen Alleinstellungsmerkmal der Bewerbung der Stadt Trier.

In der Trierer Presse hieß es am 22. Mai 2001 im Bericht über die Veranstaltung im Mainzer Wirtschaftsministerium: „Nach den beiden halbstündigen Vorträgen war die Stimmung im Trierer ‚Fanblock' bestens". Und die Bestätigung folgte am 23. Oktober 2001, als der Ministerrat in Mainz sich für die Stadt Trier als Austragungsort der Landesgartenschau 2004 entschied. Die Stadt Trier hatte ein überzeugendes Konzept vorgestellt. Der Trierische Volksfreund kommentierte: „Denn für das Oberzentrum der Region wird die Entscheidung, die der Ministerrat gestern getroffen hat, Folgewirkungen haben, die mit denen der 2000-Jahr-Feier 1984 zu vergleichen sind. Auch damals veränderte sich das Stadtbild erheblich, auch damals kamen hunderttausende Besucher nach Trier. Auch damals machte die Veranstaltung die Stadt Trier überregional bekannt und sorgte noch Jahre danach für lukrative Touristenströme. Und für die hochgesteckten Ziele, auf dem Petrisberg einen Wirtschafts- und Wissenschaftsstandort erster Güte zu schaffen, ist die Landesgartenschau zwingend Voraussetzung. Denn nur mit den damit verbundenen erheblichen Zuschüssen aus Mainz kann die, unter Finanznot leidende Stadt, das triste Kasernen-Plateau so umgestalten, dass dort ein Vorzeigeprojekt entsteht, das Wohnen, Arbeiten, Wissenschaft und Freizeit in idealer Weise miteinander verbindet."[170]

Vorbereitung und Durchführung

Der größte Teil der Arbeit stand noch bevor. Es wurde eine Landesgartenschaugesellschaft gegründet. Gesellschafter dieser Durchführungsgesellschaft waren die Stadt Trier (60 %) und die Projektgesellschaft Landesgartenschau Rheinland-Pfalz (40 %), die Gesellschaft der „grünen Berufsverbände". Im Aufsichtsrat war auch der Trierer Stadtrat vertreten. Vorsitzender war der Trierer Oberbürgermeister. Auf Vorschlag der Stadt Trier wurde die Landrätin Beate Läsch-Weber (Bernkastel-Wittlich) in den Aufsichtsrat berufen.

Abb. 5: Guter Besuch

Abb. 6: Hallenschau

Es galt Zeit zu gewinnen. Der 22. April 2004, der Tag der Eröffnung der Landesgartenschau, war nicht mehr weit. Die Stadt Trier hatte es riskiert, im Vorgriff auf die Entscheidung des rheinland-pfälzischen Kabinetts die europaweite Ausschreibung für einen Ideen- und Realisierungswettbewerb im Amtsblatt der Europäischen Union zu veröffentlichen. Die Aufgabe war offensichtlich sehr interessant, denn mehr als einhundert Planungsgemeinschaften (Landschaftsarchitekten, Stadtplaner und Architekten) zeigten ihr Interesse. Das Preisgericht entschied sich für die Arbeit des Trierer Landschaftsarchitekten Helmut Ernst und des Architekten Michael R. Schwarz, Trier.

Die Vorbereitungen zur Landesgartenschau standen unter einem erheblichen Zeitdruck. Wichtig war, dass sich die Baumaßnahmen in einem festen Zeitplan entwickelten, immer in Abstimmung mit der Entwicklungsgesellschaft Petrisberg (EGP). Als besonders erfreulich stellte sich die Zusammenarbeit mit den Trierer Partnerstädten heraus. Die Gärten der Partnerstädte wurden ein attraktiver Teil der Landesgartenschau und bereicherten nach der Gartenschau das Naherholungsgebiet auf dem Petrisberg. Die Beteiligung

Abb. 7: Am Wasserband

Abb. 8: Blumenbeete

Abb. 9: Japanischer Garten

Luxemburgs wurde während der Veranstaltung mehr und mehr zu einem Zeichen der guten nachbarschaftlichen Zusammenarbeit. Der luxemburgische Gartenbauverband schenkte der Stadt Trier einen Garten. „Terra Mixta" wurde der Garten genannt. Er stellt die abwechslungsreiche Bodenstruktur Luxemburgs dar.

Der „Turm Luxemburg"

Schon sehr früh wurde in Luxemburg der Gedanke eines symbolträchtigen Geschenks für die Stadt Trier diskutiert. Das Geschenk sollte dauerhafter Natur sein. Die Trierer waren sehr gespannt, war doch der bekannte luxemburgische Architekt François Valentiny mit dieser Aufgabe betraut worden. Das Geschenk war der Turm Luxemburg; eine begehbare Skulptur – 16 Meter hoch und 25 Meter breit. „Der ‚Turm der Träum und Sehnsüchte' sei in der Lage die Verbundenheit zwischen beiden Nachbarstädten zu zeigen und könne darüber hinaus ‚auch Blicke und Gedanken weitertragen'."[171] Der Turm wurde mehr und mehr das Wahrzeichen der Landesgartenschau. Die Symbolkraft des Bauwerkes überzeugte. Früher wurden Türme gebaut, um Ausschau nach Feinden zu halten. Der „Turm Luxemburg" war aber eben nicht ein Zeichen des Misstrauens, sondern ein Zeichen der Verbundenheit zwischen den Nachbarstädten, der gelebten Freundschaft und Partnerschaft. Dies wurde auch sehr deutlich als Großherzog Henri und Großherzogin Maria Teresa am 24. September 2004 die Landesgartenschau in Trier besuchten. Das großherzogliche Paar genoss den Blick von Trier aus hinüber in das benachbarte Luxemburg. Das Geschenk der Stadt Luxemburg bewies an diesem Tag einmal mehr seine außerordentliche Symbolkraft.

Die Eröffnungsveranstaltung mit Ministerpräsident Kurt Beck fand am 22. April 2004 bei strahlendem Sonnenschein statt. Das schöne Wetter meldete sich auch noch einmal am 24. Oktober 2004, am Schlusstag der Veranstaltung. Zwanzigtausend Besucher wurden allein an diesem Tag auf dem Gartenschaugelände gezählt. Insgesamt wurden nach dem Abschluss der Veranstaltung 723.500 Gäste gezählt. In einer Pressekonferenz in Mainz im Dezember 2004 zog der rheinland-pfälzische Wirtschaftsminister Arthur Baukhage eine äußerst positive Bilanz. Aus einem Teil der nach Paris größten französischen Garnison sei auf 44 Hektar eine im wahrsten Sinne des Wortes blühende Landschaft entstanden. Die Landesgartenschau sei ein wesentlicher Teil der Erfolgsgeschichte des neuen Petrisberg.

Abb. 10: Der Turm Luxemburg – der Turm der Träume und Sehnsüchte

[167] Dazu: Schröer, Helmut: „Es boomt – auf dem Petrisberg". In: Trierer Weichenstellungen – Ein Beitrag zur jüngeren Stadtgeschichte, Band 1, Trier 2009, S. 249 – 258 und S. 264 – 272

[168] Sondersitzung des Stadtrates Trier am 30.05.2001. Einziger Tagesordnungspunkt: „Bewerbung zur Landesgartenschau 2004"

[169] Stadtverwaltung Trier: Ergebnisse Workshop Landesgartenschau in Trier vom 28.02. – 01.03.1997, Trier o. J., S. 3

[170] Trierischer Volksfreud vom 24. Oktober 2001: „Chance für die Region"

[171] Rommel, Wolfgang: „Luxemburg macht mit". In: Der Petrisberg in Trier. Vom Römerlager zum Wissenschaftspark. Trier 2004, S. 62

Abb. 1: Castelforte vor der Konversion (etwa 1980)

Abb. 2: Castelforte nach der Freiräumung

IX. 5. Castelforte

Ein attraktives Grundstück am Eingang der Stadt mit einer Arena

1913	Fertigstellung Jägerkaserne
1919 – 1930	Französische Kaserne im „Quartier de l'Yser"
1936	Deutsche Kaserne („Neue Goeben Kaserne")
1947 (11.07.)	Franzosen ziehen in die Kaserne ein: „Quartier Castelforte"
1992 (29.02.)	letzte Parade in der Kaserne
1992	Gründung einer Projektgesellschaft Castelforte GmbH (PTC)
1994 (05.02.)	Stadtrat beschließt Stegreif-wettbewerb
1995 (04.10.)	Stadtrat beschließt: Castelforte wird Standort der „Arena Trier"
1996 (18.06.)	Stadt erwirbt Grundstück
1997 (25.03.)	Gründung der Grundstücksgesell-schaft Castelforte (GTC)
1997 (25.03.)	Weiterveräußerung des Grund-stücks Castelforte an die GTC
1998 (30.04.)	Aufstellung des Bebauungsplans
2001 (21.10.)	Baubeschluss „Arena Trier"
2002 (25.01.)	Gründung der Arena-Betreiber-gesellschaft „Castel GmbH"
2002 (31.01.)	Stadtrat beschließt Bebauungsplan
2003 (18.06.)	Eröffnung der „Arena Trier"
2006	GTC beendet ihre erfolgreiche Arbeit

„Letzte Parade in der Kaserne Castelforte" hieß es am 29. Juni 1992 in der Trierer Presse. Castelforte war die erste Kaserne, die vom französischen Militär zurückgegeben wurde.[172] Aber nicht die gesamte Fläche. Bis Ende 1994 wurde ein kleineres Gebiet, an der Herzogenbuscher Straße gelegen, von den Franzosen noch für eigene Zwecke benötigt. Dort waren die Funkeinrichtungen für alle französischen Einrichtungen in Trier untergebracht. Es war aber selbstverständlich: Alle Überlegungen über die zukünftige Nutzung der Konversionsliegenschaft Castelforte wurden so angelegt, dass die „französische Enklave" nach ihrer Übergabe problemlos in das Gesamtvorhaben integriert werden konnte.

Die Kaserne Castelforte – ein „ungeschliffener Diamant"

Ab 1947 war die Kaserne, „Quartier Castelforte" genannt, von den Franzosen belegt. Erbaut wurde sie aber bereits im Jahre 1913 für das deutsche Kavallerie-Regiment „Jäger zu Pferde Nr. 7". Von 1919 bis 1930 belegten französische Truppen das Gelände. Im Jahre 1933 eröffnete man in Teilen den „Trierer Sender", ehe dann im Jahre 1936 wieder Soldaten der Deutschen Wehrmacht einzogen. In dieser „Neuen Göbenkaserne" lag das „1. Bataillon des Infanterie-Regiments 105". Die deutsche Wehrmacht wurde

Abb. 3: Castelforte im Jahre 1945

nach dem Zweiten Weltkrieg von den französischen Truppen abgelöst.

Das Grundstück, 15,11 Hektar groß, hat eine herausgehobene Lage: die Anbindung an die Autobahn A 602, mit der Anknüpfung an die A 1 nach Koblenz und A 48 nach Luxemburg. Die Verbindung zur Trierer City beträgt rund 2 Kilometer. Es war nicht überraschend, dass nach dem Bekanntwerden des Rückzugs der Franzosen zahlreiche private Grundstücksinteressenten sich als Käufer bewarben. Wenn eine private Investition den städtischen Entwicklungszielen entsprach, wurde in der Regel ein privater Erwerb von der Stadt Trier gegenüber dem Bundesvermögensamt unterstützt. Die Liegenschaft Castelforte war ein „ungeschliffener Diamant". Und zahlreiche private Interessenten wollten diesen Stein zum Glänzen bringen; sehr oft nicht im Sinne der Stadt. Ein großer Verbrauchermarkt mit einem innenstadtrelevanten Angebot war wiederholt die private Überlegung. Auch ein Multiplexkino wurde als idealer Standort diskutiert. Dies waren aber genau die

Nutzungen, die den städtischen Vorstellungen widersprachen. So, wie sie beispielweise in den städtischen Einzelhandelskonzepten vom Trierer Stadtrat festgelegt worden waren.

Die Kaserne Castelforte – eine herausragende Bedeutung für die Stadtentwicklung

Aus Sicht der Stadtentwicklung hatte das Konversionsgelände eine herausragende Bedeutung. Am Eingang der Stadt bestand seit vielen Jahren erstmals die Chance, durch entsprechende Nutzung einen städtebaulichen Schwerpunkt zu setzen. Die Möglichkeiten wären noch besser gewesen, wenn das angrenzende Grundstück zum Verteilerkreis hin in die städtebaulichen Überlegungen hätte einbezogen werden können. Dort hatte ein Trierer Autohaus in sehr beengten Verhältnissen seinen Standort. Eine Umsiedlung des Betriebes stand bevor. Es zeigte sich aber sehr bald, dass die Grundstückspreise in dieser attraktiven Lage von der Stadt Trier nicht zu bezahlen waren. In einer Gesamtplanung konnte deshalb dieses Grundstück nicht mitberücksichtigt werden.

Nachdem das französische Militär das Gelände zurückgegeben hatte, wollte der Bund natürlich die wertvolle Liegenschaft möglichst schnell verkaufen. Aber welchen Wert hatte das Grundstück? Wie hoch war der Kaufpreis? Natürlich hing der Wert entscheidend davon ab, wie die zukünftige Nutzung aussehen sollte. Im Trierer Rathaus war man sich sehr schnell einig, dass die Stadt zunächst das große Grundstück erwerben sollte (Zwischenerwerb). Es sollte in einem ersten Schritt die Frage geklärt werden, welche Nutzungen im Sinne einer zukunftsorientierten Stadtentwicklung angestrebt werden sollten. Deshalb diskutierte man schon 1992, vor dem Zwischenerwerb 1996, über ein Leitbild für Castelforte.

Es wurde das Ziel „Dienstleistungszentrum Trier-Nord“ formuliert. Öffentliche und private Dienstleistungen sollten auf Castelforte konzentriert werden; vor allem solche, welche die Oberzentrumsfunktion der Stadt Trier ausbauten. Auch der Einzelhandel sollte berücksichtigt werden; allerdings ohne innenstadtrelevante Sortimente. Die Konkurrenz zur Innenstadt musste vermieden werden. Als weitere Bausteine eines Gesamtkonzeptes wurden noch Wohnungsbau und nichtstörendes Gewerbe diskutiert. Castelforte als Standort einer Großraumhalle („Arena“) war 1992 noch nicht auf der Tagesordnung, sondern wurde erst am 4. Oktober 1995 vom Stadtrat festgelegt.

Um eine erste Planungsgrundlage für das Gesamtgebiet zu haben, führte die Stadt Trier einen Stegreifwettbewerb durch. Ziel dieses Wettbewerbs sollte es sein, alternative Planungsüberlegungen zu entwickeln, die später in weiteren Arbeitsschritten mit konkreten Investoren umgesetzt werden konnten. In diesem frühen Diskussionsstadium (1992) wurden schon Überlegungen über die zukünftige Verkehrssituation angestellt. Die „eher an den Individualverkehr gebundenen verkehrsintensiven Nutzungen“ sollten zur Zurmaiener Straße hin entwickelt werden, während die eher an den öffentlichen Nahverkehr orientierten und quartiersbezogenen Nutzungen auf die Herzogenbuscher Straße ausgerichtet werden sollten.

Altlasten – Denkmalpflege

Einen großen zeitlichen Vorlauf nahm die Klärung der Altlastenfrage in Anspruch. Natürlich war die Stadt Trier nur bereit, das Grundstück von der Bundesrepublik Deutschland zu übernehmen, wenn alle Altlasten beseitigt waren. Die Zahlen der Schadensbilanz auf Castelforte zeigten, wie nötig die Kaufzurückhaltung der Stadt Trier war: In der französischen Kaserne hatte es KFZ-Arbeitsgruben, Tankstellen, Altölsammelstellen, Lackieranlagen, Lackier- und Treibstofflager gegeben. Die erste Begehung des Geländes im Februar 1992 und die sich daran anschließende Untersuchungen ergaben 31 sanierungsbedürftige Stellen auf dem ehemaligen

Kasernengelände. Die Sanierung musste vom Eigentümer, der Bundesrepublik Deutschland, durchgeführt und bezahlt werden.
Als weitere wichtige Arbeit vor der Vermarktung und der Umnutzung sollten einzelne Gebäude abgerissen werden. Schon bald meldete sich in dieser Diskussion der Denkmalschutz.[173] Nach einer fachlichen Diskussion stimmte der Trierer Stadtrat der Unterschutzstellung von sieben Gebäuden an der Herzogenbuscher Straße zu. Die Kaserne war ein baugeschichtliches Dokument der Kasernenarchitektur des frühen 20. Jahrhunderts und damit auch ein Hinweis auf einen wichtigen Abschnitt der Geschichte der Stadt Trier. Die spätere Umnutzung zeigt heute eine sehr gelungene Lösung. Darüber hinaus wurden alle ehemaligen Kasernengebäude an der Herzogenbuscher Straße von privaten Investoren überprüft, ob eine weitere Nutzung der Gebäude sinnvoll und wirtschaftlich war. So präsentieren sich heute nach der Konversion neben den sieben denkmalgeschützten Gebäuden der IHK fast alle ehemaligen Kasernen in ihrer alten Baustruktur. Es war gelungen, den alten Bestandsbauten ein zweites Leben einzuhauchen.

Beteiligung privater Investoren (PPP)

Die Aufzählung der zu lösenden Aufgaben führte innerhalb des Rathauses zu einer Grundsatzfrage: Sollte die Stadt Trier diese neuen Aufgaben im Rahmen ihrer Verwaltungsorganisation erledigen, oder sollten aufgrund der Vielgestaltigkeit und Schwierigkeit der Aufgabe private Investoren und Entwickler beteiligt werden? Es wurde vorgeschlagen, ein professionelles Projektmanagement einzubinden. Die Idee eines „Public-Private-Partnership" für Castelforte war das Ergebnis. Es wurde die Projektentwicklungsgesellschaft Trier GmbH (PTC) gegründet. Gesellschafter waren neben der Stadt Trier die Sparkasse Trier, die Landesbank Rheinland-Pfalz und die Deutsche Anlagen Leasing GmbH. Die Erwerbsverhandlungen mit der Bundesrepublik Deutschland, die Vorbereitungen von Abbrucharbeiten, die Aufstellung eines Nutzungs- und Vermarktungskonzeptes, die Begleitung der Altlastensanierung, die Aufstellung eines Vorhaben- und Erschließungsplans waren Aufgaben der neuen Gesellschaft. Sie leistete eine gute, eine überzeugende Arbeit, wie das Verhandlungsergebnis über den Grundstückspreis belegte. Und so war es nicht überraschend, dass der Trierer Stadtrat am 18. Juni 1996 den Kauf der Konversionsliegenschaft Castelforte beschließen konnte.
Für die Stadt Trier war klar, dass es sich nur um einen Zwischenerwerb handeln konnte. Das Grundstück war „entwickelt", und die jetzt zu bewältigende Aufgabe sollte eine neue Gesellschaft lösen, die Grundstücksgesellschaft Trier-Castelforte (GTC). Es stand fest, dass die Stadt Trier an dieser neuen Gesellschaft wieder einen qualifizierten Anteil haben sollte. Die DAL signalisierte, sie wolle sich an der neuen Gesellschaft nicht mehr beteiligen. Ein neuer Gesellschafter musste gefunden werden. Die Verhandlungen führten zu einem privaten Entwickler, der bundesweit bekannten Roland-Ernst-Gruppe. Diese private Beteiligung wurde von der Landesregierung begrüßt, wollte man doch für andere größere Konversionsaufgaben in Rheinland-Pfalz Erfahrungen sammeln und gegebenenfalls Partner haben.[174]
Am 15. April 1997 beschloss der Trierer Stadtrat die Weiterveräußerung des Grundstücks an die GTC. Gleichzeitig wurde auch einer städtebaulichen Rahmenvereinbarung zugestimmt, welche die vorher bereits vom Stadtrat festgelegten Inhalte der weiteren Umnutzung des Grundstücks festlegte. Der Stadtrat hatte also privates Kapital und Knowhow mit eingebunden, bestimmte aber über die beschlossene Vereinbarung die Entwicklung entscheidend mit. In einer kritischen Würdigung kann schon hier festgestellt werden, dass diese strategische Allianz mit privaten Partnern, wie im Übrigen auch bei dem PPP-Projekt auf dem Petrisberg[175], nicht nur half, finanzielle Hürden zu überwinden, son-

dern auch wichtige Entwicklungsziele der Stadt zu realisieren.
In den Verhandlungen zur Gründung der GTC war von den privaten Partnern gewünscht worden, dass der Oberbürgermeister der Stadt Trier die Geschäftsführung übernehmen sollte. Zweiter Geschäftsführer wurde bis März 2000 Roland Ernst. Es wurde ein Controller eingestellt und damit das Engagement des Oberbürgermeisters unterstützt. Die GTC hatte kein eigenes Personal. Die zu erbringenden Leistungen wurden deshalb eingekauft. Ein Dienstleister, die Trierer Firma TRIWO AG, schloss mit der GTC einen Dienstleistungsvertrag. Planungsleistungen lieferte die Stadt Trier. Entsprechende Vergütungen wurden an die Stadt Trier gezahlt. Die Zusammenarbeit in der Gesellschaft war nicht konfliktfrei. Wiederholt wurden von der Roland-Ernst-Gruppe Nutzungen vorgeschlagen, die von der Stadt Trier nicht akzeptiert werden konnten. Wie bereits erwähnt, ging es auch um eine großflächige Einzelhandelsnutzung, die aufgrund des vorgesehenen Warenangebotes eine Konkurrenz zur Innenstadt bedeutet hätte. Andere Nutzungen hatten sich schon früh als sehr wichtig und sinnvoll herausgestellt. Da war zunächst die Ansiedlung der Europäischen Akademie des Rheinland-Pfälzischen Sports. Sie wurde in einem sanierten ehemaligen Mannschaftsgebäude der französischen Militärs errichtet, in unmittelbarer Nähe zur geplanten Großraumhalle („Arena“). Die offizielle Eröffnung der Akademie war bereits am 14. November 1997.

Erfolgreiche Vermarktung der Konversionsliegenschaft

Eine historische Entscheidung in der Geschichte der Industrie- und Handelskammer fiel am 2. Juli 1997. An diesem Tag beschloss die Vollversammlung den Bau eines neuen Kammergebäudes auf dem Gelände Castelforte. Für die Stadt Trier war die Verlagerung der Kammer vom Kornmarkt in der Trierer Innenstadt nach Castelforte sehr wichtig für die weitere Vermarktung des Gesamtgrundstücks. War doch diese Ansiedlung ein deutliches Zeichen für die Attraktivität des Grundstücks und bedeutete eine erhebliche Aufwertung des nördlichen Stadtquartiers. Für die Kammer war die Erreichbarkeit ein wichtiger Grund. Die Umsiedlung der IHK zeigte auch eine Entwicklung, die im Rahmen der Konversion häufiger festzustellen war. Ein alter Standort wurde aufgegeben, der dann selbst wieder für eine städtische Entwicklung Anstöße gab; in diesem Falle am Kornmarkt. Der Umbau der denkmalwerten Gebäude auf Castelforte[176] war für die IHK eine anspruchsvolle architektonische Aufgabe. Die Umsetzung fand viel Zustimmung und sorgte für einen überzeugenden städtebaulichen Akzent in Trier-Nord. Es wurde, das stellte sich sehr schnell heraus, ein Signal gesetzt. Es konnte offensichtlich durchaus realistisch und wirtschaftlich sein, die vorhandene Bausubstanz zu erhalten.
Die Vermarktung des Grundstücks verlief sehr erfolgreich. Das hatte Auswirkungen auf die Verhandlungen mit dem Land Rheinland-Pfalz. Die gewünschte Förderung der Konversionsmaßnahme Castelforte durch das Land wurde abgelehnt. Die Gesellschaft GTC werde auch ohne Förderung ein wirtschaftlich gutes Ergebnis erzielen, wurde mitgeteilt. In ersten Kostenberechnungen war die GTC noch von einem Zuschuss in Höhe von 10 Millionen DM ausgegangen. Das Ergebnis war klar: Aus Gründen der Stadtentwicklung verzichtete die Stadt auf höhere Einnahmen beim Grundstücksverkauf, beispielsweise für einen Einzelhandels-Verbrauchermarkt oder ein Multiplex-Kino; ein Ersatz über eine Landesförderung wurde nicht bewilligt.
Nach der Insolvenz der „Roland-Ernst-Gruppe“ im Jahre 2000 übernahm die Trierer Firma TRIWO die „freigewordenen“ Gesellschaftsanteile. Ein anderer Gesellschafter, die Landesbank Rheinland-Pfalz, teilte im Herbst 2002 mit, sie

Abb. 4: Der neue Standort der IHK an der Herzogenbuscher Straße

wolle aus der Gesellschaft ausscheiden. Dies war überraschend. Zeichnete sich doch schon zu diesem Zeitpunkt eine erfolgreiche Arbeit der GTC ab, die sich in positiven Unternehmensergebnissen widerspiegelte. Die Landesbankanteile wurden von der Stadt Trier und der TRIWO AG übernommen.

Die Handwerkskammer Trier errichtete auf Castelforte ihr Umweltzentrum. Die Volksbank Trier verlegte ihren Hauptsitz vom Viehmarkt in den Norden der Stadt. Zahlreiche mittelständische Dienstleister fanden auf Castelforte ebenso ihren neuen Standort wie ein großflächiger Möbelmarkt. Auch Wohnungsbau wurde berücksichtigt. Die dort angebotenen Eigentumsmaßnahmen fanden eine rege Nachfrage.

Eine Großraumhalle für Trier

Schon sehr früh stand fest, dass der geeignete Standort für eine neue Großraumhalle[177] in der Stadt Trier auf dem Gelände der ehemaligen französischen Kaserne Castelforte war. Der Trierer Stadtrat hatte am 4. Oktober 1995 diesen Standort beschlossen. Dies war ein Grundsatzbeschluss, über den Baubeginn und vor allem über die Kosten konnte noch keine Aussage gemacht werden. Eine lange, teilweise sehr engagierte Diskussion fand mit dem Beschluss des Stadtrates ein Ende.

War eine solche Halle in der Stadt Trier erforderlich? Ist der Bau einer großen Halle, die Verwendung der Steuergelder dafür zu verantworten? Unter der Überschrift „Großraumhalle: Großchance oder Größenwahn?" konnte man 1997 in der Trierer Presse lesen: „Dafür ein Mammutprojekt in Zeiten aus dem Boden zu stampfen, wo die Stadt mit der Pleite kämpft, ist wohl etwas dick aufgetragen."[178] Dieter Lintz, Lokalchef der Trierer Tageszeitung, vertrat am 7. Mai 1997 eine Gegenposition: „Spitzensport, Kultur, Unterhaltung, Sport-Tourismus: Eine Großraumhalle bietet eine strukturelle Chance für die Region Trier. Wenn sie jetzt nicht ergriffen wird, dann ist der Zug abgefahren. Natürlich ist es vernünftig, wenn die Stadtväter und -mütter dabei auch die Folgekosten im Auge haben. Aber wer Erträge will, muss auch investieren. Und zwar nicht nur anderer Leute Geld. Ganz ohne Risikobereitschaft wird das Projekt Großraumhalle für Trier kaum zu haben sein." [179]

Eine große, multifunktionelle Halle für Trier wurde schon in den frühen 90er-Jahren des vorigen Jahrhunderts diskutiert. Dies sei eine Infrastruktur für die gesamte Region Trier. Es müsse die Frage gestellt werden, ob zur Attraktivität einer Region nicht auch eine größere Halle gehöre, in der qualifizierte Freizeitangebote für die Menschen in der Region und der Stadt Trier gemacht werden können. Trier war zu der Zeit für den gesamten Bereich, den Sport, große Tagungen und Kongresse, Konzertveranstaltungen, ein „weißer Fleck" in der Veranstaltungslandschaft.

Als man im Oktober 1977 in Trier die Europahalle eröffnete, glaubte man, damit ein ausreichendes Hallenangebot zu haben. Dies war aber eine Fehleinschätzung. Erst recht waren Fernsehübertragungen aus Trier wegen der zu geringen Hallengröße eine Wunschvorstellung. Im Sport spielte die Basketball-Bundesligamannschaft der TV Germania Trier in der Sporthalle im Schulzentrum Mäushecker Weg. Die Damen-Handballmannschaft der DJK/MIC Trier, die Miezen, trugen ihre Bundesligaspiele in der Schulsporthalle auf dem Wolfsberg aus. Beide Hallen waren für den gebotenen Leistungssport ungeeignet. Zumal auch der Bundesligaverband „Basketball" eine größere Halle forderte.

Auf dem Weg zur „Arena Trier"

Um ein solches Hallenangebot zu schaffen, diskutierte die Stadt Trier in Kooperation mit der Universität zunächst den Standort Tarforster Höhe. Der Trierer Stadtrat fasste am 23. Juli 1992 mit großer Mehrheit eine Grundsatzentscheidung für eine Großraumhalle an diesem Standort. Das anspruchsvolle Projekt wurde aber sehr schnell kritisiert. Der Ortsbeirat Trier-Kürenz formulierte Bedenken, weil der zu erwartende, zusätzliche Durchgangsverkehr bei Großveranstaltungen nicht zu verkraften sei. Und die Universität änderte bald ihre ursprünglich positive Haltung zum Standort Tarforster Höhe.

Im Laufe der Geschichte der Konversion, ab den 90er-Jahren des 20. Jahrhunderts, wurde Konversion zunehmend von vielen Menschen als Glücksfall bezeichnet. Dies gilt auch für den Bau einer größeren Halle. Als im Jahre 1999 auch die kleine Enklave im Bereich der ehemaligen Kaserne Castelforte zurückgegeben wurde, hatte die Stadt Trier den Zugriff auf das Gesamtgelände. Für eine neue Halle gab es jetzt konkrete Grundlagen. Zumal die „Europäische Akademie des Rheinland-Pfälzischen Sports" bereits auf Castelforte einen neuen Standort gefunden hatte. Ein Grundstück in unmittelbarer Nähe der Akademie bot sich an. Es war deshalb keine Überraschung, dass der Trierer Stadtrat am 4. Oktober 1995, seinen Beschluss, auf der Tarforster Höhe zu bauen, revidierte und Castelforte als neuen Standort festlegte. [180]

Für Castelforte war 1997 die Grundstücksgesellschaft (GTC) gegründet worden. Bereits 1996 hatte die Stadt Trier das ehemalige Kasernengelände erworben und an die GTC weiterveräußert. Teil dieses Kaufvertrages war auch eine Rahmenvereinbarung, welche die weitere Entwicklung des Geländes, die Inhalte der Umsetzung, festlegte. Der Bau einer Großraumhalle war Teil dieser Vereinbarung. Mit dem Stadtratsbeschluss am 4. Oktober 1995 waren somit für das Grundstück Castelforte die Weichen gestellt. Und natürlich spielte bei der 15 Hektar großen Fläche die Halle eine herausragende Rolle.

Schon frühzeitig beschäftigte sich die Stadt Trier nicht nur mit dem Bau der Halle, sondern auch mit der Frage, wie die Halle in Zukunft betrieben werden sollte. Ein Betreiberkonzept musste rechtzeitig erstellt werden. Es ist in der Tat

Abb. 5: Castelforte während der Konversion

relativ leicht, eine Halle zu bauen. Viel schwieriger ist es, eine Halle zu betreiben, kostengünstig für die Stadt. In Zukunft musste die Unterhaltung und der Betrieb bezahlt werden. Wie muss die geplant und gebaut werden, damit die Kosten der Nutzung in Zukunft die Stadt Trier so gering wie möglich belasten? Fragen der Logistik, der Veranstaltungsabläufe und eine optimale Abstimmung der einzelnen Nutzungen wurden deshalb im Vorfeld besonders untersucht. Es war aber auf der anderen Seite klar: Zum Nulltarif war diese wichtige Infrastrukturmaßnahme, die Großraumhalle, nicht zu haben. Erreicht werden sollte aber ein kalkuliertes Risiko.

Eine wichtige Basis für die Finanzierung der Halle war die Zusage des Landes Rheinland-Pfalz, sich am Bau der Großraumhalle zu beteiligen. Allgemeine Zusagen hatte es bei den zahlreichen informellen Gesprächen schon gegeben. Für weitere Verhandlungen mussten zunächst die Gesamtkosten der Maßnahme und auch das zukünftige Betreiberkonzept feststehen. Es war aber schon früh deutlich, dass ohne eine finanzielle Beteiligung der Stadt die Maßnahme nicht zu realisieren war. Um aber die finanzielle Belastung der Stadt so gering wie möglich zu halten, bot sich wieder eine Publik-Partnership-Lösung an: Über eine europaweite Ausschreibung wurde ein Unternehmen gesucht, das nicht nur baute, sondern mitfinanzierte und sich auch an der späteren Betreibung der Halle beteiligte.

Das Hallenangebot stärkt die Wettbewerbsfähigkeit der Stadt

Am 31. Oktober 2001 stand nach langen Verhandlungen der Punkt „Bau und Betreibung einer Großraumhalle in der Stadt Tier“ auf der Tagesordnung des Trierer Stadtrates. In der Stadtratsvorlage hieß es: „Die Großraumhalle wird auf einem Grundstück von ca. 16.000 qm

Abb. 6: Die Arena im Bau

errichtet. Die gesamte bebaute Fläche beträgt ca. 7.200 qm. Davon entfallen ca. 4.000 qm auf die nutzbare Sportfläche (ca. 3.400 qm Haupthalle und 600 qm Nebenhalle). Die Halle verfügt neben einem großzügigen Nebenraumprogramm wie Umkleiden, sanitäre Anlagen und Lagerräume auch über Büroflächen, die u. a. vom Sportamt, der Betreibergesellschaft und dem Offenen Kanal Trier genutzt werden. Die Halle verfügt über 4.500 Sitzplätze, die zu 80 % auf teleskopierbaren Tribünen angebracht sind. Auf dem Umgang oberhalb der Tribünen sind zusätzlich ca. 1.000 Stehplätze vorgesehen. Bei Musikveranstaltungen unter Einbeziehung der Aktionsfläche stehen 7.500 bis 8.000 Besucherplätze zur Verfügung."[181]

Der Stadtrat hatte auch die Gesamtfinanzierung zu beschließen. Die Gesamtbausumme belief sich letztlich auf 42,2 Millionen DM, einschließlich aller Grundstücks- und Planungskosten. Auch die Kosten für die notwendigen Parkplätze waren in der endgültigen Bausumme enthalten. Nach Abzug der Mitfinanzierung des Bauunternehmens und steuerlicher Vorteile förderte das Land Rheinland-Pfalz die neue Halle mit 23,5 Millionen DM. Die Stadt Trier hatte immerhin noch 10,4 Millionen DM zu tragen. Ein Betrag, der gerade in der Sitzung des Stadtrates von einzelnen Mitgliedern hinterfragt wurde und letztlich bei ihnen zur Ablehnung führte. Das Ergebnis der Abstimmung: 5 Nein-Stimmen und 2 Enthaltungen, denen aber 46 Ja-Stimmen gegenüberstanden.

Der Stadtrat legte in der Oktobersitzung 2001 auch fest, für die Betreibung der Halle eine Gesellschaft zu gründen. Dabei wurde wieder der Wille deutlich, auch hier neben der Stadt Trier Private an der Betreibung der Halle zu beteiligen (PPP). Diese Betreibergesellschaft wurde am

18.12.2001 gegründet und erhielt den Firmennamen „Castel GmbH".[182]
In den Finanzplänen der Halle hatte bei den Beratungen immer die Vermarktung des Namens der Halle eine Rolle gespielt. Für einen größeren Geldbetrag sollte, wie in anderen Städten der Bundesrepublik, der Name der Halle vermarktet werden. Diese Idee ließ sich nicht so schnell umsetzen. Für eine überregionale Vermarktung war aber der Name „Großraumhalle" nicht geeignet. Die Castel GmbH schlug den Namen „Arena Trier" vor. Eine glückliche Namensgebung, denn schon bald erreichte dieser Name eine große Akzeptanz.[183] Für die Halle wurde eine Bauzeit von 15 Monaten benötigt. Sie wurde pünktlich ohne Mehrkosten fertiggestellt. Am 18. Juni 2003 begann dann in dem neuen Stadtteil ein „viertägiger Eröffnungsreigen". Allein am Tag der offenen Tür, am 22. Juni 2003, besuchten rund 10.000 Schaulustige die neue Halle. Beeindruckende Zahlen belegten in der Folgezeit, dass die Arena sich „bezahlt" machte. Bis zum März 2008, also in viereinhalb Jahren, besuchten mehr als 800.000 Zuschauer in über 300 Veranstaltungen die multifunktionale Halle. Die Praxis zeigte, dass die Arena tatsächlich ein Angebot für die Stadt und die Region Trier ist.

Castelforte ist ein „Aushängeschild" der Konversion in Trier

Im Jahre 2006 wurde die Konversion Castelforte abgeschlossen. Die Grundstücksgesellschaft GTC hatte ihren Auftrag erfüllt und beendete ihre Arbeit. Die Zusammenarbeit mit den privaten Partnern hatte sich bewährt. Es wurden wertvolle Erkenntnisse gewonnen, die für die weitere Arbeit in Zeiten knapper Kassen wertvoll sein können. Erfolge wurden immer wieder

Abb. 7: „SWT-Arena" (ab 2023)

Abb. 8: Show-Konzert in der Arena

Abb. 9: Sport in der Arena

durch Zahlen belegt. Die Erfolgsbilanz von Castelforte ist beachtlich. Der zweite „Bericht zu Konversion“[184], der im Februar 2007 im Trierer Stadtrat behandelt wurde, weist für das Gebiet Castelforte 578 Arbeitsplätze aus. Davon wurden allein 210 neu geschaffen. 101,8 Millionen Euro wurden investiert, allein 70,1 Millionen davon von privater Hand. Vergleicht man diese Zahlen mit den wesentlich geringeren jährlichen städtischen Investitionen um die Jahrtausendwende, dann wird sichtbar, welche Bedeutung die Aktivierung privaten Engagements für das wirtschaftliche Leben in der Stadt Trier hat.

Im ersten Konversionsbericht der Stadt Trier, der den Sachstand des Jahres 2004 darstellt,[185] wird zum damaligen Zeitpunkt Castelforte als „Aushängeschild“ der Konversion in Trier bezeichnet: „So sind eine Vielzahl der dort geschaffenen Arbeitsplätze im Bereich der Dienstleistungen angesiedelt und haben somit einen positiven Einfluss auf den notwendigen Strukturwandel im regionalen Arbeitsmarkt. Weiterhin stellt das Einzelhandelsangebot einen wichtige Ergänzungsfunktion zum Angebot in der Innenstadt dar. Auch im Bereich der Freizeitmöglichkeiten leistet die Fläche mit der Arena, einer inzwischen überregional angenommenen Freizeiteinrichtung, einen wichtigen Beitrag zum kulturellen Angebot der Stadt Trier. Zu erwähnen ist weiterhin die Ansiedlung der IHK. Sie hat neben der Nutzung der Bestandsgebäude, die zu einem repräsentativen Standort ausgebaut wurden, durch das Tagungszentrum eine städtebaulich attraktive Entwicklung ausgelöst.

Im Ergebnis ist die Konversion Castelforte in wirtschaftlich struktureller Hinsicht positiv zu bewerten. Im Hinblick auf den städtebaulichen Charakter ist die Fläche zweigeteilt. Die Entwicklung im Bestand an der Herzogenbuscher Straße ist positiv zu bewerten, die funktionalen Ansiedlungen an der Zurmaiener Straße sind städtebaulich/architektonisch durchaus kritisch zu sehen.“

[172] Siehe dazu: Schröer Helmut: „Konversion konkret: Trier macht Boden gut". In: Trierer Weichenstellungen – Ein Beitrag zur jüngeren Stadtgeschichte, Band 1. Trier 2009, S. 229 – 240

[173] Vgl. dazu Kapitel V. „Stadtbildprägende Einflüsse – Militärische Vergangenheit wird sichtbar", S. 46 ff.

[174] Im März 2000 musste die Firma Roland-Ernst-Gruppe Insolvenz anmelden. Sie war mit 40 % an der GTC beteiligt. Die Trierer Firma TRIWO, die für die GTC schon als Dienstleister tätig gewesen war, erklärte sich zur Übernahme der Roland-Ernst-Anteile bereit. Der Insolvenzverwalter stimmte diesem Verfahren zu.

[175] Vgl. dazu das Kapitel dieses Buches „Petrisberg – Kaserne Belvédère". S. 113 ff.

[176] Siehe dazu: Kapitel V.; „Stadtbildprägende Einflüsse", S. 46 ff.

[177] Dazu Helmut Schröer: „Arena Trier. Großchance oder Größenwahn?". In: Trierer Weichenstellungen – Ein Beitrag zur jüngeren Stadtgeschichte, Band 1. Trier 2009, S. 169 ff.

[178] Trierischer Volksfreund vom 25. März 1997: „Großraumhalle: Großchance oder Größenwahn?"

[179] Trierischer Volksfreund vom 23. April 1997: „Eine Chance für die Region Trier"

[180] Trierischer Volksfreund vom 6. Oktober 1995: „Großraumhalle soll auf Castelforte-Gelände".

[181] Vorlage 383/2001 vom 2. Oktober 2001 für die Sitzung des Stadtrates am 31. Oktober 2001

[182] Wolfgang Esser, ein Trierer „Basketball-Urgestein", wurde Geschäftsführer. Er hatte sich bei den Vorbereitungsarbeiten der Halle als Mitarbeiter der Stadt Trier sehr bewährt und war deshalb auch für die privaten Gesellschafter eine naheliegende personelle Lösung.

[183] Ab 2024 haben die Stadtwerke Trier (SWT) das Namensrecht der Arena: „SWT-Arena Trier".

[184] Stadt Trier, Amt für Stadtentwicklung und Statistik: Stadtentwicklung und Konversion in Trier – Evaluierungsbericht zur Konversion in Trier, Aktualisierung, Sachstand 2006, a. a. O., S. 17

[185] Stadt Trier, Amt für Stadtentwicklung und Statistik: Stadtentwicklung und Konversion in Trier – Evaluierungsbericht zur Konversion in Trier, Aktualisierung, Sachstand 2004, a. a. O., S. 40

Dokumentation KON30 Konversion in Trier Maßnahme Kaserne Castelforte / Zeitleiste und Ereignisse

Abb. 1: Ergebnis Stegreifwettbewerb 1. Preis 1994

Abb. 2: Castelforte Luftaufnahme 2022

IX. 6. Castelforte – eine Nachbetrachtung

Akteure der Stadtentwicklung – Wer entwickelt die Stadt?

Wer entwickelt die Stadt, wer wirkt mit welchen Aktivitäten an der Entwicklung von Projekten mit oder beeinflusst das „Ergebnis“ der Planung? Dies kann an dem Projekt Castelforte exemplarisch aufgezeigt werden.
Castelforte war die erste große Fläche, die von den Franzosen zur Freigabe erklärt wurde, und daran gab es auch trotz unterschiedlicher Abzugspläne keine Veränderung. Dieses zentral im Norden gelegene Grundstück wirkte wie ein magisches Dreieck zwischen Herzogenbuscher Straße – Hospitalsmühle und Bundesstraße B 49. Daher konzentrierten sich alle mit der Konversion verbundenen Wünsche und Nutzungsvorstellungen auf dieses „Tortenstück“, von dem alle möglichst bald etwas haben wollten. Und weil es so viele waren, wundert es nicht, dass schon frühzeitig spekuliert wurde, alle Grundstücke seien schon – wohl unter der Hand – vergeben worden.[186]
Bereits am 26.03.1992 fand eine frühzeitige Bürgerbeteiligung statt, in der auch über den Stand der Überlegungen zu einem „Dienstleistungszentrum Nord“ informiert wurde:

„In ersten Gesprächen habe sich herauskristallisiert, dass die Stadt an ‚keine laute Nutzung‘ denke, sondern vielmehr an ‚großflächigen Einzelhandel‘, an Dienstleistungsbetriebe, Fortbildungsveranstalter oder ähnliches. Es läge eine ganze Menge von Anfragen vor, aber noch sei nichts entschieden.“[187]

Ende 1993 wurde dann ein Wettbewerbsverfahren gestartet, weil die wenigen vorhandenen gesicherten Nutzungsvorstellungen Ende 1993 nicht mit den städtebaulichen Zielen übereinstimmten. Der Wettbewerb sollte Vorschläge zur Gestaltung des nördlichen Eingangs zur Stadt machen und zum anderen aufzeigen, wie eine adäquate städtebauliche Gestaltung des „Dienstleistungszentrum Nord“ erfolgen könne.
In dem Auslobungstext zum Stegreifwettbewerb 1994 hieß es: „Die Prüfung der Einbeziehungsmöglichkeiten der vorhandenen Bausubstanz in den Wettbewerbsentwurf ist Bestandteil der Wettbewerbsaufgabe.“[188] Das Ergebnis des Wettbewerbes ergab, dass alle drei ausgezeichneten Entwürfe den Gebäudebestand aus dem Jahr 1913 entlang der Herzogenbuscher Straße in ihren Entwurf berücksichtigt hatten. Die Entscheidung des Preisgerichtes erfolgte am 01.06.1994.

Der Vorschlag des 1. Preisträgers zeigte klare Strukturen entlang der Zurmaiener Straße (B 49) als Stadteingang mit der Konzentration von Einzelhandel und Dienstleistungen, allerdings mit der Idee einer Einbeziehung und Neugestaltung des Bereiches „Autohof“ Trier. Ebenfalls entlang der Herzogenbuscher Straße eine Zone unter Einbeziehung der Bestandsgebäude. Im Innenbereich sollte Wohnen entstehen. Der Kopf am Verteilerkreis sollte eine neue Gestaltung als Akzent erhalten.
Vergleicht man die Ideen aus dem Wettbewerb mit dem Ergebnis nach Fertigstellung, so wird deutlich, dass von den grundsätzlichen städtebaulichen Gestaltungsideen nur sehr wenig umgesetzt wurde.

Was waren die Ursachen?

Das Wettbewerbsergebnis löste bei dem Eigentümer des Areals „Autohof“ empörte Reaktionen aus, denn eigentlich war sein Ziel, sich mit seinen Nutzungen in das Gelände Castelforte hinein „zu entwickeln“, bzw. entlang der Stadteinfahrt zu erweitern und sich nicht mit einer neuen Planung in das Gesamtkonzept einzubringen.[189] Es waren durch den Eigentümer im Bestand schon zu viele Investitionen getätigt und langfristige Mietverträge mit anderen Unternehmen geschlossen worden. Auf der anderen Seite war es als Stadteingang nicht erwünscht, die Gäste mit einem erweiterten Autohof „zu begrüßen.“
Das war das erste Stück, welches von der „Torte“ herausgebrochen war.
Die nächste schwerwiegende Veränderung betraf den „Kopf“ am Verteilerring. Das Autohaus sollte verlagert werden. Das nun freiwerdende Grundstück konnte aber wegen Kaufpreisvorstellungen nicht durch die Stadt erworben werden – das Grundstück wurde in die Bebauungsplanung einbezogen, ohne jedoch gestalterische bzw. nutzungsbezogene Festlegungen zu treffen. Es entstand am Stadteingang dann im Jahr 2004 ein von Städtebauern heftig kritisierter Supermarkt![190]
Damit war ein weiterer wichtiger Baustein eines Gesamtkonzeptes herausgebrochen!

Im Jahr 1996 wurde auch für den Vorentwurf eines Bebauungsplanes ein Konzept von der Projektentwicklungsgesellschaft (PTC) vorgelegt, welches den Abriss aller Gebäude entlang der Herzogenbuscher Straße vorsah. Dieser sich abzeichnende Konflikt wurde dadurch gelöst, dass die Idee der IHK, den Standort nach Castelforte zu verlegen, 1997 umgesetzt wurde. Das

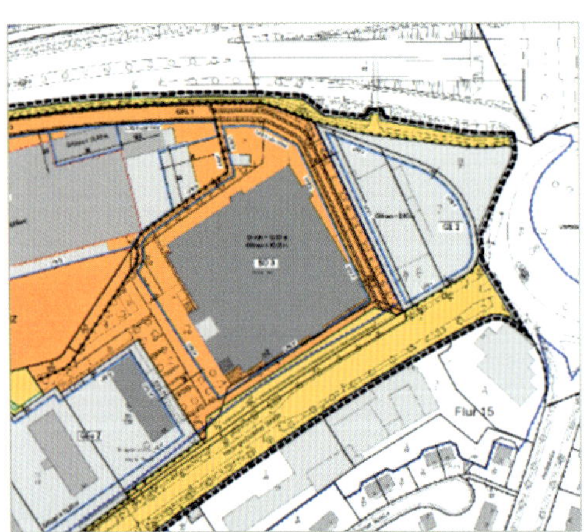

Abb. 3: Bebauungsplan BN 71 (Ausschnitt)

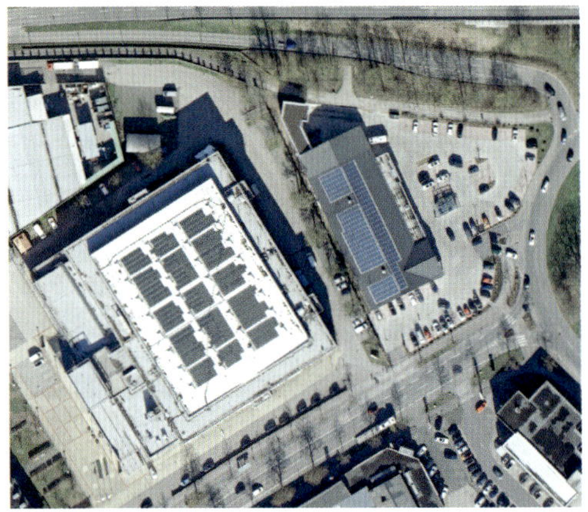
Abb. 4: Luftbild 2022 (Ausschnitt – Arena)

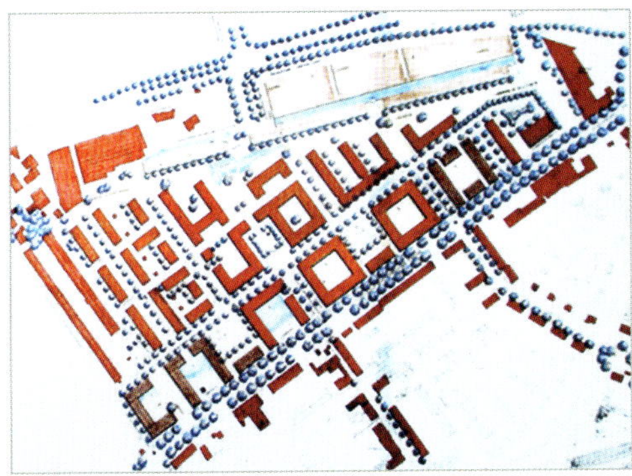

Abb. 5: Konzeption Projektentwicklungsgesellschaft GmbH (PTC) unter Abriss aller Gebäude

Abb. 6: Planungsstand 1997 – Grundstück IHK

Ergebnis eines Wettbewerbes zeigte auf, wie die Verwendung der Altbausubstanz mit Ergänzungen zu einem stimmigen Konzept für die IHK führen kann. Dadurch wurde auch die strittige Diskussion zur Ausweisung einer Denkmalzone beendet (siehe dazu Kapitel V Stadtbildprägende Einflüsse – Castelforte, Seite 52).

Die IHK hatte damit einen wesentlichen Baustein für die Entwicklung des Gebietes gesichert und durch ihr Engagement an der Gestaltung des Projektes entscheidend mitgewirkt. Die architektonische Lösung für die Wiedernutzung der Gebäude für die IHK war dann auch die „Blaupause" für die Umnutzung der anderen Gebäude in der Denkmalzone (Volksbank, Handwerkskammer etc.)

Im Vorentwurf zum Bebauungsplan Mitte 1996 waren entlang der B 49 unter Auslassen des „Grundstücks Schlüschen" noch einheitlich gestaltete Gebäudekomplexe vorgesehen, die sich zur Stadteinfahrt repräsentativ zeigen sollten.

Die weitere Diskussion vollzog sich kontrovers, was die Ansiedlung von Einzelhandelsnutzungen betraf. Einerseits bestanden die Aussagen des Einzelhandelskonzeptes, welches keinen innenstadtrelevanten Handel auf dem Gebiet Castelforte zuließ, auf der anderen Seite waren Nutzungen für den nicht innenstadtrelevanten wirtschaftlich nicht so attraktiv und beeinflussten die Grundstückspreise, die künftige Nutzer zu zahlen bereit waren. Damit waren weitere Rahmenbedingungen negativer Art gesetzt, was die bauliche Gestaltung und den Städtebau betraf. Diese Nutzungen bedingten möglichst einfache Gestaltung der Baukörper, ebenerdige vorgelagerte Parkplätze wegen guter (schneller) Erreichbarkeit.

Versuche durch einen Tausch von Nutzungen im ratio-Areal, die dort schon vorhandenen innenstadtrelevanten auf die Castelforte-Seite zu verlegen und die nicht innenstadtrelevanten Nutzungen (einschließlich der neu geplanten Flächen) auf der ratio-Seite zusammenzufassen, scheiterten an den wirtschaftlichen Rahmenbedingungen. Der langfristige positive Nutzen aus Sicht der Beteiligten (hier ratio) reichte nicht aus, die für eine solche Konzeption neuen erforderlichen Investitionen zu decken.

Damit war ein weiterer möglicher städtebaulicher Effekt „verpufft": statt einer Mall mit hochwertig einheitlich gestalteten Gebäuden entlang der B 49 mit einem in den Gebäudekomplex integrierten Parken entstanden „einfache" Einzelgebäude mit ebenerdigem bzw. gut erreichbarem Parken.

Das ganze Dilemma, noch etwas zu retten, wurde deutlich an der Auseinandersetzung über die Gestaltung des Hela-Baumarkts. Um den

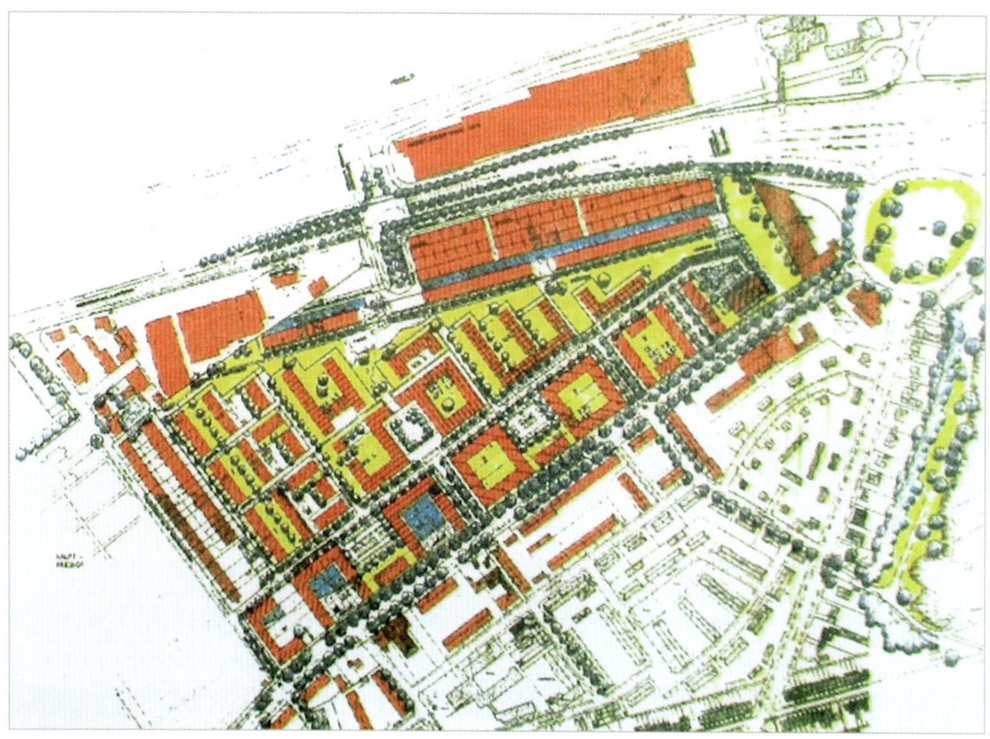

Abb. 7: Vorentwurf zum Bebauungsplan BN 70 (1996)

Komplex zu akzentuieren, sollte in Richtung Verteilerkreis eine mehrgeschossige Bebauung auf der „flachen Kiste" entstehen. Der Investor musste jedoch auch nach Eröffnung des Baumarktes lange gedrängt werden, dieser vertraglichen Bauverpflichtung nachzukommen[191] – das Ergebnis zeigt, dass man dies nur als lästige Pflichterfüllung umgesetzt hat, ohne dem Anspruch und Ziel, einen Gestaltungsakzent zu setzen, gerecht zu werden. Minimale Vertragserfüllung kann eben nicht zu einem gelungenen Städtebau führen.

Ende 1999 stellt sich die Situation so dar, dass noch viele Fragen offen waren, weil sich immer wieder Veränderungen durch die Gespräche mit den möglichen Investoren ergaben. Das betraf, wie oben schon dargestellt, die mögliche Verlagerung von ratio, das Scheitern eines geplanten Gesundheits-Komplexes im Bereich der späteren Denkmalzone entlang der Herzogenbuscher Straße. Eine positive Entscheidung war die Ansiedlung der Europäischen Sportakademie, welche auch zeigte, dass man Gebäude aus dem Bestand (auch wenn sie nicht unter Denkmalschutz standen) sinnvoll und wirtschaftlich nutzen kann.

Schon im Jahr 1992 gab es Vorschläge, die für Trier geplante Großraumhalle für den Sport statt im Bereich der Universität, auf dem Castelforte-Gelände vorzusehen.[192] Am 4. Oktober 1995 wurde dann dieser Standort durch den Stadtrat beschlossen. Natürlich waren zu diesem Zeitpunkt schon Entscheidungen (bzw. Vorentscheidungen) gefallen, so dass als Standort nahe dem Verteilerkreis nur eine Fläche in Frage kam, die wenig prominent für eine solche überregionale Einrichtung war, wenn auch in

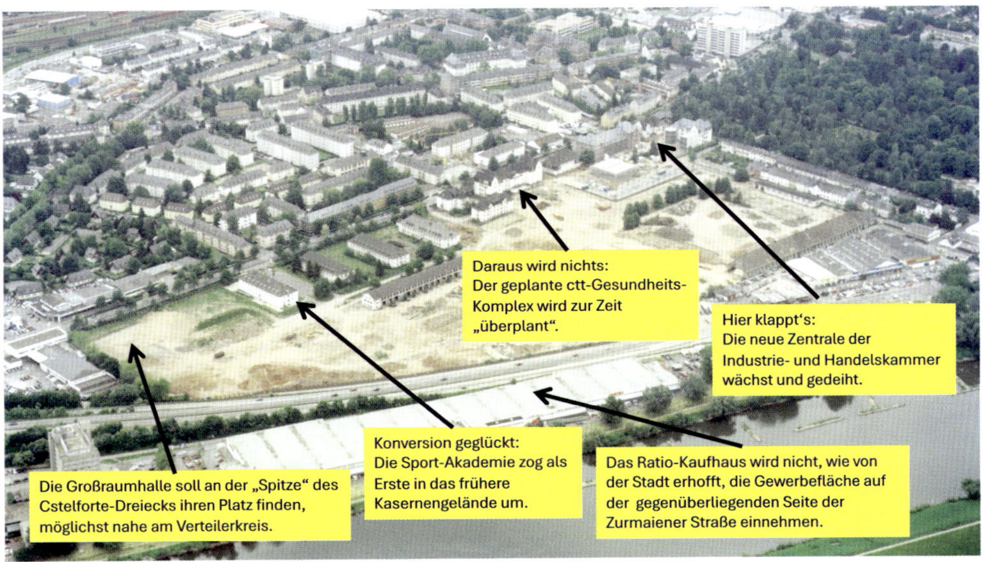

Abb. 8: Sachstand Castelforte im September 1999 (Trierischer Volksfreund vom 01.09.1999)

direkter Nähe zur Europäischen Sportakademie. Eine frühzeitigere Grundsatzentscheidung zur Halle hätte vielleicht auch ermöglicht, das Gelände des aufgegebenen Autohändlers zu kaufen und in eine Gesamtplanung einzubeziehen. Die Großsporthalle am Verteilerkreis wäre ein markanter Stadteingang geworden.

Ein weiteres grundsätzliches Problem bestand dann in der Frage des Stellplatznachweises für die beiden Nutzungen Einzelhandel und Sporthalle – eine gemeinsame Lösung war wegen der unterschiedlichen Betriebszeiten nicht möglich, und so strahlt das Parkierungsproblem seit Beginn des Hallenbetriebes auf das benachbarte Wohngebiet aus.

Schon sehr früh erfolgte eine Festlegung des Wohngebietes im südlichen Bereich mit einer Erschließung über die Hospitalsmühle im Anschluss an die bestehende Wohnbebauung. Ansatzweise im Entwurf zum Bebauungsplan 1996 schon vorhanden, dann aber später im weiteren Verfahren kleinteiliger mit Eigenheimen als Reihenhäuser entwickelt. Die möglichen Konflikte mit der benachbarten gewerblichen Baufläche des Autohauses wurden durch entsprechende Festsetzungen im Bebauungsplan gelöst. Der spätere Bau eines Möbelmarktes (im Jahr 2002) nördlich des Wohngebietes löste aber wegen der hohen Bebauung Proteste aus.[193] Der hohe Gebäudekomplex entstand in einem minimalen Abstand zum Wohngebiet, um vor dem Möbelmitnahmemarkt eine entsprechend große Parkierungsfläche zu haben.

So bilden nun die Parkierungsflächen das Zentrum des ursprünglich einmal angestrebten „Dienstleistungszentrum Nord".

Es gab zu Beginn im Zusammenhang mit der städtebaulichen Einordnung die Idee, aus dem Wohngebiet Trier-Nord über das Castelforte-Gelände verlaufend eine Fußwegverbindung direkt zur Mosel zu schaffen. Auch im rechtsgültigen Bebauungsplan ist noch eine Ausweisung auf dem ratio-Gelände zu erkennen. Im Gebiet selbst sind die erforderlichen Flächen für die verkehrsmäßige Erschließung durch das Auto mit Priorität geplant und der Fußgänger muss sich durch versetzte Wege, Restgrünflächen seinen Weg von der Herzogenbuscher Straße zur Zurmaiener Straße suchen. Aber wo soll er jetzt hin? Es gibt keinen Zugang zur Mosel.

Was den Bebauungsplan BN 70 betrifft, so könnte man hier eher von einem „vorhabenbezogenen" Bebauungsplan sprechen, denn dieser wurde jeweils in Übereinstimmung mit den erfolgten oder dann doch nicht erfolgten Grundstücksverkäufen mit entsprechender Nutzung „weiterentwickelt". Im Endergebnis sichert er nur rechtlich das ab, was additiv entstanden ist.[194]

Beispielhaft steht für das Verfahren die Neufassung des Aufstellungsbeschlusses zum Bebauungsplan BN 70 (Stadtratsvorlage 145/2001 – Beschluss des Stadtrates am 15.05.2001) in dem es u. a. heißt:

„Die erneute öffentliche Auslegung des BN 70 ist dennoch notwendig, da sich in der Zwischenzeit Grundstücksarrondierungen als nicht umsetzbar erwiesen haben, auf deren Realisierung wesentliche Festsetzungen zu Art und Maß der baulichen Nutzung im Bereich des geplanten Sondergebietes SO 1 (Autohof Görgen) entlang der Zurmaiener Straße zugeschnitten und abgestimmt waren. Aus diesem Grund wurde eine erneute Überplanung dieses Planbereiches, insbesondere unter Einbeziehung und Berücksichtigung des geplanten Wohngebietes (Erweiterung der Wohnbaufläche unter Gewährleistung immissionsschutzrechtlicher Belange) sowie des geplanten Mischgebietes im zentralen Grundstücksteil der Konversionsfläche Castelforte, vorgenommen."

In der Begründung zum Bebauungsplan ist unverändert aufgeführt, dass dieser der Schaffung der planungsrechtlichen Grundlagen für ein Mischungskonzept aus Wohnen, Dienstleistungseinrichtungen und Einzelhandel anstrebt. Diese Mischung ist zwar vorhanden, ein neues Zentrum ist aber nicht entstanden.

Neben dem unbestreitbaren Erfolg der Konversionsmaßnahme, die ohne Landeszuschüsse umgesetzt wurde und mit einem „Überschuss"

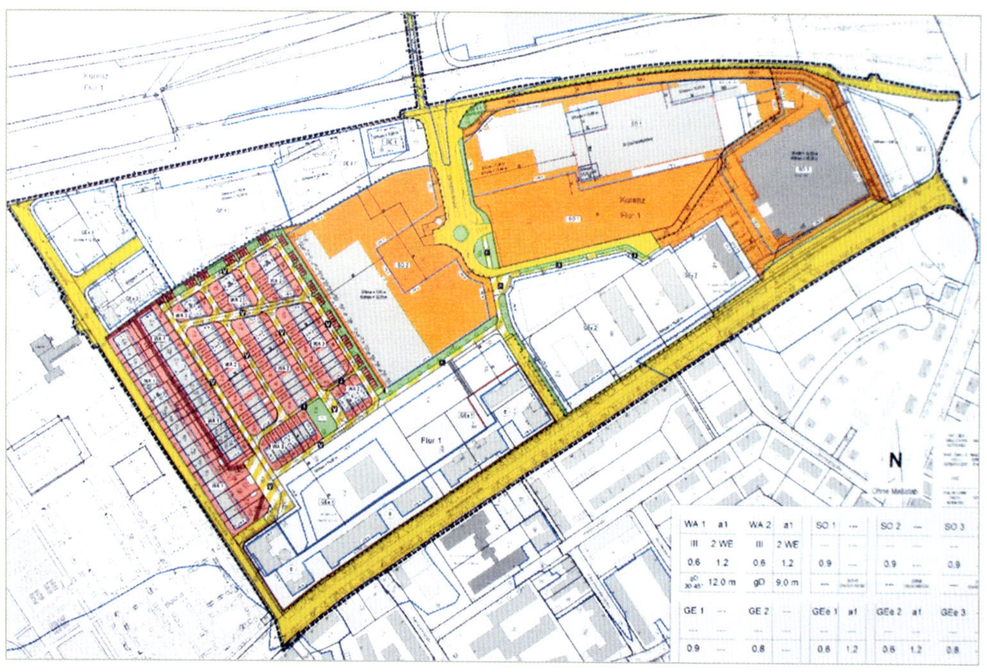

Abb. 9: Bebauungsplan BN 70.1

Abb. 10: Stadtplanausschnitt Stadtvermessungsamt

für die Stadt Trier als Mitgesellschafter in der Grundstücksgesellschaft endete, ist vielfach Kritik am „städtebaulichen" Ergebnis geübt worden.

Am Konversionsprojekt Castelforte kann aufgezeigt werden, dass der Prozess der Umwandlung von bisher militärischen Flächen, die im Stadtgebiet eingebunden sind, vielfältigen Restriktionen unterliegt. Es ist zwar richtig, dass nach der Freigabe der Fläche durch den Bund die „kommunale Planungshoheit" greift. Es besteht hier die Möglichkeit der formellen Planung durch die Aufstellung von Bebauungsplänen, ergänzt durch informelle Planungen, wie städtebauliche Rahmenplanungen, Wettbewerbe etc.

Aber Stadtentwicklung vollzieht sich durch das Handeln vieler Akteure in Gesellschaft und Märkten. Deren Standort- und Investitionsentscheidungen, ihre Qualitätsmaßstäbe und Renditeerwartungen, ihre Gewohnheiten und Präferenzen beeinflussen die Siedlungsentwicklung. Öffentliche Akteure reagieren auf diese Entwicklungen bzw. Nachfragen und bieten Infrastrukturen und rechtliche Voraussetzungen für die weitere Entwicklung an. Daneben und darüber hinaus gibt es auch Bemühungen öffentlicher Akteure, selbst Entwicklungsimpulse zu setzen und aktiv (mit-)gestaltend auf die räumliche Entwicklung einzuwirken.

So auch bei der Entwicklung des Konversionsgebietes Castelforte. Neben Politik und Verwaltung, mit Stadtrat und verschiedenen Fachdienststellen der öffentlichen Verwaltung, wird eben auch die Entwicklung – begleitet und nicht gesteuert durch einen Bebauungsplan – beeinflusst durch das Marktgeschehen. Weiterhin durch Verbände, Vereine und Initiativen. Das Ergebnis ist also nicht in der Verantwortung einer Person oder „der Stadt" zuzuschreiben – alle haben im Rahmen Ihres Verantwortungsbereiches bzw. in Wahrnehmung ihres Verständnisses zur Entwicklung der Stadt, eines Gebietes mitgewirkt, wenn auch in unterschiedlicher Intensität und mit unterschiedlichem „Ergebnis", was ihre Zielvorstelllungen betraf.

Auf die Frage, wer die Städte entwickelt, gibt es nach Selle nur eine richtige Antwort: Alle. Alle wirken – in unterschiedlicher Weise – an der baulich räumlichen, sozialen, ökologischen, ökonomischen oder kulturellen Entwicklung der Städte mit.[195]

In der ursprünglichen Planungsidee wurde das Dreieck zwischen Zurmaiener Straße, der Hospitalsmühle, Herzogenbuscher Straße und Verteilerring ja als „Einheit" gesehen, die insgesamt neu geordnet werden sollte.

Es gab aber auch Rahmenbedingungen, die schließlich das Ergebnis erheblich beeinflussten:

- Die bisher militärisch genutzte Fläche Castelforte war begrenzt durch schon zivil genutzte Flächen, wie dem Autohof Goergen (mit verschiedenen Nutzungen) und einem Autohaus an der Spitze des Dreiecks zum Verteilerring gelegen. Es gab keine Bereitschaft der Alteigentümer, sich an einer Neuordnung zu beteiligen. Der Geltungsbereich des Bebauungsplans umfasst zwar deren Bereiche, die Festsetzungen mussten sich aber an dem Bestand orientieren.

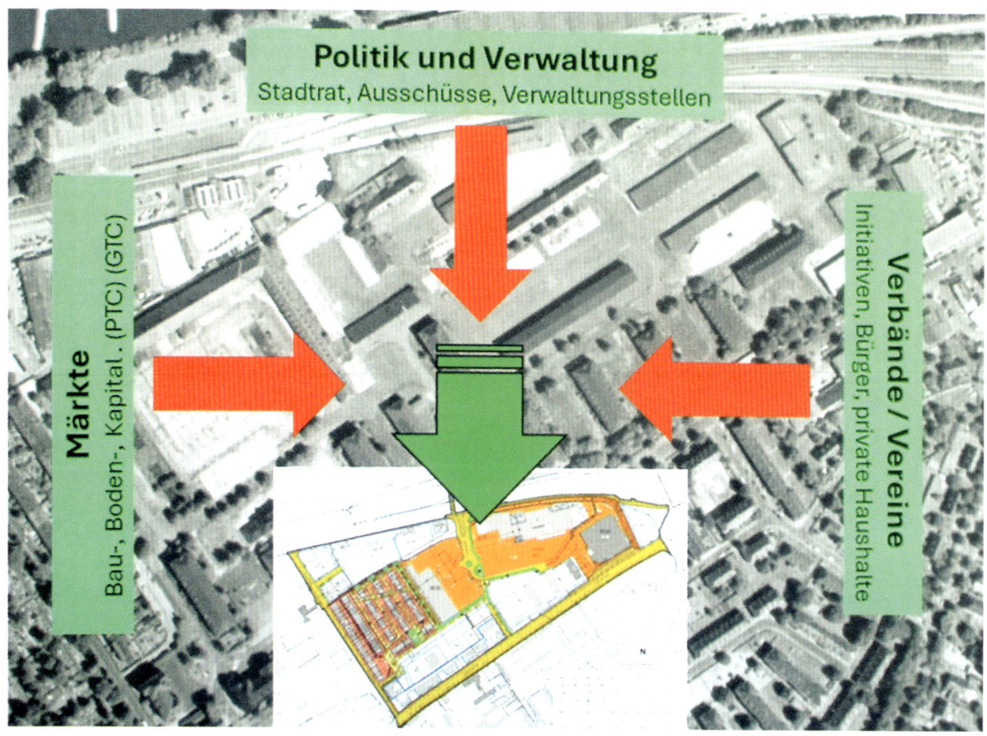

Abb. 11: Akteure der Stadtentwicklung beeinflussen das „Planungsergebnis“

- Wichtige Instrumente nach Baugesetzbuch wie Sanierungsmaßnahmen oder städtebauliche Entwicklungsmaßnahmen, die eine Neuordnung unterstützen können, konnten nicht zur Anwendung kommen, da für dieses Projekt keine öffentlichen Mittel zur Verfügung standen. Insoweit fielen aus der konzeptionellen Planung zwei wichtige Teilgebiete heraus – das gilt insbesondere auch für die Fläche, die zum Verteilerring gelegen ist und später dort ein „banaler“ Supermarkt als flache Kiste entstand.

Wenn aber in diesem Zusammenhang aus dem Hochschulbereich Kritik geäußert wird: [196]
„50 mal 25 Meter Grundfläche und schlappe acht Meter hoch – das Lidl-Gebäude wird im Umfeld von Arena und Hela-Baumarkt kaum ins Auge stechen. Und das ist aus städtebaulicher Sicht eine mittlere Katastrophe.“,
so entspricht das den Fakten, verkennt aber, in welchem Rahmen kommunale Planung abläuft – eben nicht in einer 1:1-Umsetzung städtebaulicher Leitideen. Das verteidigt nicht das Gesamtergebnis, welches unverändert unter städtebaulichen Gesichtspunkten zu kritisieren ist, aber wie oben ausgeführt:
ALLE wirken (wirkten) an der an der städtebaulichen Entwicklung mit!

186 Trierischer Volksfreund vom 28.03.1992: „Castelforte schon verteilt?" Kommentar von Sandra Blass-Naisar

187 Trierischer Volksfreund vom 28.03.1992: „Wenig Ideen und Vorschläge bei Bürgerbeteiligung zum freiwerdenden Kasernengelände Castelforte in Trier-Nord"

188 Dabei wird weiter ausgeführt: „Die Ausloberin selbst geht nicht davon aus, dass der technisch und wirtschaftlich erhaltenswerte Gebäudebestand der ehemaligen Mannschafts- und Verwaltungsgebäude erhalten werden muss, sondern stellt es dem Teilnehmer frei, selbst zu entscheiden und zu begründen, wie mit der vorhandenen Bausubstanz umgegangen werden soll."

189 Trierischer Volksfreund vom 06.08.1994: „Unternehmer Schlüschen will schnell erweitern und stößt bei der Stadtverwaltung auf wenig Gegenliebe."

190 Trierischer Volksfreund vom 27.05.2004: „Ein Discounter zur Begrüßung"

191 Trierischer Volksfreund vom 10.07.2002: „Hela baut. Bürogebäude auf dem Baumarkt kommen."

192 Trierischer Volksfreund vom 12.06.1992: „Großraumhalle, P&R-Fläche. UBM-Vorschläge zur Nutzung des Castelforte-Geländes"

193 Trierischer Volksfreund vom 09.03.2002: „Klagemauern auf Castelforte"

194 Ratsinformationssystem der Stadt Trier (https://info.trier.de/bi/vo020.asp?VOLFDNR=823 Vorlage): 145/2002. Bebauungsplan BN 70 „Castelforte", Neufassung des Aufstellungsbeschlusses, Abwägung der Anregungen aus der 2. öffentlichen Auslegung, Beschluss über die 3. öffentliche Auslegung

195 Selle, Klaus: Stadtentwicklung aus der „Governance-Perspektive". Eine veränderte Sicht auf den Beitrag öffentlicher Akteure zur räumlichen Entwicklung – früher und heute. PNDonline II|2008 (Plattform des Lehrstuhls für Planungstheorie und Stadtentwicklung an der RWTH Aachen)

196 Trierischer Volksfreund vom 27.05.2004: „Ein Discounter zur Begrüßung. Am Verteilerkreis entsteht binnen Jahresfrist eine neue Lidl-Filiale – Städteplaner rügen Ansiedlungspolitik." (Christiane Wolff)

Abb. 1: Luftfoto Castelnau 2011 (Stadt Trier (2023)

Abb. 2: Luftfoto Castelnau 2020 (Stadt Trier (2023)

IX. 7. Kaserne Castelnau

Das neue Stadtzentrum für Feyen-Weismark

1938 1939 Kaserne wird erbaut

1939 (19.02.) Erstbelegung durch das II. Bataillon des Infanterie-Regiment 124

1949 Belegung durch die französische Armee

1993 1996 Diskussion zur Stationierung von zwei Euro-Regimenter in Trier (u. a. Castelnau)

1999 Freigabe der Kaserne durch französische Armee

1998 (01.09.) Start der Diskussion zum Bürgergutachten

1999 (28.10.) Vorstellung des Bürgergutachtens Feyen durch die Arbeitsgruppen

2001 (25.01.) Bebauungsplan BF16: Castelnau/ Aufstellungsbeschluss/Stadtrat Vorlage 590/2000

2004 (19.01.) Stadtteilrahmenplan Feyen/ Weismark – Beschluss des Stadtrates

2005 (01.10.) Endbericht/Wirtschaftlichkeitsanalyse Castelnau/Zusammenfassung der Ergebnisse

2007 (17.09.) Gesellschafterversammlung EGP/ Feyen Castelnau/Projektstand/ Wirtschaftlichkeit

2009 (30.09.) Unterzeichnung Grundstückskaufvertrag zwischen der Stadt Trier und BIMA

2010 (11.05.) Beschluss des Stadtrates zum Verkauf der Fläche an die EGP

2010 (06.09.) Grundstückskaufvertrag zwischen der Stadt Trier und der EGP

2010 (13.10.) Städtebaulicher Grundvertrag mit der EGP

2011 (16.02.) 1. Castelnau-Gespräch: erstes von insgesamt 18 Castelnau-Gesprächen, Bürgerdialog

2012 (01.02.) Beginn der Rückbaumaßnahmen im Bereich der Dreiecksfläche (Einkaufszentrum)

2012 2020 abschnittsweise Erschließung und Bebauung des Gebietes

Abb. 3: Luftaufnahme Castelnau 1992

Entwicklungsgeschichte

Die Kaserne Castelnau in Trier-Feyen wurde in den Jahren 1938 und 1939 in zwei Bauabschnitten zur Nutzung durch die Wehrmacht erbaut. Nach Kriegsende wurde die Liegenschaft durch die französische Militärregierung requiriert und von der französischen Besatzungsarmee auf der Grundlage des Stationierungsvertrags genutzt. 1999 erfolgte im Rahmen des Abzugs der französischen Truppen die Rückgabe der Liegenschaft an die Bundesrepublik Deutschland. Im Oktober 2009 hat die Stadt Trier das Kasernengelände Castelnau von der Bundesanstalt für Immobilienaufgaben erworben. Daraufhin wurde der Weiterverkauf direkt mit der (damaligen) Entwicklungsgesellschaft Petrisberg mbH verhandelt. Im Herbst 2010 erfolgte der Verkauf an die Entwicklungsgesellschaft. Am 13. Dezember 2010 beschloss der Stadtrat den städtebaulichen Grundvertrag zur Entwicklung der Konversionsfläche Feyen-Castelnau.

1990–1999
Kaserne Castelnau – Früh erkanntes Entwicklungspotential – ein Jahrzehnt des (Ab-)Wartens

Im Rahmen der Erstbewertung der möglicherweise freiwerdenden militärisch genutzten Flächen im Jahr 1990 wurde das Potential der Fläche für die Stadtteilentwicklung in Feyen erkannt. Diese ragt wie ein Keil zwischen Weismark und Feyen bis zum Altort. Angesichts der vielen freiwerdenden Flächen wurde die Umwandlung nicht prioritär verfolgt, da auch erste Aussagen zum Freiwerden der Fläche das Jahr 1994 nannten.

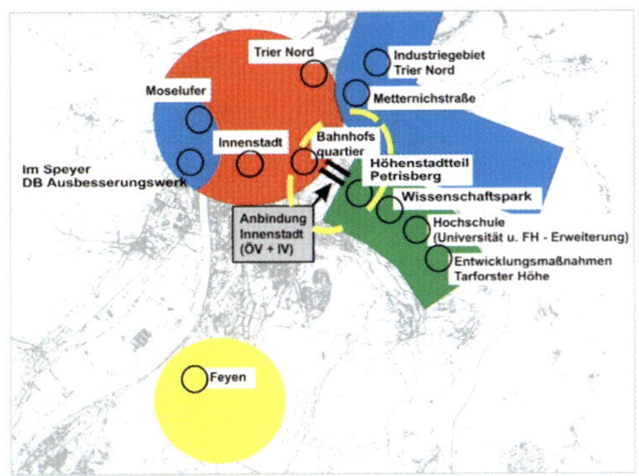

Abb. 4: Stadt Trier/Amt für Stadtentwicklung

Zwischenzeitlich war auch nicht klar, ob diese Fläche überhaupt frei würde, da sie für die Stationierung von zwei Regimentern in Trier im Zusammenhang mit einem Eurocorps benötigt würde. Diese Diskussion erstreckte sich über fast drei Jahre (1993 – 1996).[197, 198]
Nachdem die Entscheidung gefallen war, dass in Trier keine Stationierung von Regimentern des Eurocorps erfolgen würde, und als ein neuer Termin für die Räumung der Kaserne das Jahr 1999 genannt wurde, erfolgte wieder eine weitere Beratung über die Umwandlung der Kasernenanlage.[199]
In einem Diskussionspapier zum städtebaulichen Konzept Konversion Süd heißt es u. a.:

„Die Kasernenanlage Feyen bietet, verkehrsgünstig erschlossen mit der direkten Nähe zu Siedlungsgebieten (Feyen Grafschaft, Weismark) bei guter Infrastrukturausstattung eine langfristig gute Entwicklungschance. Das Gesamtgebiet kann stufenweise bei Vorhandensein einer Rahmenkonzeption entwickelt werden (so z. B. Wohnungsbau in direktem Anschluss an die französische Wohnsiedlung bei Abriss der Hallen nördlich der Straße „Zum Pfahlweiher").

Ein wichtiger Meilenstein für die Entwicklung des Kasernengeländes war die Stadtteilrahmenplanung für Feyen-Weismark mit vorlaufendem Bürgergutachten.[200] Im Ortsteil Feyen-Weismark wurde von August 1998 bis September 1999 an der Erstellung des Bürgergutachtens gearbeitet.[201]
Nach vielen Diskussionsrunden präsentierten die Sprecher der drei Arbeitsgruppen Konversion, Verkehr und Soziales am 28.10.1999 Ergebnisse ihrer Arbeit.[202] Das Bürgergutachten Feyen befasst sich schwerpunktmäßig mit den drei Themenstellungen

- Konversion
- Verkehr
- Soziales.

Besondere Betonung wurde im Bürgergutachten auf die Schaffung eines neuen Stadtteilzentrums im Zusammenhang mit der Konversion des Kasernengeländes Castelnau gelegt. Gleichzeitig sollte die Infrastruktur für Kinder und Jugendliche in den drei Siedlungsteilen Weismark, Alt-Feyen und Grafschaft verbessert werden.

Die Ergebnisse des Bürgergutachtens (Stand Oktober 1999) wurden danach in der Stadtteilrahmenplanung nach ihren räumlichen Auswirkungen bewertet und damit Bestandteil des Planes für den Ortsteil Feyen/Weismark.

2000 – 2010
Mit dem Bürgergutachten und dem Stadtteilrahmenplan in das nächste Jahrzehnt

Der Stadtteilrahmenplan wurde durch das Stadtplanungsamt erstellt und wurde dann im September 2003 vorgelegt. In Texterläuterungen zu Übersichtsplänen wurden die Leitziele zu den Themen Verkehr, Nutzung, Altortentwicklung, Landschaft und Mattheiser Wald dargestellt. In einer zusammenfassenden Übersicht wurden die „Schlüsselprojekte" genannt. Zentral war dabei die Entwicklung des Kasernengelände Castelnau mit dem künftigen Zentrum.

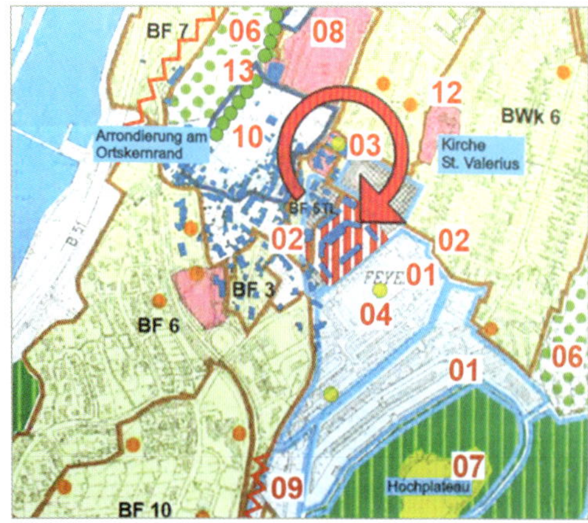

Abb. 5: Stadtteilrahmenplan Feyen-Weismark/Leitziele Nutzung

Im Stadtrat wurde der Stadtteilrahmenplan am 29.01.2004 als räumliches Entwicklungskonzept im Sinne von § 1 Abs. 5 Nr. 10 Baugesetzbuch beschlossen.[203]

Parallel zur Diskussion zur Stadtteilrahmenplanung erfolgten weitere Überlegungen, wie der Entwicklungsprozess gestaltet werden solle. Grundlage dafür waren Gespräche mit dem Bundesvermögensamt zu möglichen Umsetzungsmodellen.
Zur Sicherung der Planungsziele wurde dieser Prozess durch die entsprechenden Beschlüsse zur weiteren Bauleitplanung begleitet. Am 25.01.2001 erfolgte der „Aufstellungsbeschluss" zum Bebauungsplan BF 16 „Ehemalige Kaserne Castelnau – Kasernenhof".[204]
In der Begründung zur Vorlage wurde ausgeführt:

„In den Verhandlungen mit dem Bund über die Konversion der Kaserne wird ein Kooperationsmodell zwischen Stadt und Bund angestrebt. Grundlage hierfür ist die erzielte Übereinstimmung der Stadt mit dem Bundesvermögensamt über die wesentlichen Entwicklungsziele, die als Eckpunkte der Planung in einem Rahmenplan zusammengefasst wurden. Angestrebt wird eine stufenweise Entwicklung der Konversionsfläche hangaufwärts entsprechend der Einteilung des Gebietes in Strukturbereiche."

Mit diesem Aufstellungsbeschluss wurde zur Sicherung der Bauleitplanung auch erreicht, dass für die Stadt Trier die Möglichkeit besteht, dass bei Anträgen für Vorhaben bei der Bauaufsichtsbehörde Entscheidungen über die Zulässigkeit von Vorhaben gemäß § 15 BauGB im Einzelfall für einen Zeitraum bis zu zwölf Monaten ausgesetzt werden. Vor allem wenn zu befürchten ist, dass die Durchführung der Planung durch das Vorhaben unmöglich gemacht oder wesentlich erschwert würde.
Die ursprüngliche Zielsetzung, das Gebiet im Rahmen eines Kooperationsmodells mit der Bundesanstalt für Immobilienaufgaben zu entwickeln, konnte wegen unterschiedlicher Vorstellungen und Änderungen in der Strategie des Bundes nicht umgesetzt werden.
Hinzu kam, dass das Bundesvermögensamt im Randbereich des Konversionsgeländes, vorgezogen zur übrigen Entwicklung des Gebiets, vereinzelt Immobilienverkäufe getätigt hatte. Es bestand also Handlungsbedarf, um eine geordnete städtebauliche Entwicklung zu gewährleisten. Daher wurde am 02.07.2002 für den Bereich eine „Veränderungssperre" erlassen, die 2004 noch einmal verlängert wurde.[205]
Auch wenn keine Einigung zu einem Kooperationsmodell erzielt werden konnte, verständigten sich die Stadt Trier und die Bundesanstalt für Immobilienaufgaben (BImA) darauf, durch ein gemeinsam beauftragtes externes Gutachten die Entwicklungschancen und die Umsetzung des Projektes zu beurteilen. Mit dem Gutachten wurde die Firma Drees & Sommer, Stuttgart beauftragt. Diese legte den Bericht am 09.11.2005 vor.[206]

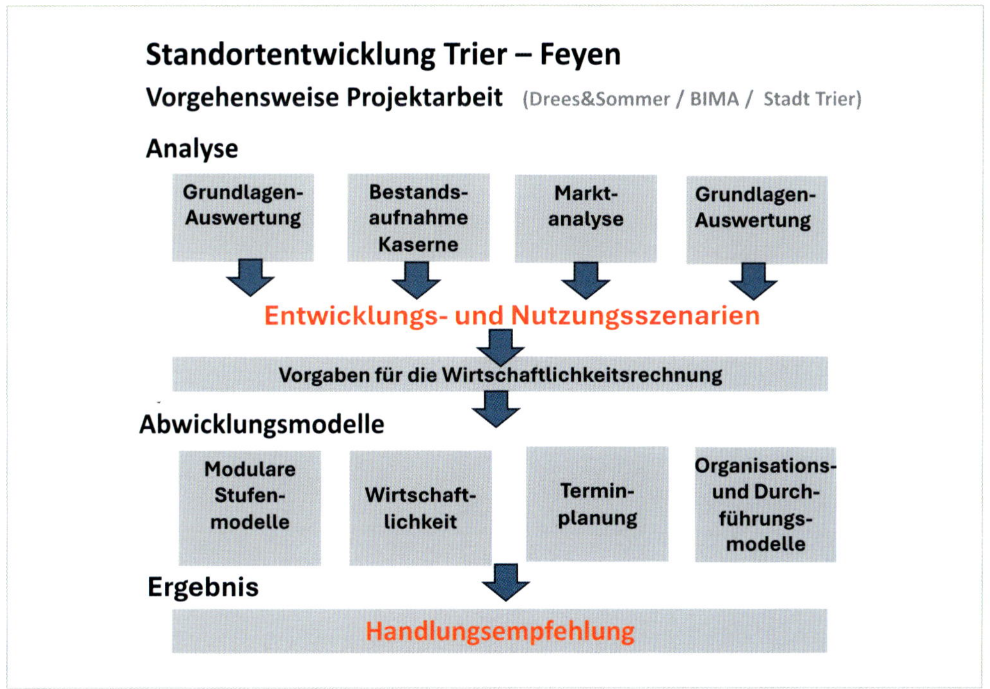

Abb. 6: Gutachten zur Standortentwicklung Feyen/Vorgehensweise

Dazu führte der Gutachter aus:

„Die Standortanalyse und die erarbeitete Abwicklungskonzeption dienen als Grundlage für die weitere Projektentwicklung und Verhandlungen zwischen Stadt und Bundesanstalt für Immobilienaufgaben (Bund). Die Standortanalyse wurde in Abstimmung mit den Auftraggebern Stadt Trier und Bund entwickelt und basiert auf der inhaltlichen Prüfung und Auswertung zahlreicher Grundlagen und der Ausarbeitung von Nutzungskonzeptionen, eines modularen Stufenkonzeptes, Wirtschaftlichkeitsberechnung und alternativer Durchführungsmodelle sowie einer Abwicklungskonzeption.“

Die erarbeitete Flächenbilanz, die Projektstrukturen und der Rahmenterminplan waren Basis für die Wirtschaftlichkeitsberechnung, welche die Gesamtentwicklung wirtschaftlich und terminlich als Cash-Flow nach Jahresscheiben darstellte.

Die Basisplanung unterstellte ein Abwicklungskonzept für die Flächenentwicklung unter Leitung einer Projektgesellschaft. Die Flächen des Handwerkerparks waren nicht Bestandteil des Entwicklungsgebietes und blieben in den Betrachtungen außen vor. Im Ergebnis wies die Wirtschaftlichkeitsberechnung unter den getroffenen Annahmen und Rahmenbedingungen für die Variante „Totalabbruch“ (Annahmen keine Hochbauentwicklung), im Jahr 2018 eine Unterdeckung inkl. Finanzierung in Höhe von ca. 5 Millionen Euro auf.

Folgende Handlungsempfehlungen wurden vom Gutachter gegeben:

- Veräußerung Teilflächen A-D1 an eine zu gründende Entwicklungsgesellschaft Petrisberg mbH und Projektabwicklung durch die EGP
- Generierung und Sicherung von Fördermitteln in Höhe von ca. 3,5 Millionen Euro

Diese gutachterliche Stellungnahme war die Grundlage für die weitere verwaltungsinterne Diskussion, die Information der Öffentlichkeit [207] und für Verhandlungen mit dem Land Rheinland-Pfalz zur Frage der Förderung, sowie mit der BImA.

Bei einer Besprechung zum „Sachstand der städtebaulich bedeutsamen Konversionsprojekten in Trier" am 26.04.2007mit der EGP und der ADD (Aufsichts- und Dienstleistungsdirektion Trier) wurde auch ausführlich das weitere Vorgehen zum Projekt Castelnau erörtert. Dabei ging es auch um die Frage von Landeszuschüssen, die zwar grundsätzlich in Aussicht gestellt wurden, jedoch erst nach einer ausführlichen Wirtschaftlichkeitsanalyse. Es wurde ebenfalls die Variante erörtert, dass die EGP die Fläche direkt vom Bunde erwerben sollte. [208]

Die Gesellschafterversammlung der EGP befasste sich am 17.09.2007 mit dem Projekt Feyen. Dabei ging es um eine Information über den Projektstand und die Wirtschaftlichkeitsberechnungen für verschiedene Varianten. Grundlage waren dafür verschiedene Voruntersuchungen. [209]

In der Gesellschafterversammlung wurde auch erörtert, ob die EGP das Areal direkt vom Bund erwerben könne, und wie die Wirtschaftlichkeit aussieht, wenn es keine Landeszuschüsse zum Projekt geben würde.

Aus rechtlichen Gründen war es nicht möglich, dass die EGP das Areal direkt (ohne eine Ausschreibung) erwirbt. Deswegen erfolgte nach langen Verhandlungen über den Grundstückspreis ein Erwerb (als Zwischenerwerb) durch die Stadt Trier.

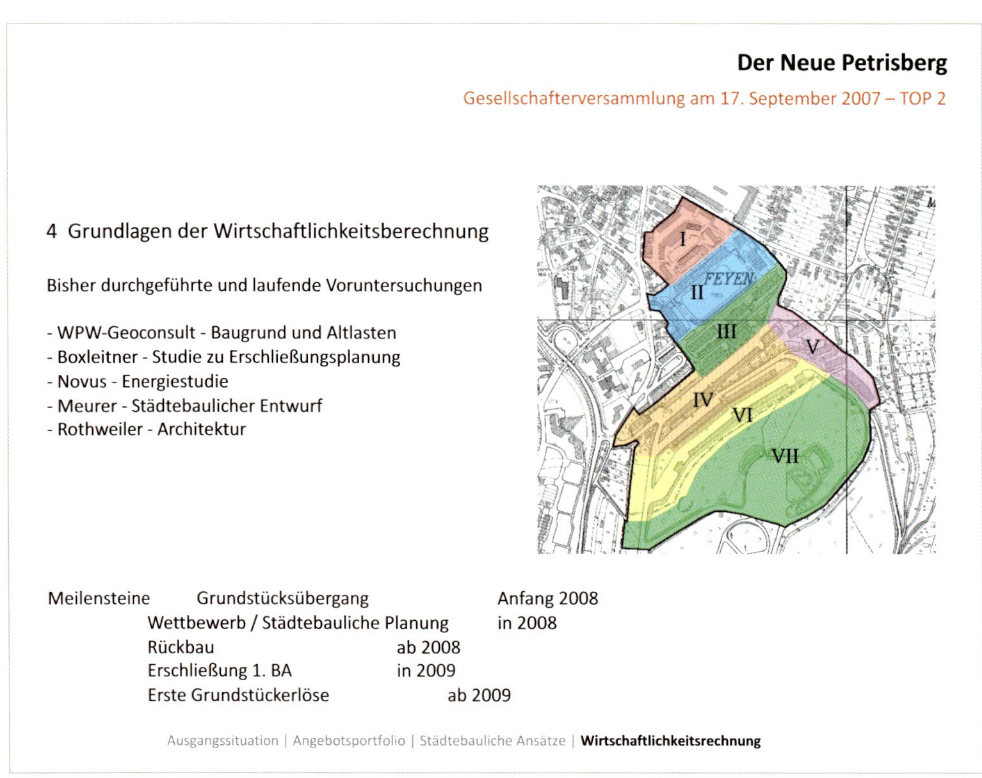

Abb. 7: Präsentation Gesellschafterversammlung am 17.09.2023

Zehn Jahre nach dem Abzug der französischen Militärs unterschrieb OB Klaus Jensen am 06.10.2009 einen Kaufvertrag für das 34 Hektar große Castelnau-Gelände von der Bundesanstalt für Immobilienaufgaben (BImA).[210]
Der Kaufpreis lag bei rund drei Millionen Euro mit Nebenkosten. Das Gelände besteht aus 19 Hektar Bauerwartungsland sowie 15 Hektar Wald.
Dazu hieß es in der Rathaus Zeitung:

„Das Rathaus strebt eine städtebaulich hochwertige Lösung an, bei der die Wohnbebauung im Mittelpunkt steht. Castelnau ist nach Einschätzung von Jensen außerordentlich attraktiv durch die Nähe zum großen Naturschutzgebiet Mattheiser Wald und die direkte Anbindung über die B 268 Richtung Moselufer. „Mit den neuen Angeboten wird das Rathaus der nach wie vor sehr hohen Nachfrage nach Grundstücken für Einfamilienhäuser gerecht", betonte Jensen. Auf dem Areal könnte außerdem ein Stadtteilzentrum entstehen.
Die alten Militärgebäude auf dem Castelnau-Gelände, die nicht unter Denkmalschutz stehen, sollen teilweise erhalten und für generationsübergreifende Wohnformen genutzt werden. Zudem könnten sich Dienstleister, wie Architekten oder Unternehmen der Gesundheitswirtschaft ansiedeln. Jensen wünscht sich innovative Lösungen für das Gelände, das zum Teil spektakuläre Ausblicke auf die Innenstadt bietet. Als Vorbild nannte er bei der Vorstellung des Projekts den Petrisberg. Baudezernentin Kaes-Torchiani sprach mit Blick auf die nächsten Jahre von einer ‚schwierigen, aber schönen Aufgabe'".[211]

Nach weiteren zwei Jahren intensiver Verhandlungen und Abklärung des Vergabeverfahrens wurde schließlich durch den Stadtrat am 16.11.2010 der „Städtebauliche Grundvertrag" zwischen der Stadt Trier und der EGP beschlossen.[212]

2010 – 2020
Mit dem städtebaulichen Vertrag Start in das Jahrzehnt der Realisierung

Im Vorlauf zu einem städtebaulichen Vertrag mit der EGP fand am 02.06.2010 ein kommunaler Zielfindungsworkshop statt, innerhalb dessen weitere Entwicklungsziele definiert wurden. Diese bezogen sich vor allem auf die Bereiche Energie, ganzheitliche Quartiersentwicklung, Umgang mit den Bestandsgebäuden und Grünvernetzung. Die Ergebnisse des Zielfindungsworkshops dienten zusätzlich zu den Ergebnissen des Stadtteilrahmenplans als Grundlage für diesen städtebaulichen Vertrag.
Den Eckpunkten des Vertragsentwurfs hat der Stadtrat mit großer Mehrheit zugestimmt. Demnach soll das neue Wohngebiet als Bindeglied die Ortsteile Feyen, Weismark und Grafschaft zusammenführen. Eine wichtige Rolle spielen dabei das Nahversorgungszentrum mit Vollsortimenter, einem Lebensmitteldiscounter sowie kleineren Geschäften und Dienstleistungsbetrieben.
Das Vertragsgebiet erstreckt sich über mehrere Hangterrassen oberhalb des Moseltals entlang der B 268, der „Pellinger Straße" und der Straße „Zum Pfahlweiher". Im Norden grenzt das Vertragsgebiet unmittelbar an die vorhandene Ortslage, im Süden an das Landschaftsschutzgebiet Mattheiser Wald. Charakter gebend sind innerhalb der Kasernenanlage die ehemaligen Verwaltungs- und Mannschaftsgebäude aus den 30er-Jahren, sowie Stützmauern und Treppenanlagen. Das topographisch erheblich bewegte Gelände ist in abgrenzbare Terrassen gegliedert.
In dem städtebaulichen Grundvertrag wurde unter Beachtung der Angemessenheit die Vorbereitung und Durchführung der Umnutzung des Vertragsgebietes sowie die zugehörigen Aufgabenzuordnungen, Kostenträgerschaften und Pflichten zur Zusammenarbeit festgeschrieben.

Die EGP übernahm im Einvernehmen mit der Stadt die Erstellung des städtebaulichen Rahmenplans. Die innere öffentliche Erschließung wurde in Bebauungsplänen konkretisiert und von der EGP im eigenen Namen und auf eigene Rechnung durchgeführt.
Beim Wohnungsbau setzen die Vertragspartner auf einen bunten Mix, um möglichst viele Zielgruppen anzusprechen: Denkbar sind Eigentums- und Mietwohnungen, Ein- und Mehrfamilienhäuser, Neubauten und der Erhalt eines Teils der Kasernenbauten. Auch der soziale Wohnungsbau soll eine Rolle spielen.
Energetisch soll sich das neue Quartier durch Nutzung regenerativer Quellen so weit wie möglich selbst versorgen. Der Wald, der fast die Hälfte von Castelnau ausmacht, soll weitgehend erhalten bleiben und als Naherholungsgebiet für die Bewohner genutzt werden. Nach Vertragsabschluss wird die EGP die städtebaulichen Ziele in einem Rahmenplan konkretisieren.
Nach Abschluss des Städtebaulichen Grundvertrages erfolgte durch die EGP ab 2011 die Konkretisierung der städtebaulichen Ziele in einem Rahmenplan. Dieser war dann Grundlage für die abschnittsweise Umsetzung des Projektes, die sich in den folgenden „Milestones" ablesen lässt.[213]

2011 (16.02.) 1. Castelnau-Gespräch – von insgesamt 18 Castelnau-Gesprächen als gläserne Planungswerkstatt im Bürgerdialog

2011 (15.05.) Mehrfachbeauftragung städtebauliches Gesamtkonzept und Machbarkeitsstudie Gebäude 019/020, heute: Castelnau Nr. 1

2012 (01.02.) Beginn der Rückbaumaßnahmen im Bereich der Dreiecksfläche (heutiges Einkaufszentrum) und ehemaliger Exerzierplatz

2012 (30.08.) Spatenstich Castelnau

2015 (19.07.) Eröffnung Quartiersplatz

2016 (15.05.) Fertigstellung/Bezug EGP-Bauträgerprojekt Châlet Castelnau (Bestandsgebäude 037)

2017 (20.05.) Eröffnung 2. Bauabschnitt Grünzug Castelnau

2018 (15.09.) Fertigstellung und Bezug EGP-Bauträgerprojekt Châlet plus (Bestandsgebäude 048)

2019 (15.03.) Fertigstellung/Bezug EGP-Bauträgerprojekt Sonnenhang Castelnau Haus 1 und Haus 2

2020 (15.06.) Fertigstellung Panzerhalle Castelnau

Von besonderer Bedeutung für die Umsetzung des Projektes und die Akzeptanz waren die „Castelnau-Gespräche", in denen der offene Diskussionsprozess zur Entwicklung von Feyen fortgesetzt wurde. In insgesamt 18 Gesprächsrunden wurden alle Aspekte dargestellt und diskutiert und durch die EGP in den Umsetzungsprozess einbezogen.
Dies ermöglichte auch eine zügige Umsetzung der einzelnen Bauabschnitte, wie in den „Milestones" ablesbar. Abb. 8 zeigt das Gesamtareal. Durch das neue Nahversorgungszentrum am Castelnauplatz ist eine neue, funktionierende Stadtteilmitte für die Bewohner geschaffen worden, die zugleich auch als Ort der Begegnung dient. Der neu entstandene Grünzug mit seinen parkähnlichen Anlagen, Rasenflächen und Spielplätzen bildet die neue Verbindung zwischen dem Quartier und dem Mattheiser Wald – mit Aussicht und Weitblick über die Stadt.

Abb. 8: Castelnau-Kaserne – nach Abschluss der Maßnahmen (2020) (EGP)

Castelnau in Zahlen[214]

Beeindruckend sind Eckwerte zur Entwicklung des Gebietes:

- Gesamtfläche ca. 34 ha/12,6 ha Bauland
- 78 Baugrundstücke für Einfamilienhäuser
- 668 Wohneinheiten im Geschosswohnungsbau (306 durch die EGP);
  hiervon 58 im geförderten Wohnungsbau
- ca. 1.500 Bewohner (Schätzung/Hochrechnung)
- 12 Ladenlokale in Ladenzeile Castelnau (ca. 150 qm Verkaufsfläche zzgl. Nutz- und Nebenflächen)
- 7 Nahversorgungs- und Einzelhandelseinheiten im Forum Castelnau (ca. 3.850 qm Verkaufsfläche zzgl. Nutz- und Nebenflächen)

Investitionen durch die EGP insgesamt rund 82,5 Millionen Euro hiervon

- rund 26,3 Millionen Euro in Flächenentwicklung
- rund 56,2 Millionen Euro in EGP-Bauträgerprojekte

Abb. 9: Luftbild – Blick auf die Konversionsmaßnahme Castelnau mit angrenzenden Bereichen (EGP)

Zusammenfassende Bewertung

Trotz der langen Laufzeit des Projektes von insgesamt 30 Jahren und vielen Zwischenschritten ist es der EGP auf der Grundlage eines Städtebaulichen Vertrages innerhalb von 10 Jahren (2010 – 2020) gelungen, ein funktionsfähiges Quartier mit einer Stadtteilmitte zu schaffen und damit die Ziele, die auch Bestandteil des Stadtteilrahmenplans waren, zu erfüllen. Hervorzuheben ist dabei, dass die Entwicklung dieses Konversionsgebietes ganz ohne Landeszuschüsse erfolgte. Einmal, weil sich die Maßnahme allein auf das Kasernengelände konzentrierte und zum anderen, weil die Schaffung unterschiedlicher Wohnungsangebote eine wirtschaftliche Grundlage bildete.

Kritisch anzumerken ist, dass durch die Konzentration auf das Kasernengelände selbst ursprüngliche Ziele zur Entwicklung des Altortes, der direkt angrenzt, nicht verfolgt werden konnten (Sanierung des Altortes/Verlagerung von Betrieben). Es ist zu hoffen, dass durch die Impulse dieser Konversionsmaßnahme auch in den umgrenzenden Bereichen Entwicklungen angestoßen werden.

197 21.04.1993 Zwei französische Euro-Regimenter in Trier stationiert
198 24.02.1996/04.06.1996
199 25.11.1996 Militärische Konversion in Trier/Ereignisart/sonstiges Dokument
Sitzung des Stadtvorstandes – TOP 15 Militärische Konversion/Diskussionspapier Dezernat V
200 Die Stadtteilrahmenpläne bauen auf den zuvor erstellten Bürgergutachten auf. Nach Erstellung des jeweiligen Planentwurfs wird der Stadtteilrahmenplan einer Bürgerbeteiligung und Abstimmung innerhalb der Stadtverwaltung unterzogen. Im Anschluss hieran erfolgt die Beschlussfassung durch den Stadtrat.
https://www.trier.de/bauen-wohnen/sonderprojekte/stadtteilrahmenplaene/
https://www.trier.de/File/7435-full.pdf
201 01.09.1998 Diskussionsprozess Stadtteilrahmenplanung Feyen-Weismark
202 28.10.1999 Größter Wunsch: Ein Zentrum für Feyen/Presseberichte
Bürger entwickeln Ideen für die Zukunft ihres Stadtteils – Kasernengelände birgt auch Chancen.
203 Stadtteilrahmenplan Feyen/Weismark – Beschluss durch Stadtrat am 29.01.2004
Plandokument: https://www.trier.de/File/7435-full.pdf
204 25.01.2001 Bebauungsplan BF16 „Ehem. Kaserne Castelnau-Kasernenhof–/Aufstellungsbeschluss (Stadtratsvorlage 590/2000)
205 02.07.2002 Bebauungsplan BF 16 „Ehemalige Kaserne Castelnau-Kasernenhof"/ Beschluss einer Veränderungssperre/ (Stadtratsvorlage 186/2002)
30.03.2004 Bebauungsplan BF 16 „Ehemalige Kaserne Castelnau-Kasernenhof"/Verlängerung der Veränderungssperre/ (Stadtratsvorlage 113/2004)
206 01.10.2005 Endbericht/Zusammenfassung der Ergebnisse
Stand Oktober 2005/Drees & Sommer Entwicklungsmanagement und Immobilienberatung GmbH
207 20.03.2006 Trierischer Volksfreund/Wohnen am Appellplatz/Baudezernent stellt Studie zur Nutzung des Geländes der Castelnau-Kaserne in Feyen vor.
208 20.04.2007 Vermerk zur Besprechung zum „Sachstand zu den städtebaulich bedeutsamen Konversionsprojekten in Trier"/Baudezernat der Stadt Trier
209 17.09.2007 Gesellschafterversammlung der EGP befasst mit dem Projekt Feyen.
210 06.10.2009 Neues Wohngebiet mit Aussicht/Zehn Jahre nach dem Abzug der französischen Militärs unterschrieb OB Klaus Jensen einen Kaufvertrag für das 34 Hektar große Castelnau-Gelände von der Bundesanstalt für Immobilienaufgaben (BImA). (Rathaus Zeitung)
211 Rathaus Zeitung vom 06.10.2009
212 16.11.2010 Städtebaulicher Grundvertrag zwischen der Stadt Trier und EGP Konversionsgebiet Feyen-Castelnau/ (Stadtratsvorlage 475/2010)
23.11.2010 „Wunschpartner" entwickelt Castelnau/(Rathaus Zeitung)
213 CASTELNAU 1999–2020 https://www.castelnau.de/castelnau-1999-2020
214 https://www.castelnau.de/quartiersentwicklung

Dokumentation KON30 Konversion in Trier. Maßnahme Kaserne Castelnau / Zeitleiste und Ereignisse

Castelnau Quartiersentwicklung. Website der EGP mbH

Abb. 1: Luftaufnahme Bereich Handwerkerpark 2007

Abb. 2: Entwurf zum Bebauungsplan Handwerkerpark (2008)

Ein gescheitertes Konversionsprojekt

2000 (Januar)	Handwerkskammer verteilt Umfragebögen an 50 Betriebe. 21 zeigen Interesse an Flächen
2002 (März)	Stadtrat fasst den Grundsatzbeschluss für den Handwerkerpark
2005 (Juni)	CDU, FDP und UBM stimmen im Rat gegen SPD und die Grünen für den Satzungsbeschluss
2006 und 2007	Anwohner der Pellinger Straße klagen zweimal gegen das Projekt.
2008 (April)	Rechtskraft des Bebauungsplans Handwerkerpark Trier
2008 (Juni)	Handwerkskammer legt eine Liste mit 40 Betrieben vor, die die Fläche reserviert haben wollen
2009 (Sept.)	Aufgabe des Projektes Handwerkerpark

Am 12.01.2000 berichtete der Trierische Volksfreund unter der Überschrift „Stadtverwaltung und Handwerkskammer basteln am Konzept für ein Gewerbegebiet im Bereich der früheren Kaserne Castelnau“ über eine Besichtigungsfahrt der Handwerkskammer Trier und dem Wirtschaftsdezernat über das ehemalige Militärgelände. Anlässlich dieser Besichtigung erfolgte durch die HWK eine Befragung von Unternehmen. Diese ergab, dass 21 Betriebe konkret an einem Erwerb einer Fläche im künftigen Handwerkerpark interessiert seien. Grundlage war damals die Aussage der HWK, dass man von Grundstückspreisen von 60 bis 80 Mark pro Quadratmeter ausgehen könne, wobei bei einer Förderung durch das Land Rheinland-Pfalz wohl die 60 Mark pro Quadratmeter „gehalten“ werden könnten.

Im März 2002 erfolgte nach Voruntersuchungen der Aufstellungsbeschluss zum Bebauungsplan.

Darin wird zur Begründung ausgeführt:
„Der genauen Lage und Abgrenzung des Handwerkerparks ging eine Machbarkeitsstudie voraus, die neben der ökonomischen Seite vornehmlich die naturräumlichen und städtebaulichen Voraussetzungen und Restriktionen prüfte. Die Studie konnte nachweisen, dass durch die von der Stadt geplante Lage des Handwerkerparks keine besonders schützenswerten Bereiche einbezogen wurden, und die Flächen bauplanungsrechtlich umsetzbar sind. Von Seiten der oberen Naturschutzbehörde wurde ebenfalls bestätigt, dass die geplante Naturschutzgebietsausweisung hinter der vorgesehenen Grenze des Handwerkerparks zurückbleiben kann."
(Vorlage – 031/2002/Betreff: Bebauungsplan BF 13 „Handwerkerpark Feyen" – Aufstellungsbeschluss/ Stadtrat vom 14.03.2002)

Der Handwerkerpark sollte in zwei Bauabschnitten erschlossen werden, wobei im ersten Bauabschnitt schon 40 Baugrundstücke auf ca. 12 Hektar Fläche entstehen sollten. Das Handwerkerzentrum und weitere Baugrundstücke waren dann erst im zweiten Bauabschnitt geplant. Die für die Handwerksbetriebe nutzbare Bruttofläche sollte entsprechend des Ergebnisses der Studie ca. 16 – 17 Hektar Fläche im Endausbau betragen.
Nach ungewöhnlich langer Laufzeit des Bebauungsplanverfahrens wegen verschiedener Klagen gegen den Handwerkerpark im Bereich des Mattheiser Waldes erfolgte schließlich der Satzungsbeschluss im Stadtrat am 28.02.2007 nach kontroverser Diskussion bei 30 Ja-Stimmen und 17 Nein-Stimmen. Wegen weiterer Klagen erlangte der Bebauungsplan erst im April 2008 Rechtskraft.

Während alle Konversionsmaßnahmen in Trier in einem großen Einvernehmen der Stadtspitze mit der Verwaltung und dem Stadtrat einvernehmlich diskutiert und von der Bevölkerung zustimmend verfolgt wurden, war das Projekt „Handwerkerpark" von Anfang an Gegenstand strittiger politischer und öffentlicher Diskussion.

Mögliche Ursachen waren:
- Das Projekt wurde von der Handwerkskammer promotet. Sie selbst war aber nicht der Akteur des Projektes und übernahm auch keine „Handlungs-Verantwortung".
- Die Handwerkskammer führte Ermittlungen über die Nachfrage durch, um festzustellen, welches Interesse besteht. Diese Ermittlungen wurden nicht verifiziert, und durch Verzögerungen des Projektes (Was ein Datum der Realisierung betrifft!) ergaben sich immer wieder neue Sachstände, die von der Handwerkskammer nicht offen kommuniziert wurden.
- Die Stadt Trier (Wirtschaftsdezernat) war der Träger des Projektes, welches aber auf der Grundlage von Voruntersuchungen und Studien „nur" als Bebauungsplanverfahren durchgeführt wurde, ohne dass eine Trägerstruktur zur Realisierung und Finanzierung entwickelt wurde.
- Die geweckten Erwartungen, was den Grundstückspreis betrifft, waren nicht realistisch und hätten nur bei einer erheblichen Konversionsförderung und geringen Erschließungsaufwendungen realisiert werden können.
- Was die mögliche Förderung betrifft, so war die Aussage des Landes sehr allgemein und diese wurde von den Befürwortern als Zusage interpretiert, um weiterhin das Interesse der Betriebe zu wecken.
- Am Ende stellte sich heraus, dass eine Förderung (in welcher Höhe ohne Aussage) nur dann möglich ist, wenn mehr als 50 Betriebe einen überregionalen Absatz aufweisen können. Dies war nicht der Fall, weil gerade für kleinere Betriebe Ersatzflächen zur Verlagerung und Erweiterung geschaffen werden sollten.

- Diese Unklarheiten führten dazu, dass alle strittigen Fragen Gegenstand des Bebauungsplanverfahrens waren, auch wenn sie nicht dort behandelt werden konnten. Zwar waren alle naturschutzrechtlichen Belange in diesem Verfahren zu lösen und abzuwägen, aber nicht die Frage, ob das Projekt realisiert werden soll oder nicht. Auch wer Träger einer solchen Maßnahme war, war nicht abschließend geklärt.
- Das Bebauungsplanverfahren wurde auf der Grundlage von nach außen vergebenen Fachbeiträgen federführend vom Baudezernat/Stadtplanungsamt betrieben. Am 05.04.2008 erlangte der Bebauungsplan BF 13 „Handwerker- und Gewerbepark Feyen" Rechtskraft.
- Am 28.09.2009 wurde gemeinsam von der Stadt Trier (OB Klaus Jensen) und der Handwerkskammer Trier (Präsident Rudi Müller) erklärt, dass das Projekt Handwerkerpark nicht mehr verfolgt wird.

Eine Umsetzung des Bebauungsplans BF 13 „Handwerkerpark" aus dem Jahr 2007 wurde danach unter Würdigung des anhaltend hohen Wohnbaulandbedarfs und der im Gegenzug geringen Nachfrage von Seiten der Wirtschaft nach gewerblichem Bauland in diesem Bereich des Stadtgebiets durch die Stadt Trier nicht mehr weiterverfolgt. Auf Anregung des Ortsbeirats Feyen-Weismark wurde die gewerbliche Entwicklung daraufhin zur Disposition gestellt und für die auf dem Hochplateau relevanten Flächen eine Eignung der Siedlungsflächen im Rahmen der Neuaufstellung des Flächennutzungsplans 2030+ festgestellt und mit einem „Quartiersrahmenplan Castelnau II" weiter vorbereitet.

Abb. 1: Der Kornmarkt als innerstädtischer Parkplatz mit Casino und Hotel zur Post

Abb. 2: Der fertiggestellte Kornmarkt mit Casino und Buchhandlung (2004)

Konversion und Platzgestaltung steigern die Attraktivität der Innenstadt

1824/25	Bau des Casinos, Entwurf von Johann Georg Wolff
1944 (Dez.)	Kriegszerstörung
1948	Kauf des Gebäudes von der Casino-Gesellschaft durch den Bund
1953	Kauf des neben dem Casino gelegenen Hotels „Zur Post"
1953	beide Gebäude werden vom französischen Militär als Offiziers-casino genutzt
1992 (03.11.)	Unterschutzstellung der platzseitigen Fassade durch die Denkmalpflege
1999 (Mai)	Rückgabe des Casinos und des ehemaligen Hotels
2000 (12.01.)	Stadtrat beschließt Kauf des Casinos (Zwischenerwerb)
2002 (06.04.)	Konzept „Meet at the Casino" durch private Investoren
2002 (01.06.)	Unterschutzstellung des Casino-Gebäudes durch die Landes-Denkmalpflege
2002 (10.09.)	Weiterveräußerung an die privaten Investoren
2004 (10.03.)	Eröffnung Buchhandlung und Casino
2004 (26.03.)	Übergabe des neugestalteten Kornmarkts

Wichtige kommunalpolitische Momente entwickeln sich oft nicht im Geheimen, sie schleichen nicht wortlos vorbei. Vielmehr entsteht sehr oft ein öffentliches Thema. Beispielhaft kann die Rückgabe des Casinos am Kornmarkt[215] nach der endgültigen Verabschiedung der Franzosen im Mai 1999 genannt werden. Bereits früher und vor allem nach dem Abzug der Franzosen gab es in Trier eine breite Diskussion in der Trierer Bürgerschaft, was mit dieser Liegenschaft im Herzen der Stadt, am Kornmarkt gelegen, geschehen sollte.

Das Thema „Casino" weckt großes Interesse

Der Vorstand der Casino-Gesellschaft meldete sich zu einem Gespräch an und wollte über die zukünftige Nutzung des Casinos mit dem Oberbürgermeister sprechen. Die Gesellschaft verfügte zwar nicht mehr über ein eigenes Haus, fühlte sich aber den traditionellen Inhalten und Zielen verpflichtet. Selbstverständlich schalteten sich die Fraktionen des Trierer Stadtrates in die Diskussion ein. Leserbriefe im Trierischen Volksfreund belegten die Betroffenheit der Triererinnen und Trierer. Die Kammergruppe Trier der Architektenkammer Rheinland-Pfalz meldete sich und regte einen „Gedankenaustausch" mit dem Stadtvorstand an. In dem Gespräch kündigten die Architekten an, am 11. Juni 1999 die Landesversammlung der Architektenkammer Rheinland-Pfalz im Casino am Kornmarkt durchzuführen. Abends sollte dann dort ein großes Fest, eine „Casino-Nacht", stattfinden. In der Einladung hieß es: „Die Casino-Nacht mit hochrangigen musikalischen Attraktionen sowie die spektakuläre Räumung dieses Innenstadtplatzes von parkenden Autos sollte Anlass genug sein, mitzumachen und durch die Teilnahme an einem kurzweiligen Abend Interesse an der stadträumlichen Entwicklung zu zeigen. Votieren Sie zusammen mit den Architekten für den Erhalt des Casinos als Haus der Begegnung."

Am 26. März 1999 hatte die Stadt Trier zur jährlich stattfindenden „Weinprobe der Stadt Trier" ins Casino eingeladen. Diesmal standen französische und deutsche Weine im Mittelpunkt der Probe. Am 20. April 1999 lud der „Verein Trierisch" zu einer Vortragsveranstaltung mit dem Oberbürgermeister in das Casino ein. Über den „stark besuchten Vortrag" berichtete der Trierische Volksfreund am 22. April unter der Überschrift „Kauft die Stadt das Casino?" [216] Die Trierer Karnevalsgesellschaft „M'r wieveln noch en Zalawen" plante schon 1999, ihre Veranstaltungen im Casino durchzuführen. Dies gelang dann in der Session 1999/2000. In der Presse konnte man von einer „Bombensession" lesen.

Priorität: Bürgerschaftliche Nutzung

Aufgrund der Lage des Casino-Grundstücks mit dem angrenzenden Hotel mitten in der Innenstadt gab es, wenig überraschend, private Interessenten, die eine großflächige Einzelhandelsnutzung anstrebten. Eine Schwierigkeit für diese Nutzung, die natürlich die von Anfang an diskutierte bürgerschaftliche Nutzung ausgeschlossen hätte, war die Unterschutzstellung der platzseitigen Fassade durch die Denkmalpflege. Schon am 30. November 1992 war dies vollzogen worden. [217] Eine Einzelhandelsnutzung, hier war auch eine Markthalle im Gespräch, hätte eine großzügige Überbauung der Hoffläche in Richtung Nagelstraße zur Folge gehabt. Dies hätte aber die Interessen der Anlieger, insbesondere die Anfahrbarkeit der Grundstücke in der Fleischstraße, der Nagelstraße und der Brotstraße und die Parkplätze in diesem Bereich, betroffen.

Schon sehr früh hatte die Stadt Trier ihr Interesse an dem Grundstück mitgeteilt. Hier wurde ein Zwischenerwerb favorisiert. Die Stadt Trier war deshalb sehr interessiert, weil auch die Umgestaltung des Kornmarktes absehbar war. Bereits am 30. Juni 1998, also etwa ein Jahr vor der Rückgabe des Casinos, berichtete die Trierer Presse über eine Diskussion im Stadtvorstand der Stadt Trier: „Der Oberbürgermeister hat für die Stadt Trier großes Interesse am Casino-Gelände am Kornmarkt geltend gemacht. Das derzeit noch als Offiziersmesse mit Hotel von den französischen Streitkräften genutzte Gebäude wird im Rahmen des Totalabzugs des Militärs von den Franzosen 1999 zurückgegeben. ‚Das Casino-Gelände ist mit der Geschichte der Stadt, mit den Gesellschaften und Vereinen eng verbunden', sagte der Oberbürgermeister im Stadtvorstand. Für ihn sei das im Herzen der Stadt gelegene Casino-Gebäude und der gesamte umliegende Bereich von ‚herausragender Bedeutung'. Der OB wies darauf hin, dass das in absehbarer Zeit freiwerdende Gebäude in Zusammenhang mit der dann anstehenden allgemeinen Kornmarkt-Umgestaltung gesehen werden müsse." [218]

Abb. 3: Das Casino am Kornmarkt im Jahre 1910

Die Geschichte belegt die Bedeutung des Casinos für die Trierer

Die besondere Bedeutung des Casinos für die Triererinnen und Trierer, für die Stadtpolitik, war verständlich: Das Casino am Kornmarkt repräsentiert ein Stück Trierer Stadtgeschichte. 1824/25 wurde es nach einem Entwurf des späteren Stadtbaumeisters Johann Georg Wolff gebaut. Das Gebäude diente dem 1817 gegründeten „Literarischen Casino" als Treffpunkt. Diese Gesellschaft folgte der bereits 1816 gegründeten „Casino-Gesellschaft", einem Verein „zur Pflege nicht nur von Musik und Tanz, sondern auch gemeinsamer literarischer Interessen."[219] Ziel dieser Gesellschaft war es, in wirtschaftlich schwieriger Zeit das gesellschaftliche Leben in Trier neu zu beleben. Ein wichtiger Grund für die Neugründung im Jahre 1817 war wohl eine fehlende Versammlungsstätte. Deshalb baute man am Kornmarkt, und das Casino wurde zu einem gesellschaftlichen Mittelpunkt im preußischen Trier.

Im Dezember 1944 wurde die Stadt Trier das Ziel schwerer Luftangriffe. Weite Teile der Trierer Innenstadt wurden zerstört; auch das Casino. Die ersten Jahre nach dem Zweiten Weltkrieg waren gekennzeichnet durch den Wiederaufbau der Stadt. Das Casino wurde unter Verwendung alter Bausubstanz in den Jahren 1953/1954 wieder errichtet. Bereits im Jahre 1948 hatte die Bundesrepublik Deutschland das Grundstück mit der Bauruine von der Casino-Gesellschaft gekauft. 1953 wurde das Hotel „Zur Post", neben dem Casino gelegen, erworben. Beide Gebäude dienten in der Folgezeit dem französischen Militär als Offizierscasino mit Hotel.

Der Kornmarkt und das Casino, ein wichtiger Platz in der Innenstadt mit einem wichtigen Gebäude der Stadt Trier, bestimmten in den 90er-Jahre des vorigen Jahrhunderts die stätischen Diskussionen. Wie soll in Zukunft der Kornmarkt und das Casino gestaltet und genutzt werden? Es war im Hinblick auf das Casino ein deutlicher Hinweis, dass das Casino am Kornmarkt im Bewusstsein der Trierer Bürgerschaft einen besonderen Stellenwert hatte. Das zeigte sich bereits nach dem Zweiten Weltkrieg immer wieder, als das Gebäude als Casino für die französischen Offiziere genutzt wurde. Sehr gerne wären die Triererinnen und Trierer in „ihr" Casino gegangen. Besonders gerne hätten sie dort das Restaurant besucht. Die gute Qualität der französischen Küche hatte sich rundgesprochen. Das besondere Angebot für Feinschmecker blieb aber den französischen Offizieren vorbehalten. Geöffnet für die Trierer Bevölkerung wurde das Casino traditionsgemäß am Karnevalssamstag. Das Trierer Prinzenpaar stürmte jedes Jahr, von den Trierer Karnevalsgarden unterstützt, die von den französischen Soldaten nur scheinbar verteidigte „französische Bastion".

Casino und Kornmarkt – eine Konversionsliegenschaft an einem wichtigen Platz

Ab den 70er-Jahren des 20. Jahrhunderts stand das Thema „Plätze in Trier" im Zentrum der kommunalpolitischen Diskussion. Ende des Jahres 1971 wurde die Fußgängerzone in Trier eingerichtet. Die schwierige Aufgabe der Platzgestaltungen in der Innenstadt war die nächste Aufgabe. Um qualifizierte Gestaltungsvorschläge zu erhalten, wurde 1978 ein beschränkter Wettbewerb ausgeschrieben, der den Bereich von der Porta Nigra bis zum Hauptmarkt umfasste. Hinzu kamen die Dietrichstraße, der Stockplatz, die Graben- und Palaststraße und der Dombereich sowie die Glockenstraße. In einem ersten Schritt wurden der Trierer Hauptmarkt, die Grabenstraße und die Simeonstraße geplant und gestaltet. Im Jahre 1992 legte die Stadtverwaltung einen ersten Bericht zum Stand der Platzgestaltungen in Trier vor.[220] Teile dieses Berichtes waren der Basilika-Vorplatz (Übergabe 1984), der Viehmarkt (Übergabe Platz 1996, Thermenmuseum 1998), der Domfreihof (Übergabe 1996). Die teilweise leidenschaftliche Diskussion, insbesondere beim Viehmarkt und beim Domfreihof, zeigte, dass das Thema „Plätze in Trier" für die Triererinnen und Trierer ein besonderes Anliegen war. Wichtige Fragen waren zu diskutieren: Welche Aufgabe, welche Funktion hat der Platz in der Zukunft innerhalb der Gesamtstadt? Welche Aufgabe hat die Geschichte der Plätze im Hinblick auf ihre Gestaltung in der Gegenwart? Erfordert die aktuelle Stadt mit all ihren Herausforderungen und auch ihren Existenzbedingungen nicht auch ihre angemessene Berücksichtigung? Ist es angesichts der Veränderungen auch in einer historischen Stadt mit „Verschönerung" und „Dekoration" allein getan? Wie können die Architektur, aber auch der Städtebau die Aufgabe lösen, eine Struktur zu schaffen, die der Gesamtstadt entspricht und gleichzeitig vom Bürger angenommen wird?

Diese Fragen zu beantworten, war ein besonderer Schwerpunkt der Diskussion, als im Dezember 2000 in den städtischen Gremien über die Gestaltung von sechs weiteren Plätzen in der Trierer Altstadt informiert wurde.[221] Gerade beim Kornmarkt, dessen Gestaltung unmittelbar bevorstand, war die Frage der Mittelpunkt der Diskussion, welche Funktion der Platz zukünftig in der Gesamtstadt haben sollte. Wie sollte der Kornmarkt in Zukunft genutzt werden? „Eine formale Umgestaltungskonzeption muss begleitet sein von einer Nutzungskonzeption (Sinngebung) für den Kornmarkt im Zusammenhang der Altstadt Triers und der Straßen und Plätze. Die Erörterung der Gestaltungsziele hat gezeigt, dass die Gestaltungsaufgabe, über den bisher immer wieder genannten Aspekt der „Begrünung" hinaus, vielfältige Bedingungen zu berücksichtigen hat."[222] Der

Kornmarkt entwickelte sich ab dem Jahr 2000 mehr und mehr zu einem wichtigen Thema in der Stadt. Dies, obwohl die Konversion und ihre Folgen „überall in der Stadt“ ebenfalls kommunalpolitisches Handeln erforderten. Bei der Konversion stellte sich die Frage: „Was muss getan werden, damit die zahlreichen freiwerdenden Flächen und Gebäude in der Stadt der positiven Entwicklung der Stadt Trier dienen? Wie in einem Brennglas zeigte sich diese Herausforderung am Kornmarkt. Hier war ein wichtiger Platz zu gestalten; gleichzeitig wurde aber auch die Konversionsliegenschaft „Casino am Kornmarkt“ zurückgegeben. Das daneben liegende „Hotel zur Post“, das über Jahrzehnte an das Casino angebunden war, stand ebenfalls zur Disposition. Welche Nutzung sollte das Casino in Zukunft haben? Wie konnte die von den Trieren gewünschte „bürgerschaftliche Nutzung“ sichergestellt werden? Welche Nutzung war auf der Fläche des ehemaligen „Hotels zur Post“ anzustreben? Mit der Gestaltung des Platzes standen diese Fragen in einem engen Zusammenhang. Es ging beim Kornmarkt nicht nur um einen autofreien Platz. Auch nur eine neue Dekoration wäre sicher zu wenig gewesen. Es ging um die Funktion des Platzes innerhalb der Gesamtstadt, um seine städtebauliche Einbindung. Und es ging um geschichtliche Kontinuität, aber auch um die Frage, inwieweit sich die Veränderungen in der Stadt insgesamt auf die Gestaltung des Kornmarktes auswirkten. Zahlreiche Veranstaltungen, stets mir beachtlicher Beteiligung der Bürgerinnen und Bürger, hatte ein deutliches Meinungsbild für die Gestaltung des Kornmarktes ergeben. Mit großer Mehrheit sprach man sich für einen „Platz der Begegnung und Kommunikation“ mit mehr Grün und Aufenthaltsqualität aus. Der Platz müsse auch so gestaltet werden, dass „die historischen Gebäude in Szene gesetzt werden könnten“. Eine Forderung, die wieder die Bedeutung des Casinos bei der Gesamtgestaltung dieses Stadtbereiches hervorhob.

Stadtrat beschließt Zwischenerwerb des Casinos – Ausschreibung

Nachdem die Franzosen im Mai 1999 die Stadt Trier verließen, war das Casino auf dem Markt. Um den Casinobereich „vom Markt zu nehmen“, gab es im Stadtvorstand und im Trierer Stadtrat bereits frühzeitig die Überlegung, das Casinogrundstück und das Grundstück des ehemaligen Hotels „Zur Post“ zu erwerben. Das Grundstück hatte für die Entwicklung in der Trierer Innenstadt eine besondere Bedeutung. Ziel war es, die weitere Nutzung des Casinos und die städtebaulichen Veränderungen im Sinne der Stadt beeinflussen zu können. In der Sitzung des Stadtrates am 1. Dezember 2000 beschloss der Stadtrat den Zwischenerwerb. Gleichzeitig hatte er darüber hinaus in dieser Sitzung über den Zwischenerwerb einer großen Konversionsliegenschaft auf dem Petrisberg zu entscheiden. Die Stadt Trier „drehe momentan an einem großen Rad“, wurde in der Trierer Presse kommentiert.

Die Stadt Trier hatte über die spätere Nutzung des Casinos inhaltliche Vorstellungen. „Angesichts der Geschichte des Casinos und seiner herausragenden Bedeutung als Treffpunkt sollte das Gebäude auch künftig durch seine Gestaltung und Nutzung identitätsstiftend wirken und der Öffentlichkeit zugänglich sein.“ [223] Ein privater Investor, der das Grundstück von der Stadt Trier und die festgelegten Nutzungen umsetzen wollte, war aber noch nicht gefunden. Eine bundesweit tätige Beratungsfirma wurde eingeschaltet, um so Interessenten für das Casino-Projekt zu gewinnen. Auch das Grundstück „Hotel zur Post“ wurde in das Verfahren miteinbezogen. Dieses Grundstück musste dann aber noch gekauft werden.

39 leistungsfähige, potentielle Investoren aus dem gesamten Bundesgebiet wurden im Rahmen einer Ausschreibung angeschrieben. Es ergab sich eine Rückmeldung von neun Interessenten. Die weitere Bearbeitung des Projektes bei den privaten Interessenten führte zu einem für die Stadt Trier sehr enttäuschenden Ergebnis: Es

lag am Ende nur noch die Bewerbung der DIC-Gruppe aus Frankfurt und der TRIWO aus Trier vor, die das Projekt gemeinsam verwirklichen wollten. Dieser private Investor stellte seine Pläne am 6. April 2002 im Trierer Stadtvorstand vor. Er nannte das Konzept „Meet at the Casino". „In der Weiterführung der Tradition und historischen Zweckbestimmung des Gebäudes wurde eine Lösung entwickelt, die dem Wunsch der Stadt Trier nach einer Nutzung als öffentliches Begegnungs- und Veranstaltungszentrum entgegenkommt und zum anderen wirtschaftlich nachhaltig darstellbar ist. Das Konzept der DIC und der TRIWO sieht eine Mischung aus Handel und Freizeit vor, die jedoch auch thematisch eng verknüpft ist. Die Realisierung erfolgt innerhalb der vorgegebenen Gebäudestrukturen, an eine Neubebauung der Hofflächen ist nicht gedacht. Seine Ergänzung findet dieses Freizeit- und Unterhaltungskonzept in der Ansiedlung der Akademischen Buchhandlung Interbook in dem Neubau auf dem Grundstück des ehemaligen Hotels ‚Zur Post'." [224]

Verkauf an eine private Investorengruppe – Eröffnung Casino und Kornmarkt im März 2004

Das Interesse der Akademischen Buchhandlung Interbook an dem neuen Standort am Kornmarkt wurde ebenfalls ein Thema der öffentlichen Diskussion in Trier. Die Buchhandlung gab ihren bisherigen Standort in der Fleischstraße auf. Dort war ein Einzelhandels-Großprojekt, die Trier-Galerie, geplant. Das war eine Entwicklung, wie sie sich bei der Konversion wieder einmal ergab. Firmen gaben ihren alten Strandort auf und zogen auf ein Konversionsgelände. Das bisherige Firmengrundstück wurde damit frei für neue Entwicklungen.

Am 10. September 2002 beschloss der Stadtrat, das von der Bundesrepublik Deutschland erworbene Casino-Gelände an die private Investorengruppe zu veräußern. Hilfreich in der Argumentation war der Erhalt des denkmalwerten Gebäudes. Wichtig war darüber hinaus ein Fassadenwettbewerb für das neue Gebäude auf dem ehemaligen Grundstück Hotel „Zur Post". Vertraglich wurde auch die „Teilnutzung des Casinos als bürgerschaftlicher Ort der Kommunikation" abgesichert. Bei dem Verkauf wurden auch alle Aufwendungen der Stadt, die durch den Zwischenerwerb entstanden waren, beglichen. Die wirtschaftliche Nutzung der gesamten Konversionsliegenschaft erforderte den Abriss des ehemaligen Hotels „Zur Post". Für die Gesamtgestaltung, auch für den Kornmarkt, war entscheidend, wie sich der Neubau in die Baulücke einfügte. Von der Stadt Trier wurde vorgeschlagen, zur Fassadengestaltung einen Wettbewerb durchzuführen. Der private Erwerber wurde verpflichtet, das Ergebnis des Wettbewerbs bei der Fassadengestaltung zu berücksichtigen. Als „gelungener Dialog" wurde in der Trierer Presse der Casino-Umbau und der Neubau für die Buchhandlung beschrieben: „Im fast vollendeten Casino-Umbau und dem durch eine respektvolle Baufuge auf Abstand gehaltenen Glaskubus des Kaiserslauterner Architekten Michael Schanne treffen sich zeitgenössischer Geist und erhaltenswerte architektonische Überlieferung zum spannenden städtebaulichen Dialog." [225]

Für das vorgelegte Konzept und den vorgeschlagenen Weg gab es im Stadtrat eine große Zustimmung. Kritik wurde vereinzelt daran geübt, dass die bürgerschaftliche Nutzung nur eingeschränkt sichergestellt sei. In der Tat war das vorab erarbeitete Leitbild für die Casino-Nutzung sehr weitgehend. Durch den Vorschlag der privaten Investorengruppe wurde versucht, ein anspruchsvolles Leitbild mit der Realität in Einklang zu bringen. Die Trierer Presse bezeichnete den beschlossenen Weg als „Kompromiss mit Charme" und stellte eine „Aufbruchsstimmung am Kornmarkt" fest." [226]

Durch den Beschluss des Stadtrates waren die Rahmenbedingungen festgesetzt. Da die Buchhandlung schon feste Umzugstermine geplant hatte, mussten Fristen eingehalten werden. Die

Abb. 4 und 5: Der Kornmarkt – Platz der Begegnung für Groß und Klein

Eröffnung der Buchhandlung fand am 10. März 2004 statt. Das „große Rad", das die Stadt Trier in dieser Zeit drehte, wurde sehr deutlich, weil schon am 26. März 2004, fast zeitgleich zur Wiedereröffnung des Casinos und der Buchhandlung, der neue Kornmarkt den Bürgern übergeben wurde. Dort, wo früher Autos abgestellt wurden, dort wo nach dem Zweiten Weltkrieg ein für die Trierer weitestgehend unzugängliches Militärcasino stand, war ein weiteres attraktives Zentrum der Begegnung und Kommunikation in der Trierer Innenstadt entstanden.

[215] Dazu Schröer, Helmut: „Konversion konkret: Trier macht Boden gut". In: Trierer Weichenstellungen – Ein Beitrag zur jüngeren Stadtgeschichte, Band 1, Trier 2009, S. 222–228

[216] Trierischer Volksfreund vom 22. April 1999: „Kauft die Stadt das Casino?"

[217] Auf Antrag der Landesdenkmalpflege wurde das gesamte Casino-Gebäude einschließlich der Kelleranlage im Juni 1999 unter Schutz gestellt.

[218] Rathaus-Zeitung vom 30. Juni 1998

[219] Schmidt, Peter Franz: Geschichte der Casino-Gesellschaft zu Trier". Trier 1955, S. 5

[220] Baudezernat der Stadt Trier: „Die Gestaltung der Trierer Altstadtplätze – Bericht zum Stand der Platzgestaltungen". Trier Oktober 1992

[221] Baudezernat/Planungsamt der Stadt Trier: „Verfahren zur Neugestaltung von sechs Plätzen in der Altstadt Trier – Zwischenbericht und Dokumentation zum Stand der Planungen" Trier 10/2000

[222] Dietze, Peter: „Plätze in Trier". In: Neues Trierisches Jahrbuch 2000, Band 40, Trier, S. 120

[223] Vorlage 298/2002 für den Trierer Stadtrat vom 2. September 2002, behandelt am 10. September 2002

[224] „Meet at the Casino Trier – Die Fakten". Informationsschrift der Meet at the Casino GmbH

[225] Trierischer Volksfreund vom 13./14.März 2004

[226] Trierischer Volksfreund vom 13. September 2002

Dokumentation KON30 Konversion in Trier.
Maßnahme Offizierscasino / Zeitleiste und Ereignisse

Abb. 1: Das französische Krankenhaus ab 1963 auf dem Petrisberg

Abb. 2: Campus II der Universität Trier

Erfolgreiche Konversion – ein Glücksfall für die Universität[227]

1960	Bau französisches Lazarett
1963 (25.10.)	offizielle Einweihung des neuen Lazaretts
1991 (04.02.)	Universität: Interesse an französischen Konversionsflächen
1992 (März)	Memorandum der Universität zur zukünftigen Nutzung des Hospitals
1992 (30.03.)	Stadtrat tagt in der Universität
1992 (23.06.)	Abschiedsparade: Französisches Militärkrankenhaus
1992 (24.09.)	Stadtrat verabschiedet Resolution: Hospital soll vorübergehend als Studentenunterkunft genutzt werden
1992 (Okt.)	Mietvertrag zwischen Bund und Land
1993 (01.03.)	280 Studierende wohnen im ehemaligen Hospital
1993 (Juli)	erste Fachbereiche der Universität ziehen um
1997 (23.12.)	Land Rheinland-Pfalz erwirbt das französische Hospital.
1999 (25.05.)	Beginn der Sanierung: 1. Bauabschnitt
2005	Ende 2. Bauabschnitt
2007 (16.06.)	Universität stellt ihren 2. Standort vor: den Campus II

Die Konversion des französischen Lazaretts „André Genet" zum Campus II der Universität Trier war ein 100-Millionen-Projekt. Mit der umfassenden Sanierung wurde 1999 begonnen. Den Startschuss gab Wissenschaftsminister Professor Dr. Zöllner am 25. Mai 1999. Er bezeichnete die Umwandlung als „einen Glücksfall für die Stadt Trier".[228]

Ein französisches Krankenhaus für die Franzosen in Trier

Die Konversion war insgesamt eine gesamtstädtische Herausforderung. Allein 37 französisch genutzte Liegenschaften, die französische Gemeinschaft zählte zeitweise rund 20.000 Einwohner, bildeten eine „Stadt in der Stadt"; weitestgehend Soldaten mit ihren Familien. Natürlich gab es in Trier auch ein eigenes Konsulat. Und es war selbstverständlich, dass für die französische Bevölkerung in Trier die medizinische Versorgung gesichert werden musste. Von 1945 bis 1963 wurden die medizinischen Dienste im Brüderkrankenhaus in Trier geleistet.

In den 50er-Jahren wurden die französischen Streitkräfte in Deutschland neu geordnet. Einzelne Garnisonen und Lazarette wurden aufgelöst; darunter die Lazarette Koblenz, Kreuznach, Andernach, Mainz und Gießen, in der französischen Nordzone gelegen. Ein neues Krankenhausgebäude war erforderlich. Der Bau des

Lazaretts in Trier auf der Tarforster Höhe war eine Maßnahme der Bundesrepublik Deutschland für die französischen Streitkräfte. Das neue Lazarett „André Genet" wurde am 25. Oktober 1963 offiziell eingeweiht. Mit dem Bau war 1960 begonnen worden.

Das neue Lazarett entsprach höchsten medizinischen Ansprüchen. In den acht Geschossen des Bettenhauses waren fünf Pflegeeinheiten mit insgesamt 432 Betten untergebracht: eine Innere Abteilung, eine Infektionsabteilung, die Chirurgie, eine Hals-Nasen-Ohren-Abteilung und eine Augen- und Kieferabteilung. Außerdem verfügte das Krankenhaus über zahlreiche medizinisch-technische Abteilungen und Laboratorien. Zusätzlich gab es neben einer Bücherei auch eine Kapelle, die an der Nordseite des Hauptgebäudes lag und durch einen überdachten Gang leicht erreichbar war. Im Umfeld des Bettenhauses wurden noch einige Flachbauten errichtet, außerdem noch Schwesternwohnheime. Die Kellergeschosse waren zusätzlich ausgebaut worden. Auf dem Petrisberg ergänzte das neue Lazarett dort die militärischen Liegenschaften der Franzosen. Der Petrisberg war in Trier über viele Jahre nicht nur ein geografischer Begriff. Der Petrisberg war ein Symbol. Er war ein Zeichen für einen langen Abschnitt der Trierer Geschichte. Zahlreiche für die Franzosen wichtige Liegenschaften waren auf dem Petrisberg. Und über allen Flächen „grüßte" das markante Gebäude des französischen Militärhospitals. „Das Gebäude ist ein typischer Vertreter der französischen Baukunst der Moderne. Besonders bedeutsam ist der Bezug auf Le Corbusiers Unité d'habitation in Marseille, die von der französischen Regierung in Auftrag gegeben und 1952 eingeweiht wird. Das Hospital „André Genet" stellt damit eine der wichtigsten Le-Corbusier-Rezeptionen innerhalb der französischen Besatzungszone dar."[229]

Die Neugründung und die Entwicklung der Universität Trier auf der Tarforster Höhe

Das Lazarett „André Genet" und die übrigen französischen Liegenschaften auf der Tarforster Höhe lagen in unmittelbarer Nähe der Trierer Universität. Diese wurde im Jahre 1970 wie-

Abb. 3: Altes französisches Krankenhaus im Bereich des Brüderkrankenhauses (1954)

dergegründet. Die Vorlesungen begannen im Wintersemester 1970/71. Es war dies die zweite Landesuniversität, zunächst als Doppeluniversität Trier/Kaiserslautern. In Trier waren die Geisteswissenschaften der Schwerpunkt. Als Standort wurde zunächst das Gelände der ehemaligen Pädagogischen Hochschule auf dem Schneidershof ausgewählt. Es war aber sehr schnell erkennbar, dass die Räumlichkeiten dort auf Dauer nicht ausreichen würden. Die Studierendenzahlen wuchsen sehr schnell an. Auf dem Schneidershof waren Erweiterungsflächen nicht vorhanden.

Schon sehr bald nach der Wiedergründung wurde deshalb in Trier ein neuer Standort für die Universität gesucht. Die Wahl fiel auf die Tarforster Höhe. Bereits 1971 wurde ein Gutachterwettbewerb für die Universität auf diesem Gelände ausgeschrieben. 1974 wurde mit der ersten Baustufe begonnen, und im März 1977 zog die Universität mit den ersten Fachbereichen und der Bibliothek auf die Tarforster Höhe um. Aus der Doppeluniversität Trier/Kaiserslautern entstanden bereits 1975 zwei selbständige Universitäten.

Im Jahr der Wiedergründung 1970 hatten sich in Trier 356 Studierende eingeschrieben. Die Zahl stieg von Semester zu Semester rasch. Vor allem auch deshalb, weil die elf Fächer der Gründungsphase attraktiv ergänzt wurden. Ursprünglich war die Universität Trier als Lehrerbildungsuniversität konzipiert worden. Durch das wesentlich erweiterte Fächerangebot wurde sie für zahlreiche Studierende zunehmend überzeugender. Ursprünglich waren für die Doppeluniversität Trier/Kaiserslautern für beide Standorte 15.000 Studierende prognostiziert worden. Diese Zahl war schon bald nicht mehr aktuell. 1985 stieg die Studierendenzahl allein für Trier auf 7.000. Zwanzig Jahre nach der Wiedergründung, im Jahre 1990, wurde die Zahl von 10.000 überschritten. Es war abzusehen, dass der geplante Ausbau mit dieser Entwicklung nicht Schritt halten konnte.

Dieser Bau der Universität vollzog sich in drei Etappen.[230] Mit der dritten Baustufe, die Gebäude wurden im März 1991 fertiggestellt, war der ursprünglich geplante Ausbau abgearbeitet. Mit dieser dritten Erweiterung wurde der Schlussstein der beachtlichen Bautätigkeit auf dem Gelände der Universität gesetzt. Das Ende der ursprünglichen Entwicklungsplanung war erreicht. Die Raumnot war aber schon damals erheblich. Und es war eindeutig, dass weitere Ausbaumaßnahmen folgen mussten. „Das wurde insbesondere durch das rasante Ansteigen der Immatrikulationszahlen, die zwanzig Jahre nach der Gründung bereits eine Marge von 10.000 Studierenden überschritten hatte und in der mittelfristigen Fortschreibung eine weitere Steigerung auf 14.000 erwarten ließ, nachdrücklich untermauert.“[231]

Der weitere Ausbau – in welche Richtung?

Die wichtige stadtplanerische Frage war, in welche Richtung sich der weitere Ausbau der Universität auf der Tarforster Höhe in Zukunft entwickeln sollte. Die Überlegungen der Universität und der Stadt Trier waren eindeutig: Eine mögliche Erweiterung der Hochschule sollte Richtung Petrisberg, also Richtung Norden erfolgen. Dies war, wenn man die Grundstückssituation auf der Tarforster Höhe als Grundlage nahm, eine Wunschvorstellung. Denn die für eine solche Erweiterung notwendigen Grundstücke wurden von den französischen Militärs genutzt, standen also nicht zur Verfügung. Diese Flächen waren eine Übungsfahrbahn (Kohlenstraße), ein Krankenhaus (Beringstraße), zwei Kasernen (Belvedere Kaserne, Kaserne STALAG) und eine große Grünfläche an der Pluwiger Straße. Diese Konversionsflächen auf dem Petrisberg umfassten insgesamt 80 Hektar. Was konnte man mit dieser Fläche im Sinne einer auf Zukunft ausgerichteten Stadtentwicklung machen? In einem großen Teil der Trierer Bevölkerung war die Skepsis sehr groß. Als Standort für das Militär schien dieses Gebiet geeignet; aber für

Abb. 4: Universität Trier, im Hintergrund das französische Krankenhaus

eine zukünftige Entwicklung der Stadt? Für eine städtische Planung stand das französisch genutzte Gebiet ohnehin nicht zur Verfügung.

Aufgrund der „französischen Begrenzungen" gab es planerische Überlegungen Richtung Osten. Dies war für die Universität nicht optimal. Die Konversion bot in dieser schwierigen Situation eine Lösung, denn bereits unmittelbar nach dem Bekanntwerden des geplanten Abzugs der französischen Streitkräfte im Jahre 1990 stand fest, dass das französische Krankenhaus „André Genet" zu den ersten zurückgegebenen Flächen zählen würde. Dies war verständlich. War doch die Zahl der in Trier lebenden Franzosen im Jahre 1990 auf etwa 7.000 erheblich zurückgegangen. Ein großes französisches Militärkrankenhaus war entbehrlich. Bereits am 23. Juni 1992 fand im Bereich des Krankenhauses eine Abschiedsparade statt.

Die Universität zeigt Interesse an Konversionsliegenschaften

Seit 1989 wurde das Präsidium der Universität Trier regelmäßig zu Sitzungen des Trierer Stadtvorstandes eingeladen. Themen, welche die Stadt Trier und die Universität Trier gemeinsam betrafen, gab es zur Genüge. Das wiederum überraschte nicht, war doch die Universität nach dem Zweiten Weltkrieg die bedeutendste Entwicklungsmaßnahme der Stadt und der Region Trier. Dabei wurde immer wieder auf die wirtschaftliche Bedeutung der Universitätsgründung verwiesen. Gutachten wurden dazu erstellt, die dies überzeugend belegten.[232] Aber die Universität verbindet mit der Stadt Trier wesentlich mehr als die sicherlich wichtigen wirtschaftlichen Faktoren. Zwischen der Stadt Trier und der Universität Trier gibt es seit der Wiedergründung eine Interessengemeinschaft. Die Stadt Trier hatte sich seit der Wiedergründung bis 1990, also in 20 Jahren, von einer Stadt mit einer Universität zu einer Universitätsstadt entwickelt. Sie war eine andere Stadt geworden, sie hatte eine neue Qualität. In der Sitzung des Stadtvorstandes am 4. Februar 1991 war die Rückgabe der französischen Liegenschaften ein Thema. Bereits unmittelbar nach den ersten Meldungen dazu im Jahre 1990 hatte sich Präsident Professor Dr. Jörg Hasler gemeldet, und das Interesse der Universität an Flächen auf der

Tarforster Höhe kundgetan. In der Sitzung des Stadtvorstandes im Februar 1991 konkretisierte er dieses Interesse: „Die Zukunft der Universität liege langfristig in dem derzeit noch von den Franzosen genutzten Gelände. Allgemein stellte er fest, dass die bestehenden Landesreserven der Universität sehr geringfügig seien. Daher müsse an eine Erweiterung der Landesreserven gedacht werden."[233] Den Vertretern der Universität wurde in dieser Sitzung die Unterstützung der Stadt Trier zugesagt.

Memorandum über universitäre Nutzung von André Genet

Die Universität blieb in dieser für sie so wichtigen Frage „am Ball". Es war aber nicht nur wichtig, eine Chance zu sehen, sondern es kam darauf an, sie zu nutzen. Und die Rechnung ging auf – und das ziemlich spektakulär. Bereits im März 1992 wurde durch die Universität ein Memorandum über die zukünftige Nutzung des Militärlazaretts „André Genet" erstellt, in dem die mögliche Einbindung des Hospitals in den Universitätsbereich dargestellt wurde. Es wurde deutlich: Die Frage einer zukunftsweisenden Erweiterung war schon länger auf der Tagesordnung der Universität. Sie war offensichtlich schon häufiger diskutiert worden. Aber die Lösung war plötzlich aktueller denn je; denn die Konversion in der Stadt Trier fiel mit einer zentralen Frage der Universität Trier zusammen. Überlegungen über eine kurzfristige Lösung, über eine Sanierung und die endgültige Nutzung des Lazaretts wurden entwickelt. Ein Personalkonzept wurde ebenfalls erstellt. Ein wichtiger Schwerpunkt in diesem Memorandum waren Vorschläge für die Übergangszeit. Denn Eigentümer der Liegenschaft „André Genet" war die Bundesrepublik Deutschland. Das Land Rheinland-Pfalz musste das Grundstück und die aufstehenden Gebäude erwerben. Schwierige Grundstücksverhandlungen standen bevor. Deshalb wurde im Memorandum zunächst als eine Zwischenlösung ein Generalmietvertrag vorgeschlagen, der dann später in einen Erwerb übergehen sollte. Drei unterschiedliche Nutzungen wurden im Memorandum dargestellt; natürlich für die weitere Entwicklung der Universität, aber auch für das studentische Wohnen. Für Studierende war damals in Trier die Raumnot besonders groß.

Das Thema „Umnutzung des französischen Lazaretts" blieb auch deshalb auf der Tagesordnung, weil die Fraktionen des rheinland-pfälzischen Landtags sich mit dem Memorandum der Trierer Universität beschäftigten. Es gab Signale aus allen Fraktionen und eine sehr deutliche Erklärung des Ministers, den Vorschlägen des Memorandums zu folgen. Natürlich war die Frage „Was geschieht mit dem Lazarett „André Genet"? auch ein wichtiges Thema der Trierer Kommunalpolitik. Die Haltung des Trierer Stadtrates war eindeutig: Eine weitere positive Entwicklung der Stadt Trier hing entscheidend davon ab, ob auch der Hochschulstandort Trier eine Perspektive erhielt. Deshalb war es naheliegend, im Frühjahr 1992 eine Sitzung des Trierer Stadtrates nicht im Rathaus, sondern am 30. März 1992 in der Universität Trier abzuhalten. Natürlich war die zukünftige Nutzung des ehemaligen französischen Lazaretts in dieser Sitzung ein wichtiger Tagesordnungspunkt. Das Thema wurde am 24. September 1992 erneut auf die Tagesordnung einer Stadtratssitzung gesetzt. In dieser Sitzung verabschiedete der Trierer Stadtrat einstimmig eine Resolution: André Genet sollte zumindest provisorisch im bevorstehenden Wintersemester als Studentenunterkunft hergerichtet werden.

Stadt Trier und Universität Trier – Hand in Hand

Für die Stadt Trier waren auch planerische Überlegungen bedeutsam. Schon seit der Ansiedlung der Universität auf der Tarforster Höhe wurde eine weitere Entwicklung der Universität, wie bereits dargestellt, Richtung Norden, zum Petrisberg hin, als die optimalere Lösung bewertet. Allerdings waren für diese Erweiterung der Universität bis 1990 keine Flächen verfügbar. Wichtige Liegenschaften wurden hier durch das französische Militär genutzt. Es gab deshalb Überlegungen, eine mögliche Erweiterung der Universität Richtung Süden zu planen. Für die Stadt Trier war diese Lösung nicht optimal, denn sie hätte eine weitere Entwicklung des Wohnungsbaus auf der Tarforster Höhe eingeschränkt. Die französisch genutzten Liegenschaften, insbesondere das Lazarett, waren natürlich für die Universität Trier wesentlich attraktiver; dies aber auch aus stadtplanerischer Sicht. Die Umkehrung der Entwicklungsrichtung war eine typische Win-Win-Situation. Das Land Rheinland-Pfalz konnte eine zusammenhängende Universitätsfläche umsetzen (Campus I und Campus II), die Stadt Trier die notwenigen Wohngebiete auf der Tarforster Höhe planen. Die Stadt Trier beschloss vorsorglich eine Stadtentwicklungsmaßnahme für das Gebiet Richtung Süden. Dies im Dezember 1996 zu einem Zeitpunkt, als das Land Rheinland-Pfalz die Liegenschaft „André Genet" noch nicht vom Bund erworben hatte.

Die Kaufverhandlungen zwischen dem Land Rheinland-Pfalz und der Bundesrepublik Deutschland über das Grundstück des Hospitals verliefen sehr zäh. Ende Oktober 1992 gab es eine grundsätzliche Übereinkunft. Man einigte sich zunächst auf einen Mietvertrag bis 1994. Dann wurden sehr schnell Fakten geschaffen. In der Sitzung des Senats am 17. Dezember 1992 wurde bereits über die Übernahme von „André Genet" durch die Universität berichtet. Ab Januar 1993 wohnten schon 80 Studierende in den Nebengebäuden. Am 1. März 1993 wurde nach einer vorausgegangenen Sanierung der ehemalige Bettentrakt für 280 Studierende bezugsfertig. Erste Fachbereiche der Universität folgten ab Juli 1993.

Der erste Schritt, das Gebäude vor allem für Studierendenwohnungen zu nutzen, entlastete den Trierer Wohnungsmarkt beachtlich. Die ehemalige Kapelle wurde bis 1996 umgebaut und zu einem neuen Hörsaal umgestaltet. „Die Kapellenfenster konnten erhalten werden, so dass auch weiterhin ein Teil der sakralen Raumwirkung erhalten bleibt." [234]

Kauf der Krankenhauses – der Ausbau zum Campus II

Nachdem das Land Rheinland-Pfalz das Krankenhausgebäude und die dazugehörige Fläche am 27. Dezember 1997 erworben hatte, konnte eine endgültige Planung über die Nutzung erarbeitet werden. Gegenüber der bisherigen Nutzung als Studentenwohnheim gab es eine grundsätzliche Änderung. Das Ergebnis einer Wirtschaftlichkeitsberechnung war eindeutig: Der Neubau eines Wohnheims für Studierende war wesentlich günstiger. [235] Im Gegensatz dazu war, ebenfalls unter wirtschaftlichen Gesichtspunkten, die Nutzung des Gebäudes durch die Universität für Fachbereiche und Institute sehr geeignet. Dabei war bemerkenswert, dass wesentliche Teile des im Memorandum der Universität von 1992 vorgeschlagenen Ausbaus realisiert wurden. Mit dem ersten Bauabschnitt wurde 1999 begonnen. Auf dem Petrisberg entstehe „eine funktionale Einheit mit eigener Infrastruktur wie Hörsälen, Seminarräumen, Mensa, Bibliothek und vielem mehr", beschrieb Minister Professor Dr. Zöllner die Maßnahme bei Baubeginn. Der wichtigste Aspekt des Ausbaus war die räumliche Zusammenführung des Fachbereich VI (Raum- und Umweltwissenschaften). Außerdem konnte eine Zersplitterung des Fachs Informatik verhindert werden. Das neue Raumangebot ermöglichte außerdem die Unterbringung wichtiger Institute. Der zweite Bauabschnitt wurde 2005 abgeschlossen. Die Universität hatte endgültig einen zweiten Standort: den Campus II.

Abb. 5: Universität Trier: Campus I und Campus II

227 Dazu Schröer, Helmut: Erfolgreiche Konversion – ein „Glücksfall für die Stadt Trier": Vom französischen Lazarett ‚André Genet' zum Campus II. In: Trierer Geschichten, Band 4. Trier 2023

228 Uni-Journal Jahrgang 25/1999, Heft 2, S. 5

229 Architektur Podcasts Universität Trier „Kennen Sie Trier?": „Altes Militärhospital", S. 2 f.

230 Vgl. dazu Müller, Konrad: Planungsgeschichte der Universität Trier – ein Werkstattbericht. In: Auf der grünen Wiese. Die Universität Trier: Architektur – Kunst – Landschaft. Herausgegeben von Ralf Dorn, Ulrike Gehring, Bernd Nicolai, Trier 2004, S. 45 ff.

231 Müller, Konrad: a. a. O., S. 58

232 Beispiel: Forschungsprojekt Hochschule und Region: „Regionalwirtschaftliche Wirkungen der Hochschulen und Forschungseinrichtungen in Rheinland-Pfalz". Vorgelegt durch: Taurus-Institut an der Universität Trier; Lehrstuhl VWL und Wirtschaftspolitik I, der TU Kaiserslautern; Institut für Statistik und Ökonometrie, Johannes-Gutenberg-Universität Mainz, Trier 2005

233 Protokoll der Sitzung des Stadtvorstandes der Stadt Trier vom 04.22.1991, S. 12

234 Angelika Glesius, Andreas Klein: Der Campus II – Vom Militärhospital zum Universitätsgebäude. In: Auf der grünen Wiese. Die Universität Trier: Architektur, Kunst, Landschaft. A. a. O., S. 122

235 Ein neues Studierendenwohnheim (330 Plätze) wurde später auf dem ehemaligen französischen Gelände auf dem Petrisberg gebaut. Dieses Wohnheim wurde 2001 eröffnet.

Dokumentation KON30 Konversion in Trier.
Maßnahme Militärhospital / Zeitleiste und Ereignisse

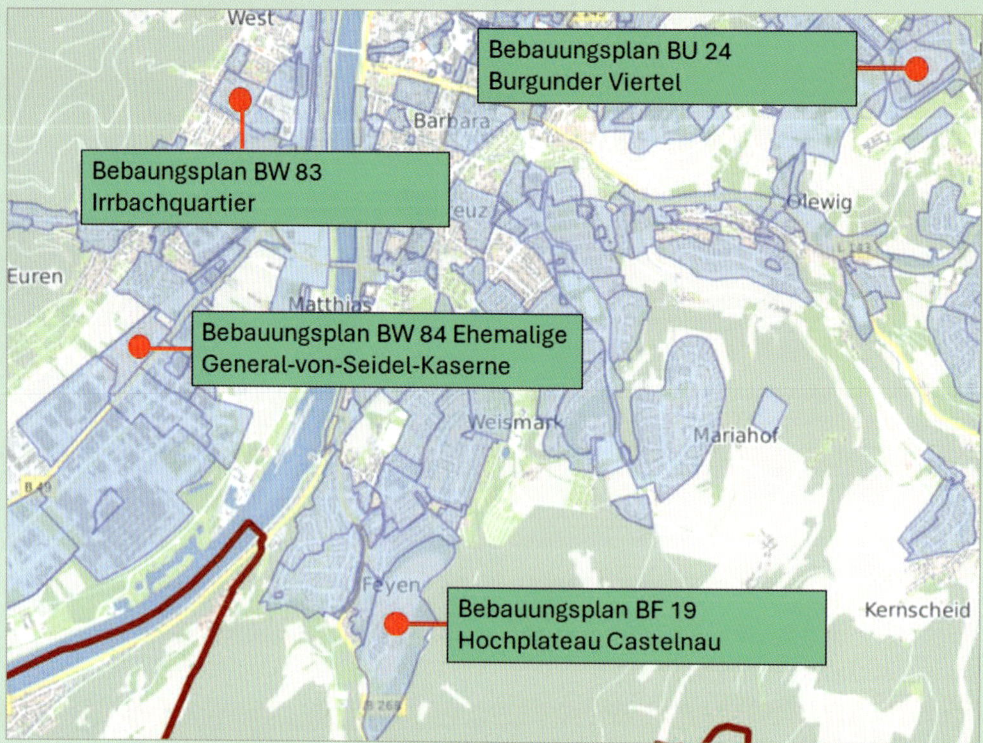

Abb. 1: Vier städtebauliche Projekte in der Umsetzung 2020 – 2030

Insgesamt entstehen bei den Wohnprojekten ca. 1.800 Wohnungen, davon ca. 620 als geförderter Wohnungsbau für kostengünstige Mieten.

Burgunderviertel (EGP)	480 (davon 30 % Einfamilienh./70 % Mehrfamilienh. 33 % gef.)
Jägerkaserne (EGP)	220 (davon 70 % im geförderten Wohnungsbau)
Busdepot (SWT)	150 (davon 100 % im geförderten Wohnungsbau)
Castelnau-Mattheis Geschosswohnungen	800 (davon 25 % im geförderten Wohnungsbau)
Castelnau-Mattheis Einfamilienhäuser	159 Baugrundstücke

Im Projekt parQ54 werden auf ca. 10 Hektar insgesamt 30 gewerblich zu nutzende Grundstücke in Größen zwischen 500 bis 5500 Quadratmetern entwickelt.

X. 2020 – 2030 Letzte Phase der Konversion

Zu den Konversionsmaßnahmen, die sich ausschließlich auf ehemalige französische genutzte Liegenschaften bezogen (außer „NATO-Siedlung“ Auf der Bausch – amerikanisches Wohngebiet), kamen in der letzten Phase der Konversion noch zwei weitere wichtige Kasernenbereiche hinzu, die von der Bundeswehr freigegeben wurden: die Jägerkaserne und die General-von-Seidel Kaserne. Daneben wird nach langen Jahren der Diskussion noch die Wohnsiedlung Burgunderstraße entwickelt und im ehemaligen Übungsgelände im Mattheiser Wald entsteht statt des Handwerkerparks ein neues großes Wohngebiet.

Die Besonderheit dieser Konversionsprojekte besteht darin, dass für drei Projekte als Entwickler die EGP GmbH, Gesellschaft für urbane Projektentwicklung, tätig ist, nachdem ein Grundstücksverkauf auf der Grundlage einer mit der Stadt Trier abgestimmten Konzeption erfolgt war.

Dies betrifft das Burgunderviertel, die Jägerkaserne und das Projekt Castelnau-Mattheis, wobei bei dem letzteren der Verkauf des Grundstücks direkt vom Bund an die EGP erfolgte.

Das Vorhaben General-von-Seidel Kaserne könnte man als „Inhouseprojekt“ bezeichnen, da hier die städtische Wirtschaftsförderung als Entwickler in Zusammenarbeit mit den Stadtwerken Trier (SWT) als Dienstleister tätig ist.

Für alle Projekte der vierten Phase der Konversion in Trier gilt, dass sie auf den Erfahrungen der bisher umgesetzten Konversionsprojekte aufbauen konnten und auch wesentliche neue Aspekte der Stadtplanung berücksichtigt haben. Das gilt ganz besonders für die Maßnahme Burgunderviertel mit der Entwicklung eines innovativen Wohnquartiers, aber auch für die gewerbliche Entwicklung beim Projekt parQ54 mit einer nachhaltigen und smarten Ausrichtung des Quartiers.

Wenn auch die Vorlaufphasen bei den Projekten unterschiedlich lang waren, mündeten alle Planungsüberlegungen und Diskussionen in detaillierten städtebaulichen Rahmenplänen, die dann Grundlage für die einzelnen Bebauungspläne waren. Bei den drei „Wohnprojekten“, bei denen die Stadt Trier nicht selbst Entwickler ist, wurde die Umsetzung durch entsprechende Städtebauliche Verträge und Durchführungsverträge abgesichert.

Die Realisierung aller Maßnahmen wird bis Ende 2030 abgeschlossen sein, dann kann man vom Abschluss der militärischen Konversion in Trier – nach insgesamt 40 Jahren – sprechen. Diese Maßnahmen haben der Stadt Trier durch die Umwandlung wertvoller innerstädtischer Flächen einen zusätzlichen Entwicklungsschub gegeben.

Abb. 1: Luftbild 1995

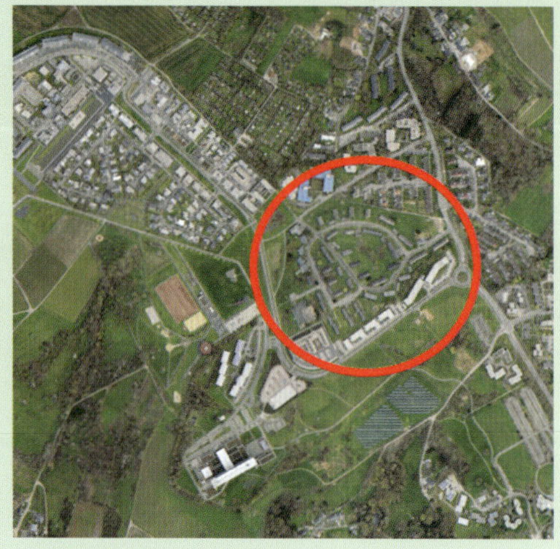

Abb. 2: Luftbild Petrisberg 2016
(Lage Burgunderviertel)

Abb. 3: Luftbild 2002

Abb. 4: Luftbild 2022

X. 1. Siedlung Burgunderviertel

Nach langer Diskussion – ein innovatives Wohnquartier entsteht

1993 (04.10.) Eröffnung des deutsch-französischen Kindergartens
2012 Entwicklung eines städtebaulichen Rahmenkonzeptes gemeinsam mit der BImA)
2014 (03.04.) Stadtratsbeschluss: Städtebaulicher Rahmenplan/Aufstellungsbeschluss BU 24
2017 EGP erwirbt die Fläche im Auftrag der Stadt Trier (44 Wohneinheiten im Bestand verbleiben bei der Stadt Trier)
2019 (07.05.) Bürgerinformation zu Baugebiet in Neu-Kürenz
2021 (10.03.) Stadtrat: Satzungsbeschluss zum Bebauungsplan BU 24 „Burgunder Viertel"
2022 (15.02.) Förderbescheide für 18 geförderte Wohnungen an die Stadt Trier
2022 Baustart der kanal- und leitungsgebundenen Erschließung
2023 erste Wohnprojekte entstehen
2026/2027 Fertigstellung (geplant)

Die Fläche der ehemaligen französischen Wohnsiedlung an der Burgunder Straße und Frankenstraße im Ortsbezirk Kürenz war mit einer Bruttobaufläche von ca. 8,1 Hektar ein wichtiges Potenzial zur Deckung des künftigen Wohnbauflächenbedarfs in der Stadt Trier. Zugleich verfügt der Standort wegen der infrastrukturellen Ausstattung in den benachbarten Baugebieten einschließlich des neuen Nahversorgungszentrums an der Robert-Schuman-Allee über eine hervorragende Lagegunst.
Die Fläche ist ein Bindeglied zwischen den in den letzten Jahren entwickelten Flächen des Petrisbergs sowie der östlich der Kohlenstraße liegenden älteren Wohngebiete. Die Liegenschaft befand sich mit Ausnahme der Erschließungsstraßen und der Fläche des städtischen deutsch-französischen Kindergartens bis 2017 im Eigentum der Bundesanstalt für Immobilienaufgaben (BImA).
Um die Flächen einer Nachnutzung zuzuführen, wurde im Jahr 2012 in Kooperation mit der damaligen Eigentümerin der Flächen, der Bundesanstalt für Immobilienaufgaben (BImA), ein städtebauliches Rahmenkonzept entwickelt. Im Oktober 2013 erklärte die BImA, dass an der geplanten Vorgehensweise nicht länger festgehalten werden könne. Daraufhin erfolgten Verhandlungen zum Verkauf der Fläche.

Am 03.04.2014 wurde das städtebauliche Konzept durch den Rat der Stadt Trier beschlossen und gleichzeitig der Aufstellungsbeschluss zum Bebauungsplan BU 24 „Belvédère" gefasst (Drucksache 082/2014).[236]
Mit dem Beschluss über den städtebaulichen Rahmenplan und die Aufstellung des Bebauungsplans BU 24 „Belvédère" wurden dann die Grundlagen für eine zügige Entwicklung des Standortes zu einem attraktiven Wohngebiet gelegt werden.
An dem zwischen der BImA und der Stadt Trier ausgearbeiteten städtebaulichen Rahmenplan soll weiterhin festgehalten werden. Diesem Rahmenkonzept liegen folgende Eckwerte zu Grunde:[237]
Danach sollen die bestehenden Mehrfamilienhäuser zum Teil erhalten und saniert werden. Geplant sind aber auch neue freistehende Einfamilienhäuser sowie Doppel-, Ketten- und Reihenhäuser. Der Wohnungsbestand erhöht sich so von bisher 174 auf 220 und dient der Deckung des weiterhin hohen Bedarfs in Trier. In den Mehrfamilienhäusern soll der Anteil der Sozialwohnungen mindestens 25 Prozent betragen. Darüber hinaus will die Stadt speziell gemeinschaftliches und generationenübergreifendes Bauen und Wohnen unterstützen.
Diese Konzeption ist Grundlage für den Kauf des Burgunderviertels von der BImA. Die Stadt Trier machte ihr Erstzugriffsrecht geltend, um dann die Liegenschaft entweder selbst zu erwerben oder ihr Recht an eine Gesellschaft mit mehrheitlicher Beteiligung der öffentlichen Hand abzutreten. In Trier erfüllte nur die EGP diese Voraussetzung.
Im Ergebnis wurde dann im Jahr 2017 ein Großteil der Flächen von der EGP GmbH, Gesellschaft für urbane Projektentwicklung erworben. Die vormals im Eigentum der BImA befindlichen anderen Grundstücksflächen sind dann am 02.04.2020 in das Eigentum der Stadt übergegangen. Die Gebäude im Bestand sollten künftig für den sozial geförderten Wohnungsbau saniert und bereitgestellt werden.[238]
Im zweiten Anlauf wurde dann 2019 wieder die Umgestaltung der früheren französischen Siedlung Burgunderviertel in Angriff genommen. Das 2012 begonnene Verfahren für einen städtebaulichen Rahmenplan wurde 2014 unterbrochen, weil Gebäude für Flüchtlinge benötigt wurden.

Zur weiteren Vorbereitung der geplanten Nachnutzung der ehemaligen französischen Wohnsiedlung erfolgte eine kooperative Entwicklung der Fläche als neues Wohngebiet zwischen der EGP und der Stadt Trier. Aufgrund des vergangenen langen Zeitraums und der veränderten Rahmenbedingungen wurde von der EGP ein neues städtebauliches Rahmenkonzept erarbeitet. Auf dessen Grundlage erfolgte durch die Stadt Trier die Aufstellung des erforderlichen Bebauungsplans.
Im Mai 2019 wurde vom Stadtplanungsamt der Stadt Trier und der EGP ein neues Entwicklungskonzept vorgestellt, welches in einer Bürgerversammlung auf ein positives Echo stieß.
Am 09.04.2019 hatte der Planungsausschuss des Stadtrates, nach mündlicher Berichtserstattung über den aktuellen Stand des städtebaulichen Konzepts, die Freigabe zur frühzeitigen Beteiligung erteilt.
Der städtebauliche Entwurf umfasst die Flächen der EGP und die städtischen Gebäude der Louis-Pasteur-Straße Nr. 10 – 16 und 18 – 28, die Frankenstraße Nr. 7 sowie den deutsch-französischen Kindergarten an der Burgunder Straße. Über den Entwurf hinaus wurden die privaten Bestandsgebäude der Louis-Pasteur-Straße mit in den Geltungsbereich des Bebauungsplanes aufgenommen.
Die von der Pluwiger Straße abzweigende Frankenstraße ist als neue Haupterschließungsstraße des Viertels vorgesehen und soll bis zur Robert-Schuman-Allee durchgebunden werden. Ein

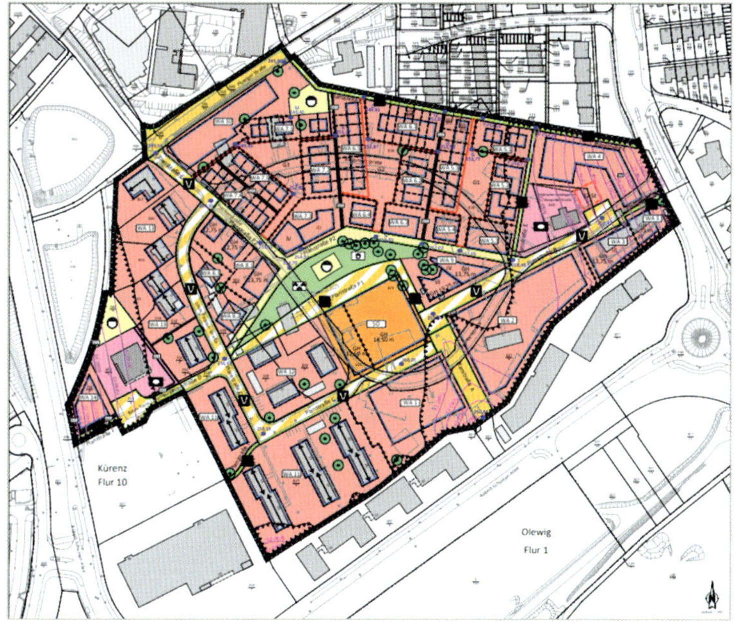

Abb. 5: BW 24 Burgunderviertel Satzungsbeschlusses (2021)

wichtiges Element des Konzepts ist ein langgezogener Grünstreifen in der Mitte des Gebiets mit Fußweg und Kinderspielplatz. Dem Kindergarten wird die Erweiterung seines Grundstücks ermöglicht.

Städtebaulicher Vertrag und Bebauungsplan[239]

Für die Umsetzung des Projektes Burgunder Viertel wurde als Grundlage für den Bebauungsplan zwischen der EGP und der Stadt Trier ein städtebaulicher Vertrag mit folgenden Eckwerten geschlossen:

- Kostenverteilung für Planung und Ausführung öffentlicher Erschließungsanlagen;
- Regelungen zur inneren und äußeren Erschließung des Plangebietes, einschließlich des Ausbaus der Pluwiger Straße im oberen Abschnitt und des Baus eines Linksabbiegers im Bereich der Robert-Schumann-Allee;
- Qualitätsziele für erneuerbare Energien mit dem Ziel der Umsetzung der städtischen Ziele zum Klimaschutz;
- Festlegungen zum Anteil des geförderten Mietwohnungsbaus (33 %);
- Sicherung gestalterischer Qualitätsziele einschließlich der Fassadengestaltung der Quartiersgarage;
- Sicherung des Mobilitätskonzeptes und der Stellplatzsatzung;
- Sicherung von Artenschutz- und Ausgleichsmaßnahmen einschließlich Kostenbeteiligung der EGP an naturschutzrechtlichen Ausgleichsmaßnahmen;
- Bauverpflichtung;
- barrierefreie Ausgestaltung des bestehenden Gehwegs zwischen Kohlenstraße und Pluwiger Straße (Teilstück angrenzend an die Pluwiger Straße).

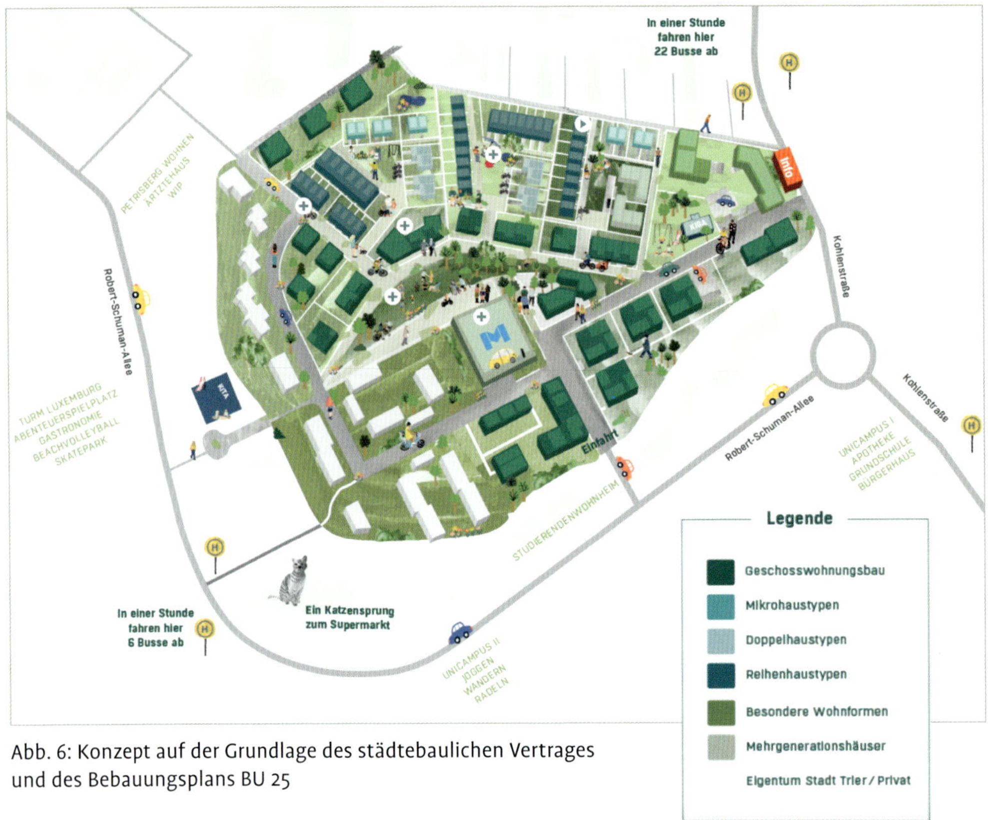

Abb. 6: Konzept auf der Grundlage des städtebaulichen Vertrages und des Bebauungsplans BU 25

Eckdaten Burgunderviertel

- Gesamtfläche 9,4 Hektar, davon 5,7 Hektar im Eigentum der EGP (mit 9 Baufeldern 432 Wohnungen)
- davon 79 Wohneinheiten in Einfamilienhäusern
- 353 Wohneinheiten in Mehrfamilienhäusern (davon 122 als geförderte Wohnungen)
- Geplant sind auch Mehrgenerationenhöfe, Mikrohäuser und Eigentumswohnungen

In Kooperation mit den Stadtwerken Trier ist ein zentrales, nachhaltiges Nahwärmenetz auf Basis regenerativer Energien aus PV, Wärmepumpen und Biomethan BHKW geplant.

Mit einer Mobilitätszentrale (MOX) wird zentraler Parkraum, Carsharing und Bike-Sharing angeboten, der Individualverkehr reduziert und aus den Wohnbereichen herausgehalten. Bis zu 355 Stellplätze sind in der Mobilitätszentrale in zwei Bauabschnitten realisierbar. Der Stellplatzschlüssel ist in Kombination mit einem Mobilitätskonzept über eine Stellplatzsatzung im Bebauungsplan um 40 Prozent gegenüber der Landesbauordnung reduziert.

Investitionsvolumen seitens der EGP:
Flächenentwicklung ca. 21,9 Millionen Euro zzgl. Bauträgerprojekte (MFH/EFH) mit 29,2 Millionen Euro (Stand 2023)

Neun Mehrfamilienhäuser im Burgunderviertel auf einer Fläche von 1,6 Hektar sind Eigentum der Stadt Trier. Sie werden saniert und bleiben geförderter Wohnraum.

Abb. 7: Website EGP GmbH – https://burgunder-viertel.de/

[236] Wohnsiedlung „Burgunder Straße" – Beschluss über den städtebaulichen Rahmenplan/Aufstellungsbeschluss zum Bebauungsplan BU 24 „Belvédère" Stadtratsvorlage 082/2014 (03.04.2014) siehe dazu auch im Ratsinformationssystem der Stadt Trier: https://info.trier.de/bi/vo020.asp?VOLFDNR=7669

[237] Rathaus Zeitung vom 10.06.2014: Stillstand in Militärsiedlung beendet. Rathaus und BImA einig über Rahmenplan für das Burgunderviertel in Kürenz – 220 Wohneinheiten.

[238] Trierischer Volksfreund vom 08.03.2017: „Stadt kauft Burgunderviertel und Jägerkaserne"/darin wird OB Leibe wie folgt zitiert: „Auch für die jahrelange Teilbrache des Burgunderviertels auf dem Petrisberg zeichnet sich ein Ende des Dornröschenschlafs ab. Die Entwicklungsgesellschaft EGP kauft im Auftrag der Stadt drei Viertel der Fläche [...] wir übernehmen vom Bund die 44 Wohneinheiten für Flüchtlinge". Über den Kaufpreis der Objekte werde verhandelt. „Es geht um einen einstelligen Millionenbetrag."

[239] Bebauungsplan BU 24 „Burgunder Viertel" – Satzungsbeschluss durch den Stadtrat am 10.03.2021. Stadtratsvorlage 036/2021. Siehe dazu auch im Ratsinformationssystem der Stadt Trier unter https://info.trier.de/bi/vo020.asp?VOLFDNR=12072

Burgunderviertel – Website der EGP mbH 2023

Abb. 1: Luftbild 2009

Abb. 2: Luftbild 2022

X. 2. Jägerkaserne

Lebenswertes Wohnen im Westen der Stadt

1913 Bau der Kaserne für das Jägerregiment zu Pferde Nr. 8

1945 (11.07.) Übernahme der Kaserne durch die Franzosen „Quartier Finat Duclos"

1981 (01.06.) Übernahme und Benutzung durch die Bundeswehr

2012 (30.11.) bis dahin Nutzung durch das Kreiswehrersatzamt

2014 (01.03.) Aufgabe des Standortes durch die Bundeswehr

2015 (07.04.) Offener Planungsworkshop zur Zukunft der Jägerkaserne

2015 (07.05.) Vorbereitung des städtebaulich-freiraumplanerischen Wettbewerbs

2015 (06.10.) Stadtratsbeschluss: Auslobung des Wettbewerbs (Stadtratsvorlage 385/2015)

2016 (27.04.) Sitzung des Preisgerichts 27.04.2016 – Entscheidung

2017 (09.03.) Gebietsentwicklung der Jägerkaserne und des ehem. Busdepots/4. Workshop

2017 Erwerb der Jägerkaserne von der Bundesanstalt für Immobilienaufgaben (BImA)

2018 (31.12.) Entwicklung der Jägerkaserne und des ehemaligen Busdepots/ Gestaltungshandbuch

2019 (12.11.) Aufstellungsbeschluss B-Plan BW 83 „Irrbachquartier" (Stadtratsvorlage 466/2019)

2020 (31.01.) Durchführung der frühzeitigen Bürgerbeteiligung gemäß § 3 Abs. 1 BauGB

2021 (03.08.) Europaweites Vergabeverfahren zur Vermarktung der Jägerkaserne

2021 (11.11.) Investoren präsentieren Konzepte für Entwicklung der Jägerkaserne

2022 (06.05.) Verkauf an die Entwicklungsgesellschaft für urbane Projektentwicklung mbH (EGP)

2023 (26.09.) Satzungsbeschluss zum Bebauungsplan durch den Stadtrat gemäß § 10 Abs.1 BauGB

Mit der Aufgabe der militärischen Nutzung der Jägerkaserne im Jahr 2014 sowie dem seit 2001 nicht mehr genutzten ehemaligen Busdepot der Stadtwerke Trier (SWT) konnten weitere Teile des Stadtteils im Westen der Stadt einer neuen Nutzung zugeführt werden. Dazu hat die Stadt Trier in Kooperation mit den SWT im Jahr 2015 einen offenen städtebaulich-freiraumplanerischen Wettbewerb ausgelobt.

Dieser Wettbewerb wurde mit Mitteln des Förderprogramms „Stadtumbau West“ als offener städtebaulich-freiraumplanerischer Wettbewerb nach RPW 2013 ausgelobt. Das Wettbewerbsgebiet bestand aus zwei Teilen.

Im Ideenteil sollte eine freiraumplanerische Gesamtidee für den Grünzug „Vom Lenus-Mars-Tempel zur Mosel“ gefunden werden; im Realisierungsteil sollte ein städtebaulich-freiraumplanerisches Konzept mit dem Schwerpunkt vielfältiges Wohnen, Dienstleistung und wohnverträgliches Gewerbe sowie Freizeit für die Jägerkaserne und die SWT-Fläche samt angrenzender öffentlicher Straßenräume erarbeitet werden.

Grundlage für den Wettbewerb waren unter anderem ein Expertendialog am 07.05.2015, ein Bürgerworkshop im Rahmen des Tages der Städtebauförderung am 09.05.2015 sowie zwei Arbeitskreise am 25.06.2015 und 09.07.2015. Im Rahmen dieser Termine wurden wichtige gesamtstädtische Ziele für den Wohnungsbau thematisiert sowie Leitziele und Präzisierung der Aufgabenbeschreibung erarbeitet.

Aus 15 fristgerecht eingereichten Arbeiten wurde das Konzept der Arbeitsgemeinschaft „Machleidt GmbH“, „sinai Gesellschaft von Landschaftsarchitekten mbH“ und „winkelmüller. architekten gmbh“ mit dem ersten Preis ausgezeichnet, wobei vor allem „die gelungene urbane Struktur und Gliederung mit einem identitätsstiftenden Zentrum“ das Preisgericht überzeugte (Wettbewerbsdokumentation).

Der Entwurf wurde im Jahr 2017 überarbeitet, wobei die städtebauliche Grundkonfiguration unverändert blieb. Im Anschluss an das Verfahren hat die Stadt Trier im Jahr 2017 das Grundstück der Jägerkaserne von der Bundesanstalt für Immobilienaufgaben (BImA) unter Zuhilfenahme des Erstzugriffsrechts erworben. Damit konnte die Stadt eine eigengesteuerte Entwicklung weiter vorantreiben. Im selben Jahr wurde mit der Überarbeitung und Vertiefung des städtebaulichen Entwurfes sowie der anschließenden Erarbeitung eines Gestaltungshandbuches zur Sicherung der räumlichen und gestalterischen Qualitäten für die weitere Entwicklung begonnen.

Die Entwicklung des Stadtbereiches und die geordnete städtebauliche Entwicklung des Konversionsareals mit solchen tiefgreifenden Veränderungen sind nur mithilfe eines Bebauungsplans zu steuern. Der überarbeitete städtebauliche Entwurf sowie die Aussagen des Gestaltungshandbuches bilden die Grundlage für den Bebauungsplan BW 83 „Irrbachquartier“, dessen Aufstellung am 12.11.2019 vom Rat der Stadt Trier beschlossen wurde (466/2019).

Wesentliche Ziele und Zwecke der Planung sind:[240]

- Umnutzung der ehemaligen Jägerkaserne und des Busdepots in städtebaulich integrierter Lage zur Schaffung von Wohnbauland, Gewerbe- und Dienstleistungsflächen
- Erhalt und Umnutzung der Bestandsgebäude der Jägerkaserne an der Eurener Straße und Blücherstraße
- Schaffung einer ausgewogenen Mischung von Bau-, Wohn-, und Gewerbeformen für unterschiedliche Bevölkerungs- und Nachfragegruppen
- Realisierung der 25 %-Quote für öffentlich geförderten Mietwohnungsbau
- Vorhaltung von Flächen an der Blücherstraße sowie im nördlichen Bereich der Eurener Straße innerhalb des Schutzstreifens der Freileitungen für gewerbliche, kirchliche, kulturelle, soziale, gesundheitliche und administrative Nutzungen, die mit der Wohnnutzung verträglich sind
- Siedlungsstrukturelle und grünordnerische Einbindung des Plangebietes in die Umgebung (insbesondere Offenlegung des Irrbachs integriert in eine das Plangebiet durchquerende West-Ost Grünverbindung zwischen Lenus-Mars-Tempel und Mosel)

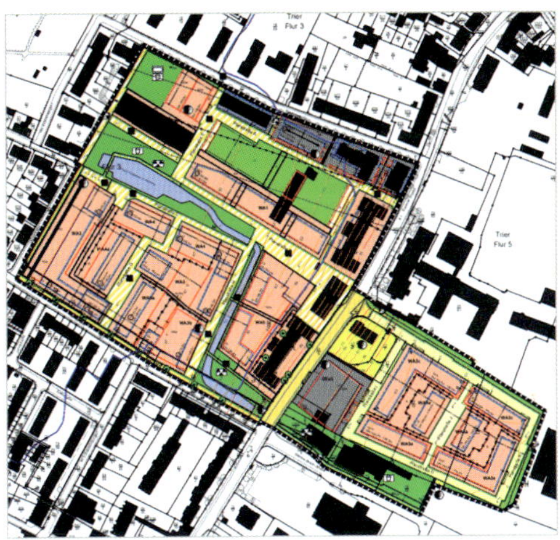

Abb. 3: Bebauungsplan BW83 „Irrbachquartier" – Satzungsbeschluss

Abb. 4: Überblick über das Gelände der ehemaligen Jägerkaserne in Trier-West.

- Schaffung eines zentralen Aufenthaltsbereichs als Antritt im Quartier; untergeordnet kleinflächige, der Versorgung des Gebietes dienende Läden nicht ausgeschlossen (mit Cafés und kleinen Läden zur Belebung der Platzbereiche)
- Schaffung von hochwertigen, wohnraumnahen und gemeinschaftlich nutzbaren Freiflächen
- Schließung der bestehenden Spielraumlücken, Schaffung bedarfsgerechter, hochwertiger Spielflächen
- Schaffung von attraktiven Verbindungen innerhalb des Plangebietes und einer guten Vernetzung des Gebietes mit alltäglichen Zielen, insbesondere für den Fuß- und Radverkehr
- Aufnahme der Renaturierungsplanung für den Irrbach und Schaffung der planungsrechtlichen Grundlage für die Umsetzung
- Sicherung einer geordneten Oberflächenentwässerung und Stützung des Wasserangebotes des freigelegten Irrbachs durch ein nachhaltiges Regenentwässerungskonzept
- Beitrag zur nachhaltigen Mobilität mit Entwicklung und Etablierung eines Mobilitätskonzeptes:
  Verkehrsberuhigung in den Quartieren und Unterbringung des MIV am Quartiersrand in Quartiersgaragen ergänzt durch Tiefgaragen, verstärkte Fuß- und Radwegevernetzung und Lenkung zu umweltverträglichen Verkehrssystemen
- Planerische Erleichterungen zur Umsetzung einer Energiekonzeption auf Basis erneuerbarer Energien, Co2-armer Wärmeerzeugung, Energieeinsparung durch erhöhte Energieeffizienz von Gebäuden und Anwendung neuer Technologien
- Begrünung der Dachflächen und ggfs. Fassaden zur Starkregenvorsorge und Vergrößerung des Rückhaltevolumens, Verbesserung des Mikroklimas, für ein homogenes grünes Erscheinungsbild der Dächer, als Aufenthaltsmöglichkeit und für die integrierte Unterbringung von PV-Elementen

Europaweites Vergabeverfahren zum Verkauf von Flächen an Entwickler

Im Rahmen des Vergabeverfahrens hat ein Teilnahmewettbewerb für interessierte Bieterinnen und Bieter stattgefunden. Dabei haben interessierte Investoren dem städtischen Auswahlgremium, das mit Vertretern der Politik, des Architektur- und Städtebaubeirates und der Verwaltung besetzt war, ihre Konzepte präsentiert.

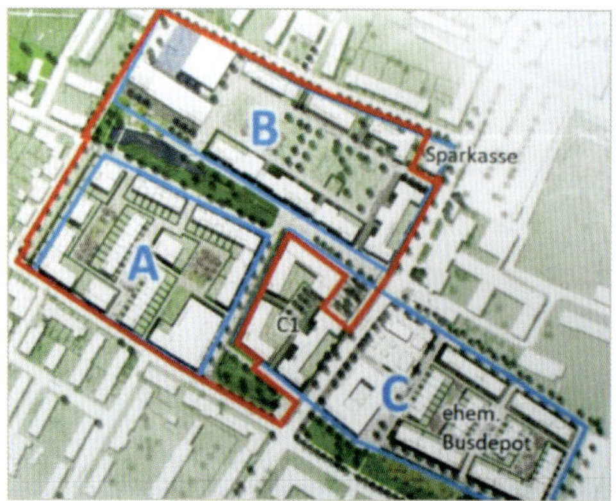

Abb. 5: Projektentwicklung EGP (rot umrandet)

Abb. 6: Wettbewerbsergebnis (überarbeitet)

Neben aussagekräftigen Referenzen, welche die Kompetenz und Erfahrung der einzelnen Investoren darlegen, waren in den Konzepten vor allem Ideen zu sozialen Aspekten, Mobilität und Ökologie gefragt.

Das zweistufige Verfahren zur Vergabe der Jägerkaserne wurde im Mai 2022 abgeschlossen. Dabei erhielt die Trierer Entwicklungsgesellschaft EGP mit ihrem Konzept den Zuschlag.[241]

Das Planrecht für die Bebauung des Quartiers wurde dann durch den Bebauungsplan BW 83 „Irrbachquartier" geschaffen, den der Stadtrat im September 2023 als Satzung beschlossen hat. Der Bebauungsplan bezieht die Flächen des östlich der Eurener Straße gelegenen Areals des ehemaligen Busdepots mit ein. Diese Flächen befinden sich im Eigentum der Stadtwerke Trier (SWT) und werden vom Eigentümer zu einem Wohnviertel entwickelt.

In der Übergangszeit bis zur endgültigen Entwicklung des Irrbachquartiers finden nach wie vor Zwischennutzungen in Gebäuden statt. So dienen Gebäudeteile an der Eurener Straße für ausgelagerte KITA-Gruppen von Einrichtungen, die hochwasserbedingt saniert werden müssen. Das durch die städtische Verwaltung genutzte Gebäude 4 an der Blücherstraße wird weiterhin von der Stadt Trier für das Jugendamt angemietet.

Das südliche Bestandsgebäude Nr. 3 und die umgebenden funktional zusammenhängenden Grundstücksflächen mit zusätzlichem Baufeld für Wohnnutzung an der Eurener Straße im Baublock C 1, dass zurzeit als Schwerpunktstandort zur Betreuung und Unterbringung von Asylsuchenden und Geflüchteten im Stadtgebiet verwendet wird, wird hingegen im Eigentum der Stadt Trier verbleiben.

Eckdaten zur Flächenentwicklung der Fläche A (EGP)

- 6,2 ha Gesamtfläche
- 3,1 ha Bauland
- 1,4 ha öffentliche Verkehrsflächen/Parkierung
- 1,7 ha öffentliche Grünflächen, Spielplätze und Irrbach

Wohneinheiten/Typologien:
220 Wohneinheiten im Geschosswohnungsbau; davon mindestens 33 % geförderter Wohnungsbau

Gewerbeflächen: ca. 4.150 qm im Bestand und Neubau
Raumangebot für Gemeinschafts-, Kultur- und Freizeitnutzungen: ca. 2.100 qm
Parken: 2 Quartiersgaragen mit insgesamt ca. 310 Stellplätzen zzgl. Tiefgaragen- und Außenstellplätze

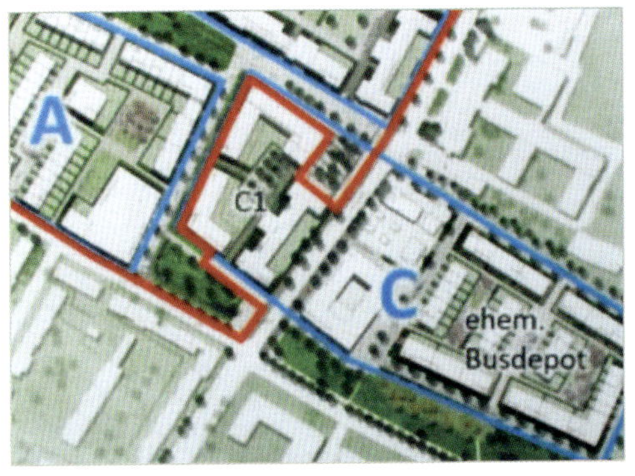

Abb. 7: Vergabeflächen/Bauabschnitte

Das ehemalige Busdepot (in Fläche C) wird durch die Stadtwerke Trier entwickelt. Es entsteht dort unter der Projektbezeichnung „WohnRaumWest (Altes Busdepot)" zwischen dem alten Bahnausbesserungswerk und der ehemaligen Jägerkaserne auf der etwa zwei Hektar großen Fläche ein neues, energieneutrales Wohngebiet mit rund 150 Einheiten. Es wird mit Ausnahme eines Gebäudes für eine Sozialeinrichtung zu 100 % bezahlbarer Miet-Wohnraum geschaffen. Seit Oktober 2023 laufen die Erschließungsarbeiten.[242]

Abb. 8: Website der EGP GmbH https://projekt-im-westen.de/ – Bebauungsplan BW 83 Irrbachquartier

240 Stadt Trier. Bebauungsplan BW 83 „Irrbachquartier" Begründung nach § 9 Abs. 8 BauGB. Anlage 5 zur Vorlage 302/2023

241 Pressemitteilung der Stadt Trier vom 6. Mai 2022

242 Stadtwerke Trier SWT. Bereich Immobilien-/Quartiersentwicklung (Bauherr). WohnRaumWest (Altes Busdepot) https://www.swt.de/p/Projekte_Partner-5-8176.html?_p_Menu.PK=6972

Projekt im Westen – Website der EGP mbH. Planungsabschnitt A

WohnRaumWest – Website der SWT. Planungsabschnitt C

Abb. 1: Luftbild 2017

Abb. 2: Luftbild 2022

X. 3. Castelnau-Mattheis (Castelnau II)

Wohnen statt Handwerkerpark

2015 (27.05.)	Rahmenplanentwurf für zweites Wohngebiet am Mattheiser Wald wird vorgestellt
2016 (12.05.)	Quartiersrahmenplan Castelnau II. Beschluss als sonstige städtebauliche Planung
2016 (29.09.)	Aufstellungsbeschluss zum Bebauungsplan gemäß § 2 Abs. 1 BauGB
2016 (05.10.)	Durchführung der frühzeitigen Bürgerbeteiligung gemäß § 3 Abs. 1 BauGB
2019 (16.09.)	Satzungsbeschluss durch den Stadtrat gemäß § 10 Abs. 1 BauGB
2020 (03.11.)	Spatenstich für das Neubaugebiet

Das 47 Hektar große Plangebiet wurde früher militärisch genutzt und umfasste unter anderem das oberhalb der Waldkante gelegene Hochplateau und die vormals für den Handwerkerpark vorgesehenen Flächen. Im Mai 2015 startete mit einer öffentlichen Sitzung des Ortsbeirates Feyen-Weismark die Beratung über einen Rahmenplanentwurf zu einem neuen Wohngebiet, nachdem die EGP das Gelände von der BImA erworben hatte.

Im Vorfeld und begleitend dazu wurden bereits ab 2013 bis 2016 zahlreiche Fachgutachten erstellt (Verkehrserschließung/Entwässerung/Verkehr/Lärm-/Schalluntersuchungen/Bodenuntersuchungen/Mobilität/Planungsprozess).[243]

Der Quartiersrahmenplan stellt die städtebaulichen Rahmenbedingungen für eine weitere Siedungsentwicklung in diesem Areal dar. Er ist eine informelle Planungsgrundlage, die nach dem Beschluss durch den Stadtrat ein wichtiger Beitrag für die förmliche Bauleitplanung ist. Im Rahmen der Aufstellung des Quartiersrahmenplans Castelnau II erfolgte ebenso eine breite Öffentlichkeitsbeteiligung.

Zur Konkretisierung der Rahmenplanungen wurde dann in der zweiten Jahreshälfte 2015 durch den Projektentwickler EGP GmbH eine Mehrfachbeauftragung zur Konkretisierung der Planungen durch ein städtebauliches Strukturkonzept initiiert.

Die Mehrfachbeauftragung mit drei ausgewählten Planungsteams mit Schwerpunkten Landschaftsplanung und Städtebau wurde auf Grundlage des abgestimmten Quartiersrahmenplans Castelnau II ausgeschrieben. Das durch ein Fachgremium aus Sachverständigen unterschiedlicher Fachgebiete, Vertretern der Verwaltung, des Architektur- und Städtebaubeirats (ASB) und des Projektentwicklers seit Juni 2015 begleitete Ausschreibungs- und Bewertungsverfahren führte im Ergebnis zu einem städtebaulichen Strukturkonzept, auf dem aufbauend im nächsten Schritt

die Aufstellung von Bebauungsplänen erfolgte. Als Handlungsleitfaden für die weitere Zusammenarbeit zwischen Projektentwickler EGP GmbH und der Stadt Trier wird ein städtebaulicher Grundvertrag mit der EGP in Vorbereitung zu dieser Beschlussvorlage abgeschlossen.
Der Quartiersrahmenplan Feyen-Castelnau II soll als räumliches Entwicklungskonzept beschlossen werden. Der Rahmenplan Castelnau hat dann, ebenso wie der Stadtteilrahmenplan, den Charakter einer „sonstigen städtebaulichen Planung" im Sinne von § 1 Abs. 6 Nr. 11 BauGB. Der Planung kommt dadurch keine unmittelbare Bindungswirkung für andere Planungsebenen und -schritte zu, die damit verbundenen Ziele sind jedoch bei anderen Planungen Bestandteil der Abwägung und im Sinne einer verpflichtenden Orientierung für das Handeln der Verwaltung zu berücksichtigen. Abweichungen von den genannten Zielsetzungen sind zu begründen.

Der Beschluss zu diesem Rahmenplan durch den Stadtrat erfolgte im Mai 2016.[244]

Im Ergebnis umfasst der Quartiersrahmenplan Castelnau II schwerpunktmäßig die räumlich relevanten Aussagen für den ehemaligen militärischen Übungsbereich, der bereits 2007 durch den Bebauungsplan BF 13 „Handwerkerpark" überplant wurde. Eine Umsetzung dieses Bebauungsplans wurde wegen der geringen Nachfrage von Seiten der Wirtschaft nach gewerblichem Bauland in diesem Bereich des Stadtgebiets durch die Stadt Trier nicht mehr weiterverfolgt. Auf Anregung des Ortsbeirats Feyen-Weismark wurde die gewerbliche Entwicklung daraufhin zur Disposition gestellt und für die auf dem Hochplateau relevanten Flächen eine Eignung der Siedlungsflächen im Rahmen der Neuaufstellung des Flächennutzungsplans 2030+ festgestellt, die mit dem Quartiersrahmenplan Castelnau II weiter vorbereitet wird.[245]

Wesentliche Zielsetzung ist es, anstatt der bisher vorgesehenen gewerblichen Nachnutzungen der ehemaligen Konversionsflächen (Bebauungsplan BF 13) eine Entwicklung als Wohnbaufläche anzustoßen und den teils vorhandenen Siedlungsansatz entlang der Pellinger Straße zu ergänzen. Zusammenfassend ist dabei die wohnbauliche Entwicklung mit hohem Landschaftsbezug maßgebend. Auf Grundlage der städtebaulichen Rahmenplanung wurde dann der Bebauungsplan BF 19 „Hochplateau Castelnau" entwickelt, um die planungsrechtlichen Voraussetzungen für die wohnbauliche Entwicklung zu schaffen.

Ziele der Planung – Bebauungsplan BF 19[246]

Wesentliche übergeordnete Ziele und Zwecke der Planung sind:
- nachhaltige Wiedernutzung der Militärbrache in Siedlungsrandlage/Schaffung von Wohnbauland.
- Stärkung der oberzentralen Funktion der Stadt Trier.
- Vorbereitung der verkehrlichen Neuerschließung des anstehenden Entwicklungsbereiches.
- Schaffung der planungsrechtlichen Voraussetzungen zur Ergänzung der sozialen Infrastruktur.

Im Detail erfolgten dann u. a. die folgenden Festsetzungen im Bebauungsplan:
- Ausweisung allgemeiner Wohngebiete mit unterschiedlichen Bautypologien;
- Erhaltung von Randgrünstrukturen, insbesondere Erhaltung einer Baumallee im Übergangsbereich zum Bebauungsplangebiet BF 19 und Berücksichtigung des Waldabstands;
- Neuanlage der fahrtechnischen Erschließung schwerpunktgebunden über die Albert-Camus-Allee im BF 14 an die B 268;
- Verbesserung der Erreichbarkeit des ÖPNV und Vernetzung mit Fuß- und Radwegen zu den angrenzenden Siedlungsteilen und zum Hochplateau mit Grundversorgung;

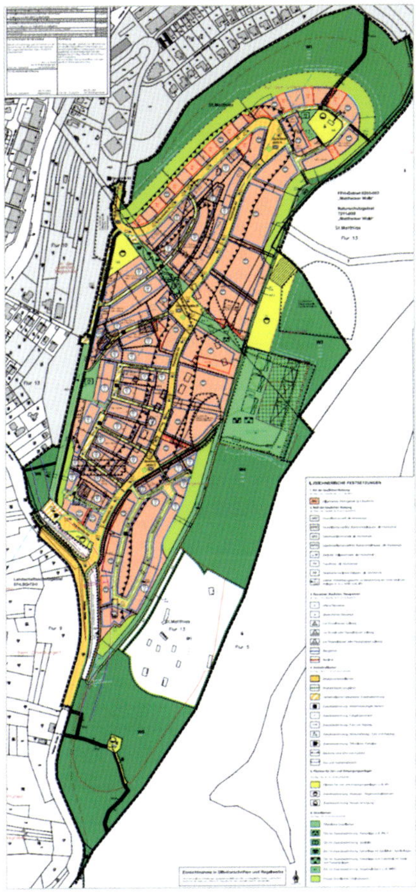

Abb. 3: Bebauungsplan BF 19 „Hochplateau Castelnau“

Abb. 4: Erschließungskonzept: Zentrale Quartiersachse als Lebensader in Castelnau Mattheis

- Reglementierungen zum Maß der baulichen Nutzung und Bauweise (insbesondere Gebäudehöhen, maximale Grundfläche) unter Berücksichtigung der einbezogenen Bestandsstruktur und zur städtebaulichen Überleitung an umgebende Siedlungsstrukturen;
- Ausgleich der Eingriffe im Sinne des Naturschutzrechts (Schutzgüter und besonderer Artenschutz);
- die Sicherung der umweltbezogenen, naturschutzrechtlichen und forstrechtlichen Maßnahmen auf externen Flächen im Wirkbereich des FFH-Gebiets;
- Niederschlagswassermanagement in Form von Wasserrückhaltung auf den privaten Grundstücksflächen und ein eingegrüntes Regenrückhalte- und Versickerungsbecken auf öffentlichen Flächen;
- Festsetzung von Einrichtungen zum aktiven Schallschutz (Wallanlage und Wand) und zu passiven Schallschutzvorkehrungen zum Schutz vor Verkehrslärm.

Die Sicherung der auf externen Flächen geplanten Maßnahmen erfolgte durch Rahmenvereinbarung und Durchführungsverträge zur Kostenübernahme und Übertragung der Durchführung zwischen der Stadt Trier und der für die Umsetzung zuständigen Fachbehörde sowie dem Projektentwickler EGP.

Dieser nach einer zweiten Offenlage beschlossene Bebauungsplan, der in enger Zusammenarbeit zwischen der Stadt Trier und der EGP entwickelt wurde, war dann Grundlage für die Realisierung eines neuen Wohngebietes durch den „Entwickler" EGP. Damit war dann auch die planerische „Konversionsaufgabe" der Stadt abgeschlossen. Die Stadtverwaltung ist insofern nur noch im Rahmen der Vertragserfüllung durch die EGP beteiligt (Durchführungsverträge zur Kostenübernahme und Übertragung der Durchführung zwischen der Stadt Trier und der für die Umsetzung zuständigen Fachbehörde sowie dem Projektentwickler EGP).

Eckdaten zur Gebietsentwicklung:

- Gesamtfläche: 40,2 Hektar, davon 14,2 Hektar Nettobauland, 4,4 Hektar öffentliche Verkehrs- und Platzflächen, 3,9 Hektar öffentliche Grünflächen und Regenrückhaltung sowie 17,7 Hektar Wald- und Waldabstandflächen.
- Gesamtinvestition EGP: 30,1 Millionen Euro, davon 4,8 Millionen für Flächensanierung, 4,9 Millionen für Plätze, Grün- und Spielflächen, 20,4 Millionen für Gesamterschließung.
- Wohnungsbau: Geschosswohnungsbau und Mehrfamilienhäuser für etwa 800 Wohneinheiten. Davon mindestens 25 Prozent im geförderten Wohnungsbau.
- Grundstücke: 159 Baugrundstücke für Einfamilienhäuser mit Grundstücksgrößen ab 175 Quadratmeter für Reihen- und Doppelhäuser und ab 250 Quadratmeter für freistehende Häuser und Bungalows.

Weitere Informationen über den Fortgang des Projektes können auf der Website der EGP unter https://castelnau-mattheis.de aufgerufen werden.

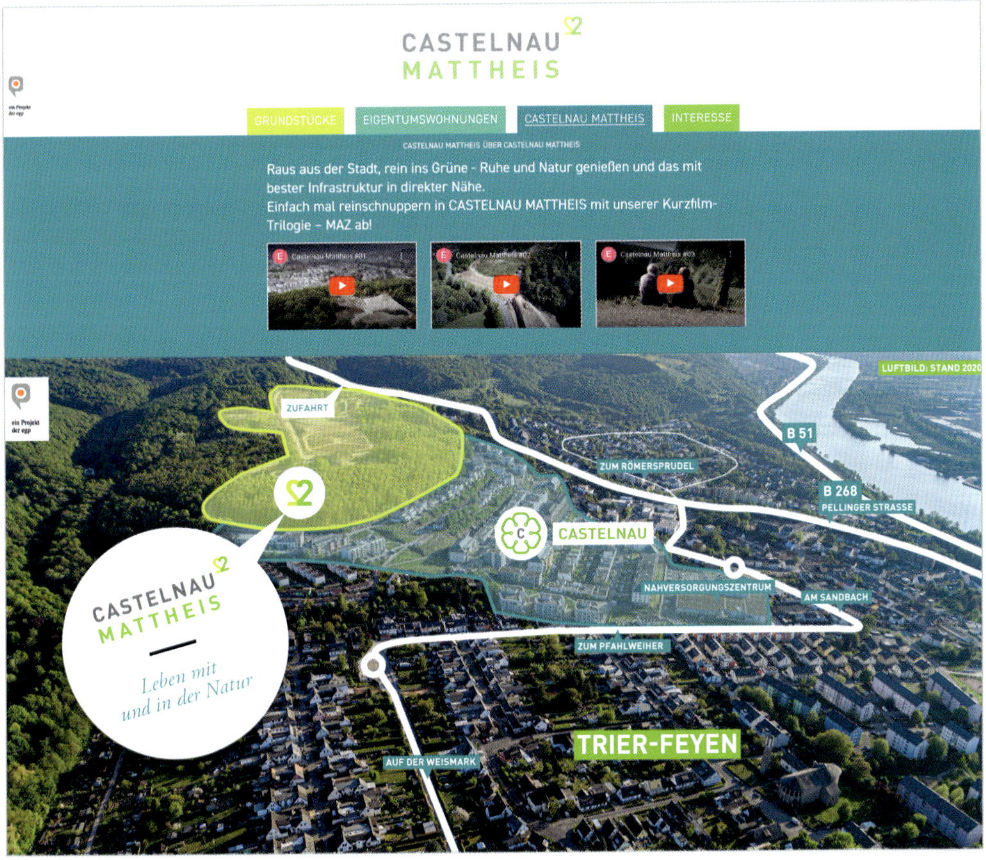

CASTELNAU MATTHEIS

GRUNDSTÜCKE EIGENTUMSWOHNUNGEN CASTELNAU MATTHEIS INTERESSE

Raus aus der Stadt, rein ins Grüne - Ruhe und Natur genießen und das mit bester Infrastruktur in direkter Nähe.
Einfach mal reinschnuppern in CASTELNAU MATTHEIS mit unserer Kurzfilm-Trilogie – MAZ ab!

LUFTBILD: STAND 2020
ZUFAHRT
B 51
ZUM RÖMERSPRUDEL
B 268
PELLINGER STRASSE
CASTELNAU
NAHVERSORGUNGSZENTRUM
AM SANDBACH
ZUM PFAHLWEIHER
CASTELNAU MATTHEIS
Leben mit und in der Natur
TRIER-FEYEN
AUF DER WEISMARK

Abb. 5: Website der EGP https://castelnau-mattheis.de

243 https://www.castelnau-mattheis.de/castelnau-mattheis/planung-castelnau-mattheis

244 Quartiersrahmenplan Castelnau II. Beschluss als sonstige städtebauliche Planung gemäß § 1 Abs. 6 Nr. 11 BauGB am 12.05.2016 (Stadtratsvorlage 129/2016) Siehe dazu auch im Ratsinformationssystem der Stadt Trier unter: https://info.trier.de/bi/vo020.asp?VOLFDNR=8873

245 Quartiersrahmenplan Feyen-Castelnau II. Auftraggeber: EGP GmbH in Zusammenarbeit mit der Stadt Trier/Stadtplanungsamt. Bearbeitung: FIRU GmbH, Koblenz

246 Stadtratsvorlage 413/2022-Anlage 5-BF 19-2 Begründung Teil I

Planung CASTELNAU MATTHEIS ein Projekt der EGP.
Website 2024

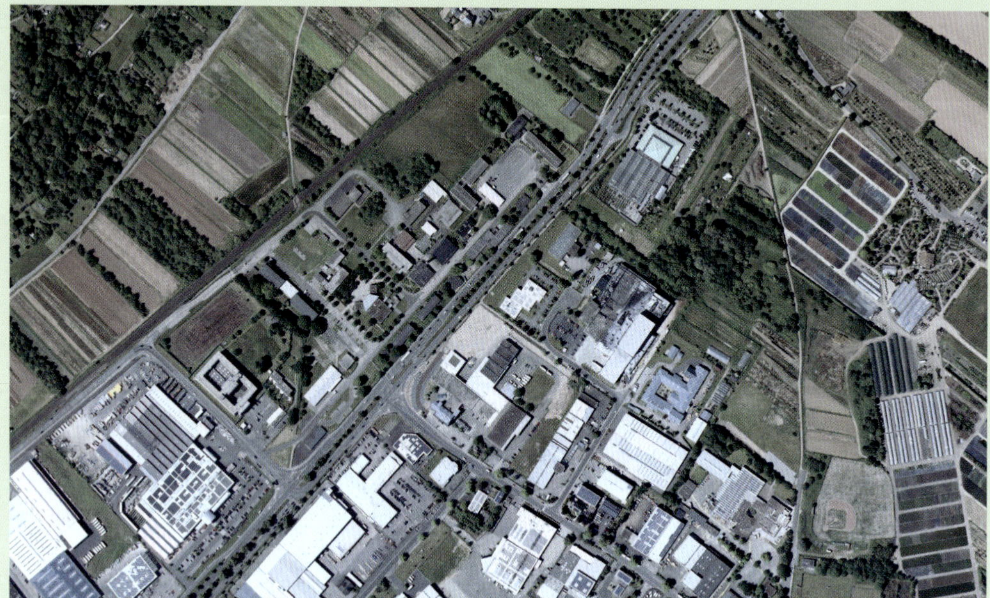

Abb. 1: Luftbild 2007

Abb. 2: Luftbild 2022

X. 4. General-von-Seidel Kaserne

parQ54 – Das smarte Gewerbe-Quartier in Trier

1952/1953	Bau General-von-Seidel Kaserne
2009	die letzten Bundeswehreinheiten haben die Kaserne verlassen
2012	letzte Einheit zieht aus der Kaserne ab – wird zum Konversionsgelände
2012 – 2014	Konversionsgelände liegt brach
2014 (18.02.)	Außenstelle der Aufnahmeeinrichtung für Asylbegehrende
2018 (31.01.)	Aufnahmeeinrichtung für Asylbegehrende wird geschlossen
2018 (07.02.)	Grundsatzbeschluss zum Ankauf der Flächen (Stadtratsvorlage 015/2018)
2020 (06.10.)	Grundsatzbeschluss zur Entwicklung der Flächen (Stadtratsvorlage 412/2020)
2021 (27.09.)	Aufstellungsbeschluss/Öffentlichkeitsbeteiligung (Stadtratsvorlage 446/2021)
2023 (24.03.)	Offizieller Spatenstich im parQ54
2023 (16.05.)	Satzungsbeschluss durch den Stadtrat gemäß § 10 Abs. 1 BauGB

Nach der Übergabe der Fläche der ehemaligen General-von-Seidel Kaserne im Trierer Stadtteil Euren von der Bundeswehr an die Bundesanstalt für Immobilienaufgaben (BImA) im Jahr 2009 lag das Areal zunächst brach. Eine weitergehende Nutzung als Gewerbegebiet war zu diesem Zeitpunkt bereits in Vorplanung, doch im Zuge der Flüchtlingskrise beschloss das Land Rheinland-Pfalz, eine weitere Außenstelle der AfA als Aufnahmeeinrichtung für Asylbegehrende auf diesem Gelände zu eröffnen.[247] Ende Januar 2018 wurde diese Nutzung wieder aufgegeben. Danach konnte die Stadt Trier das Areal von der Bundesanstalt für Immobilienaufgaben erwerben. Das Amt für Bodenmanagement und Geoinformation wurde durch Stadtratsbeschluss ermächtigt, mit der Bundesanstalt für Immobilienaufgaben (BImA) die Verkaufsverhandlungen (103.856 qm) aufzunehmen und die Konditionen des Kaufvertrages auszuhandeln.[248]

Im Zuge dieser Übernahme wurde die Idee einer gewerblichen Entwicklung der Flächen wieder aufgegriffen und seitens der Wirtschaftsförderung der Stadt Trier eine entsprechende Machbarkeitsstudie in Auftrag gegeben. Die Realisierungsmöglichkeiten sollten überprüft werden.

Anlass der Planung sollte sein, in der Stadt Trier weitere Gewerbeflächen zur Verfügung zu stellen und gleichzeitig eine mindergenutzte Fläche städtebaulich und wirtschaftlich zu reaktivieren. Ziel ist die Entwicklung eines innenstadtnahen, attraktiven Gewerbegebietes. Das Areal wird unter Mitwirkung der Stadtwerke Trier zu einem nachhaltigen, Co2-neutralen Zukunftspark entwickelt werden, der eine Kombination aus Dienstleistungsangebot und Handwerksbetrieben, verbunden mit einer hohen Aufenthaltsqualität, aufweist.
Für das Projekt wurde der Name **„parQ54"** (Park54 gesprochen) gewählt. Der Name steht für ein innovatives Gewerbegebiet mit parkartigen Grünflächen von hoher Aufenthaltsqualität in der Stadt Trier: Postleitzahl 54...
Der Grundsatzbeschluss zur Entwicklung der General-von-Seidel-Kaserne erfolgte durch den Stadtrat im Oktober 2020.[249] Bestandteil des Grundsatzbeschlusses sind auch die vorläufigen Kostenschätzungen und eine Wirtschaftlichkeitsbetrachtung, welche die Nutzung von Teilen der Gebäude durch die Stadtverwaltung einbezieht.
In der Beschlussvorlage werden die Ziele der Entwicklung erläutert:

„Zunächst einmal geht mit der Entwicklung eine Schaffung von Arbeitsplätzen sowie eine Flächengewinnung, welche eine aktive Wirtschaftspolitik und Vermarktung ermöglicht, einher. Darüber hinaus wird mit der Konversion die Attraktivität des Wirtschaftsraumes erhöht. Das Areal soll unter Mitwirkung der Stadtwerke Trier zu einem nachhaltigen, Co2-neutralen Zukunftspark entwickelt werden, der eine Kombination aus Dienstleistungsangebot und Handwerksbetrieben, verbunden mit einer enormen Aufenthaltsqualität, aufweist."

Um den unterschiedlichen Anforderungen bei der Entwicklung der Fläche gerecht zu werden, wurde unter Einbindung verschiedener externer Fachplaner (Stadtplaner, Umweltplaner, Verkehrsplaner) sowie der Stadtwerke Trier ein Grobkonzept entwickelt, welches die mit der Konversion einhergehenden Städtebauziele, aber auch Umweltziele erfüllen soll und als Grundlage für den Bebauungsplan dient.

Der Satzungsbeschluss zum Bebauungsplan erfolgte im Mai 2023.[250]
In der Begründung zum Bebauungsplan wird ausgeführt, dass im Mittelpunkt der Überlegungen die Entwicklung des Areals zu einem hochwertigen und modernen Gewerbegebiet steht, um die Attraktivität des Wirtschaftsraumes Trier zu erhöhen und einen Impuls für die lokale und regionale Wirtschaftskraft zu geben. Der Bebauungsplan BW 84 bildet dazu die bauplanungsrechtliche Grundlage zur Konversion des Geländes.
Die wesentlichen Ziele, die mit der Bebauungsplanung BW 84 „Ehemalige General-von-Seidel-Kaserne" verfolgt werden, sind in der Beschlussvorlage 171/2023 aufgeführt.

Die durch die Stadtverwaltung Trier/Amt für Wirtschaftsförderung gemeinsam mit den Stadtwerken Trier weiter erfolgende Projektentwicklung (parQ54) legt das Hauptaugenmerk auf einer integrierten, ganzheitlichen Betrachtung der Themen Wärme, Strom, Mobilität und Digitalisierung. Die Nutzung von Synergien in diesen Bereichen wird eine besondere Qualität des Standorts darstellen. Für die Heizenergieversorgung der Gebäude wollen die Stadtwerke Co2-neutrale Wärme aus Abwasser erzeugen.[251]
Um die Aufenthaltsqualität vor Ort zu erhöhen, soll zudem in zentraler Lage eine kleine Parkanlage auf dem Gelände entstehen. Sie soll den Arbeitskräften vor Ort als Naherholungsmöglichkeit dienen. Außerdem soll ein Quartiersplatz errichtet werden, der als Ort der Begegnung genutzt werden kann.
Das gut zehn Hektar große Areal wurde von der Stadt Trier für 1,2 Millionen Euro vom Bund gekauft. Es erfolgt eine Entwicklung mit geschätz-

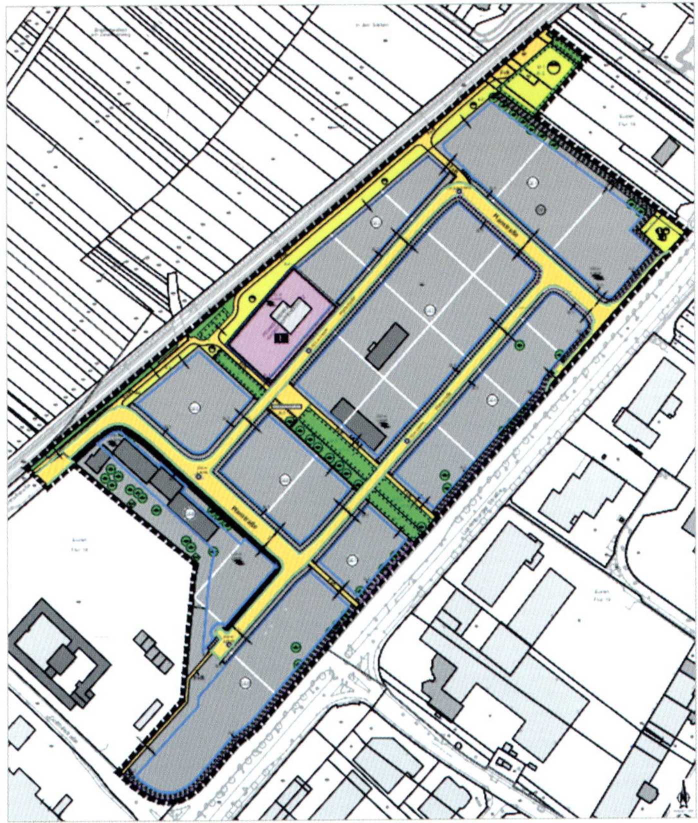

Abb. 3: Bebauungsplan BW 84 „Ehemalige General-von-Seidel-Kaserne" Satzungsbeschluss 16.05.2023

ten 30 Millionen Euro, die ca. 100 Millionen Euro Folgeinvestitionen generieren sollen.

Mehrere hundert Menschen sollen in wenigen Jahren im parQ54 arbeiten. In dieser Rechnung enthalten sind die Beschäftigten der 30 bis 35 Unternehmen. Hinzu kommen rund 200 Arbeitsplätze in den drei erhaltenen Gebäuden, in denen moderne Büros entstehen.

Es werden insgesamt ca. 30 Parzellen mit Größen von 500 bis 5500 Quadratmetern entwickelt. Das Bewerbungsverfahren für die 30 Parzellen wurde im Januar 2024 beendet.

Der Quadratmeterpreis für die voll erschlossenen Grundstücke, unabhängig von der Größe der Grundstücksparzelle unmittelbar an der Luxemburger Straße, liegt bei 130 Euro. Auf dem Rest des Geländes liegt der Preis bei 117 Euro."[252]

Der Name parQ54 steht für die nachhaltige und smarte Ausrichtung des Quartiers. Auf einer Fläche von mehr als zehn Hektar wird die ehemalige „General von Seidel Kaserne" zu einem nachhaltigen Standort für Gewerbe und Dienstleistung entwickelt. Und das in unmittelbarer Stadtnähe.

„Zwei starke Partner! Die Stadtverwaltung Trier sowie die Stadtwerke Trier (SWT) nutzen Synergien und die Erfahrung, um das Projekt parQ54 professionell, verlässlich und zielgerichtet voranzutreiben. Hier zeichnen sich die Stadtwerke Trier als Vorreiter in den Bereichen Energie und Nachhaltigkeit aus, um gemeinsam ein ganzheitliches und zukunftsfähiges Konzept zu etablieren."

So auf der Website des Projektes unter: https://parq54.de/ – hier kann man den weiteren Fortschritt des Projektes aktuell verfolgen.[253]

Abb. 4: Website zum Projekt/Stand 02/2024

247 Übergangslösung in der Kaserne – Neue Außenstelle der Aufnahmeeinrichtung für Asylbegehrende eröffnet – Flüchtlingsstrom hält an. Rathaus Zeitung vom 18.02.2014

248 Grundsatzbeschluss betr. die ehem. General-von-Seidel-Kaserne, Luxemburger Str. 230, Trier; Aufnahme der Ankaufsverhandlungen. Beschluss des Stadtrates am 07.02.2018 (Vorlage 015/2018). Siehe dazu auch Ratsinformationssystem der Stadt Trier unter: https://info.trier.de/bi/vo020.asp?VOLFDNR=9988

249 Grundsatzbeschluss zur Entwicklung der General-von-Seidel-Kaserne – Bedarfsbeschluss für die Entwicklung von Verwaltungsflächen – Baubeschluss zur Freimachung des Geländes – Überplanmäßige Mittelbereitstellung gemäß §§ 100 sowie 102 Gemeindeordnung (GemO). Beschluss des Stadtrates am 06.10.2020 (Vorlage 412/2020). Siehe dazu auch Ratsinformationssystem der Stadt Trier unter: https://info.trier.de/bi/vo020.asp?VOLFDNR=11722

250 Bebauungsplan BW 84 „Ehemalige General-von-Seidel-Kaserne" – Satzungsbeschluss. Beschluss des Stadtrates am 16.05.2023 (Vorlage 171/2023). Siehe dazu auch Ratsinformationssystem der Stadt Trier unter: https://info.trier.de/bi/vo020.asp?VOLFDNR=13611

251 Trierischer Volksfreund vom 02.11.2023: Projekt Wärme 4.0 Innovation im Gewerbequartier Q54: Wie Büros mit Hilfe von Abwasser beheizt werden sollen. Die ehemalige General-von-Seidel-Kaserne wird zu einem Co2-neutralen Gewerbegebiet.

252 Trierischer Volksfreund vom 18.10.2023: Begehrtes Bauland parQ54. So teuer sind die Grundstücke in der ehemaligen Trierer Kaserne. Gewerbeflächen in Trier sind rar. 30 Grundstücke entstehen in der ehemaligen General-von-Seidel-Kaserne.

253 Siehe dazu auch: Stadtwerke Trier. Bereich Immobilien/Quartiersentwicklung (Dienstleister) unter: https://www.swt.de/p/Projekte_Partner-5-8176.html?_p_Menu.PK=6972
https://www.swt.de/swt/Integrale?SID=6C34E618AA5855BD49042E28D3E59A7A&ACTION=ViewPageView&MODULE=Frontend&PageView.PK=5&Document.PK=9471

parq54 – Internetauftritt zum Projekt 2024

XI. Bewertung der Konversionsarbeit in Trier

Heute kann man feststellen, dass die Stadt Trier die wirtschaftlichen Folgen der Konversion, die zu Beginn im Mittelpunkt der Diskussion standen, sehr gut bewältigt hat und, was noch wichtiger ist: Die Stadt Trier konnte die freiwerdenden Flächen in ihre Stadtentwicklung der letzten 20 Jahre sinnvoll integrieren. Dies hat einen erheblichen Entwicklungsschub ausgelöst. Die noch nicht fertig entwickelten ehemaligen militärischen Flächen, wie z. B. Feyen, Trier-West und Euren bieten weitere Chancen, wobei die Erfahrungen aus den vergangenen Jahren dazu beitragen werden, dass diese Konversion keine neuen Herausforderungen darstellt, sondern mit dem Erfahrungswissen der bisher durchgeführten Maßnahmen hervorragende Ergebnisse erzielt werden können.

Es ist gelungen, durch die verschiedenen Maßnahmen einen entscheidenden Beitrag zur Wohnraumschaffung zu leisten, ohne Neubaugebiete am Rande der Stadt ausweisen zu müssen. Weiterhin wurden durch die Maßnahmen in erheblichem Umfang Arbeitsplätze geschaffen, die den Verlust, der durch den Abzug der Militärs entstanden war, mehr als ausgeglichen haben. Neue Themen und Schwerpunkte zur Stadtentwicklung konnten so auch modellhaft umgesetzt werden.

Dies alles allein unter Nutzung der bisher vom Militär belegten Flächen ohne weitere Flächeninanspruchnahme.

Heute kann man feststellen, dass die Fragen der militärischen Konversion in Trier „beantwortet“ sind und dass die generelle Aufgabe besteht, nicht nur die Stadt zu erweitern (wenn überhaupt), sondern Umnutzungsprozesse zu ermöglichen, anzustoßen und planerisch im Sinne des Gemeinwohls zu steuern.

Die intensive Auseinandersetzung mit den verschiedenen Verfahren zur Entwicklung von Konversionsflächen unter Beteiligung verschiedener Akteure hat sich positiv auf verschiedene Themenfelder ausgewirkt:

- Entwicklung des Know-hows in fachspezifischen Fragen, wie z. B. Altlastenbehandlung, Beurteilung des Bestandes für die Umnutzung, Baustellenmanagement;
- Weiterentwicklung der Verfahren zur informellen Planung durch Bürgerbeteiligung, Workshops und Expertengesprächen und Entwicklungskonzepten als Grundlage für Bebauungspläne;
- „Optimierung“ der Zusammenarbeit zwischen Verwaltung/Stadtrat auf der einen Seite und Verwaltung/Projektentwickler auf der anderen Seite, was die Inhalte der Städtebaulichen Verträge betrifft;

- Erarbeitung von Richtlinien für die finanzielle Beteiligung der Projektentwickler, was die Erschließung und die Infrastruktureinrichtungen betrifft;
- Beschleunigung und Sicherung der Planungsprozesse durch frühzeitige Abstimmung untereinander über die zu verfolgenden Ziele für städtebauliche Projekte;
- Entwicklung von Modellprojekten; insbesondere was die Vielfalt von Wohnformen betrifft und auch die Nutzung von Bestandsgebäuden für das Wohnen;
- Stärkere Beachtung von Freiraum, Grünstrukturen, Wasserbewirtschaftung (Bearbeitung von neuen Themen mit neuen Ansätzen bei den verschiedenen Projekten);
- Schaffung von regionalem Know-how durch die Einschaltung von Planungsbüros für die Bearbeitung von Fachfragen;
- Erhaltung des Know-how in der Region und Stadt Trier durch die intensive Planungsarbeit; über die Zeit von 20 Jahren wurde kontinuierlich fachlich qualifiziertes Personal beschäftigt.

Durch die Konversion ist der Stadtgesellschaft „Wissen" zugewachsen, welches auch für künftige Aufgaben genutzt werden kann. Der Strukturwandel in allen Bereichen wird jedoch auch in der Zukunft erhebliche Herausforderungen stellen und so weitere „Konversionen" erfordern. Dies ist eine besondere Herausforderung für die Städte. Dabei bedarf es neben der Fähigkeit einer Stadt, solche Herausforderungen zu meistern, auch weiterer Instrumente, die heute noch nicht zur Verfügung stehen.

Das betrifft nicht nur die finanzielle Ausstattung der Kommunen (oder die Ausstattung entsprechender Förderprogramme des Bundes und des Landes), sondern auch das Bodenrecht, das Planungsrecht. Nicht geregelt ist der Umgang mit brachfallenden Grundstücken und deren weiterer Verwertung. Während ungenutzte Immobilien bei den Banken noch nicht wertberichtigt über Jahre in den Büchern stehen, stellt sich dann später immer wieder die Frage: Wer bezahlt das Freiräumen des Grundstückes, wer beseitigt die Altlasten und was bedeutet das für die Bebaubarkeit (auch unter wirtschaftlichen Gesichtspunkten). Die Zeiten sind vorbei, wo die Kommune auf jeder brachgefallenen oder aufgegebenen gewerblichen Fläche einen Supermarkt zulassen konnte, musste oder sollte.

Aus den Erfahrungen mit der militärischen Konversion sollten hier Ansätze für weitere Instrumente auf der Bundes- bzw. Landesebene entwickelt werden. Die Städte müssen vor dem Hintergrund des Strukturwandels in die Lage versetzt werden, aktiv Bodenpolitik zu betreiben, um so Stillstände und Leerstände zu vermeiden. Dies betrifft nicht nur Strukturveränderungen in Gewerbegebieten, sondern gerade auch die Veränderungen in den Innenstädten.

Anlässlich einer Konversionstagung im November 2005 wies Karl Ganser im Zusammenhang mit der aktuellen Konversion darauf hin, dass zwar „Konversion" schlagartig zu einem gesellschaftspolitisch generell wahrgenommenen Thema wurde und dies dazu führte, darin ein vorübergehendes Phänomen zu sehen. Man habe dann eine Zeit lang intensiv und kompetent an Konversion gearbeitet und gemeint, das Problem habe sich damit erledigt – das sei aber nicht der Fall:

„Die gegenwärtige und künftige Wirklichkeit dagegen sieht völlig anders aus: Es kommen stets neue Konversionsobjekte und -areale hinzu und selbst von den soeben konvertierten werden in nicht allzu ferner Zeit wieder welche ‚vor der Tür stehen'."[254]

[254] Prof. Dr. Dr. h.c. Karl Ganser: Die Konversion ist nur eine Vorübung für den Strukturwandel. Tagungsbericht/Interkommunales Symposium. Regionalentwicklung und Kommunalentwicklung mit Konversionsprojekten/23./24. November 2005, Alte Lokhalle, Mainz

Register: Personen, Firmen, Institutionen

Abbildungsnachweis

Vorwort
Stadtarchiv (Wirtschaftsförderung): Abbildung 1
Entwicklungsgesellschaft Petrisberg (EGP): Abbildung 2
I. Militär und Trier – Im Spiegel der Geschichte
Stadtmuseum Simeonstift: Abbildung 1, 3
Goethe-Museum Düsseldorf: Abbildung 2
Stadtarchiv: Abbildung 4 (Slg. 11), 5 (Slg. 7), 6: (Slg. 11), 7: Slg. Hoevel), 8 (Slg. 11); 9 (Slg. 11), 10 (Slg. 11), 11
II. Das Ende der Garnisonsstadt Trier – Mit dem Abzug der Franzosen verliert Trier den Status „Garnisonsstadt"
Im Eigentum des Verfassers (HS): Abbildung 1, 2
III. Konversion – Ein altes/neues Thema der Stadtentwicklung
Eigene Darstellung des Verfassers (PD): Abbildung 1
Stadt Trier, Amt für Stadtentwicklung 1998: Abbildung 2
www.mannheim.de/de/stadt-gestalten/konversion/konversionsflaechen-0: Abbildung 3
IV. 30 Jahre Stadtentwicklung in Trier – Instrumente und Handlungsmöglichkeiten
Eigene Darstellung des Verfassers (PD): Abbildung 1, 2
Stadtentwicklung und Städtebau in Deutschland. Ein Überblick. Bundesamt für Bauwesen und Raumordnung. Berichte Band 5. Bonn 2000, S. 23–24: Abbildung 3, 4
Klaus Selle: Stadtentwicklung aus der „Governance-Perspektive". PNDonline II-2008, S. 4: Abbildung 5
V. Stadtbildprägende Einflüsse – Militärische Vergangenheit ist sichtbar
Eigene Darstellung des Verfassers (PD): Abbildung 1, 14, 16
(c) Stadt Trier (2024) / dl-de/by2-0, www.trier.de: Abbildung 2, 3, 4, 5, 6, 11, 20, 33
Stadt Trier, Stadtplanungsamt: Abbildung 7, 8, 10, 15
Stadt Trier, Stadtplanungsamt: Städtebaulicher Wettbewerb CASTELFORTE. Dokumentation. Informationen zur Stadtplanung 7/1994, S. 8: Abbildung 9
Stadt Trier, Amt für Denkmalpflege: Abbildung 12, 24, 25, 31
Rechtsverordnung zur Denkmalzone Castelforte (13.05.1998): Abbildung 13
Foto: Peter Dietze: Abbildung 17, 18, 27, 35
Fotos: fertigungsstelle.de: Abbildung 19, 23, 28, 29, 30, 34, 36
Stadt Trier, Baupolizeiamt (1948): Abbildung 21
(c) Stadt Trier (2024) / dl-de/by2-0, www.trier.de, Schrägluftbild (Ausschnitt): Abbildung 22
Trierer Garnisonsbuch. Stadtmuseum Simeonstift. 2007: Abbildung 26
Fotos: v.l.n.r. Stadt Trier/EGP GmbH/Josef Tietzen: Abbildung 32
VI. Modell: Stadt Trier – Ein frühes Beispiel für die Integration in die Stadtentwicklung
Amt für Stadtentwicklung und Statistik der Stadt Trier: Abbildung 1
VIII. 1. Chancen: Innenentwicklung statt Außenentwicklung
Helmut Schröer: Trierer Weichenstellungen. Trier, 2009, S. 208: Abbildung 1
www.bmuv.de/themen/nachhaltigkeit/strategie-und-umsetzung/reduzierung-des-flaechenverbrauchs: Abbildung 2
VIII. 2. Chancen: Weiternutzung der zivilen Einrichtungen
Lisa Ajtay und Volker Dietze: Abbildung 1 bis 3

IX. 1. Flugplatz Trier Euren

Stadtarchiv (Wirtschaftsförderung): Abbildung 1
Morgen, Roland: Abbildung 2
Stadtarchiv: (Sammlung Welter): Abbildung 3
Im Eigentum des Verfassers (HS): Abbildung 4
Lisa Ajtay und Volker Dietze: Abbildung 5, 6

IX. 2. Der Mattheiser Wald

Trierischer Volksfreund: Abbildung 1
Kampmann, Christian: Abbildung 2, 6, 7
Entwicklungsgesellschaft Petrisberg: Abbildung 3 bis 5

IX. 3. Petrisberg – Kaserne Belvédère

(c) Stadt Trier (2024) / dl-de/by2-0, www.trier.de: Abbildung 1, 2
Stadt Trier, Stadtplanungsamt: Abbildung 3
Eigene Darstellung des Verfassers (PD): Abbildung 4
Städtebauliche Entwicklungsmaßnahme Petrisberg, Präsentation 2001 (Drees&Sommer): Abbildung 5 bis 10
Drees&Sommer (2004): Abbildung 11, 12, 13
Durchführung einer Standardisierten Bewertung. Stadtratsvorlage 68/2000: Abbildung 14
Entwicklungsgesellschaft Petrisberg (Drees&Sommer): Abbildung 15 bis 17, 19, 20
Landesgartenschau Trier: Abbildung 18
V-KON Trier: Abbildung 21 bis Abbildung 24
(c) Stadt Trier (2024) / dl-de/by2-0, www.trier.de: Abbildung 25
EGP GmbH: Abbildung 26 bis 28

IX. 4. Landesgartenschau in Trier im Jahre 2004

Entwicklungsgesellschaft Petrisberg: Abbildung 1
Tietzen, Josef: Abbildung 2 bis 9
Im Eigentum des Verfassers (HS): Abbildung 10

IX. 5. Castelforte

Stadtarchiv: Abbildung 1 (Slg. 3), 2 (Wirtschaftsförderung), 3, 5 (Wirtschaftsförderung)
Industrie- und Handelskammer Trier: Abbildung 4
SWT-Arena Trier: Abbildung 6, 8
Simon, Engelbert (Photogroove): Abbildung 7, 9

IX. 6. Castelforte – Eine Nachbetrachtung

Stadt Trier, Stadtplanungsamt: Städtebaulicher Wettbewerb CASTELFORTE. Dokumentation. Informationen zur Stadtplanung 7/1994, S. 8: Abbildung 1
(c) Stadt Trier (2024) / dl-de/by2-0, www.trier.de: Abbildung 2
Stadt Trier, Stadtplanungsamt: Abbildung 3, 6, 7, 9
(c) Stadt Trier (2024) / dl-de/by2-0, www.trier.de (Ausschnitt): Abbildung 4
GTC-Grundstücksgesellschaft Trier Castelforte: Abbildung 5
Luftbild G. Steinle / Montage Trierischer Volksfreund vom 01.09.1999: Abbildung 8
Stadt Trier, Amt für Bodenmanagement und Geoinformation: Abbildung 10
Eigene Darstellung des Verfassers (PD): Abbildung 11

IX. 7. Kaserne Castelnau

(c) Stadt Trier (2024) / dl-de/by2-0, www.trier.de: Abbildung 1, 2

Stadt Trier, Stadtplanungsamt: Abbildung 3
Stadt Trier, Amt für Stadtentwicklung: Abbildung 4
Baudezernat der Stadt Trier. Stadtteilrahmenplan Weismark-Feyen: Abbildung 5
Drees&Sommer im Auftrag Stadt Trier und Bundesanstalt für Immobilienaufgaben: Abbildung 6
Entwicklungsgesellschaft Petrisberg (2007): Abbildung 7, 8
Entwicklungsgesellschaft Petrisberg EGP – www.castelnau.de: Abbildung 9

IX. 8. Handwerkerpark Trier

(c) Stadt Trier (2024) / dl-de/by2-0, www.trier.de: Abbildung 1
Foto/Grafik: Büro ISU Bitburg: Abbildung 2

IX. 9. Casino am Kornmarkt

Im Eigentum des Verfassers (HS): Abbildung 1
Morgen, Roland: Abbildung 2
Stadtarchiv: Abbildung 3 (Wirtschaftsförderung)
Tietzen, Josef: Abbildung 4, 5

IX. 10. Hospital André Genet

Stadtarchiv: Abbildung 1 (Slg. 1-82-38), 3 (Slg. Welter, 8)
Universität (Konversation und Marketing): Abbildung 2, 4, 5

X. 2020 – 2030 Letzte Phase der Konversion

Eigene Darstellung des Verfassers (PD) unter Verwendung Stadt Trier: GEO-Portal Bauen und Wohnen / Bebauungspläne: Abbildung 1

X. 1. Siedlung Burgunderviertel

Stadt Trier, Stadtplanungsamt: Abbildung 1, 5
(c) Stadt Trier (2024) / dl-de/by2-0, www.trier.de: Abbildung 2 bis 4
Grafik: EGP – egp news – Report Bebauungsplan Burgunder Viertel: Abbildung 6
Eigene Darstellung des Verfassers (PD) unter Verwendung der Website EGP: Abbildung 7

X. 2. Jägerkaserne

(c) Stadt Trier (2024) / dl-de/by2-0, www.trier.de: Abbildung 1, 2
Stadt Trier, Stadtplanungsamt: Abbildung 3
Stadt Trier, Amt für Wirtschaftsförderung (Foto: Albrecht Haag): Abbildung 4
Stadt Trier, Amt für Bodenmanagement und Geoinformation: Abbildung 5 bis 7
Eigene Darstellung des Verfassers (PD) unter Verwendung der Website EGP und Planzeichnung BW 83: Abbildung 8

X. 3. Castelnau-Mattheis (Castelnau II)

(c) Stadt Trier (2024) / dl-de/by2-0, www.trier.de: Abbildung 1, 2
Stadt Trier, Stadtplanungsamt: Abbildung 3
EGP GmbH: Abbildung 4
Eigene Darstellung des Verfassers (PD) unter Verwendung der Website Castelnau-Mattheis: Abbildung 5

X. 4. General-von-Seidel-Kaserne

(c) Stadt Trier (2024) / dl-de/by2-0, www.trier.de: Abbildung 1, 2
Stadt Trier, Stadtplanungsamt: Abbildung 3
Eigene Darstellung des Verfassers (PD) unter Verwendung der Website zum Projekt (Amt für Wirtschaftsförderung): Abbildung 4